本著作受以下项目资助：

教育部人文社会科学研究基金青年项目（08JC752004）

中央高校基本科研业务费专项资金资助

东北师范大学青年学者出版基金资助

特此致谢

袁先来 等◎著

# 破碎的遗产：

## 现当代美国文学与信仰危机

中国社会科学出版社

**图书在版编目（CIP）数据**

破碎的遗产：现当代美国文学与信仰危机/袁先来等著 . —北京：
中国社会科学出版社，2017.6
ISBN 978 - 7 - 5203 - 0312 - 5

Ⅰ. ①破…　Ⅱ. ①袁…　Ⅲ. ①基督教—宗教文化—影响—文学研究—美
国—20 世纪　Ⅳ. ①B979. 712 ②I712. 065

中国版本图书馆 CIP 数据核字（2017）第 099017 号

---

| | | |
|---|---|---|
| 出 版 人 | 赵剑英 |
| 责任编辑 | 郭晓鸿 |
| 特约编辑 | 席建海 |
| 责任校对 | 郝阳洋 |
| 责任印制 | 戴　宽 |

---

出　　版　中国社会科学出版社
社　　址　北京鼓楼西大街甲 158 号
邮　　编　100720
网　　址　http://www.csspw.cn
发 行 部　010 - 84083685
门 市 部　010 - 84029450
经　　销　新华书店及其他书店

---

印刷装订　北京君升印刷有限公司
版　　次　2017 年 6 月第 1 版
印　　次　2017 年 6 月第 1 次印刷

---

开　　本　710×1000　1/16
印　　张　18
插　　页　2
字　　数　235 千字
定　　价　79.00 元

---

凡购买中国社会科学出版社图书，如有质量问题请与本社营销中心联系调换
电话：010 - 84083683

# 目　录

# 绪言 基督教文化与20世纪美国文学思想的几个重要问题

　　基督教文化与20世纪美国文学思想的关系，涉及数量庞大的作家所信奉、作品所表达的信仰及其行为，这显然是一个极为复杂的题目，这就必然要在绪言部分对阐述的角度做一番描绘和交代。北美传统新教文化最大的特点，就是它曾经提供了一整套关于世界的整体观念，企图用神学逻辑来阐释和演绎美国历史发展的经验。随着19世纪末昂扬的边疆开拓时代结束，随之而来的是20世纪种种冲击神学信仰的科学观念、哲学思潮、世界大战、经济困顿，甚至是亨利·门肯等人发起文化革命对新教文化传统的直接攻击，导致新教文化逐步丧失形而上学的论证能力，以及动员和引导信徒的功能，更遑论直接干涉社会事务的可能性。然而从另一方面看，无论个别作家如何看待宗教，宗教始终是多数美国人生活的一部分，从摇篮到婚姻的殿堂，直到坟墓都伴随着大部分人。美国神学传统所确立的根深蒂固的道德目标、梦魇般的精神追求、对主义和正义的热情以及摆脱物质欲望导致的精神腐败，使得基督宗教在当代的世俗世界中，仍然发挥着道德伦理和政治正义方面的价值。20世纪不同的美国作家对宗教的信仰有着不同的选择，接受并置身于其中、用其框架去解释世界，或者拒绝它、嘲讽它。

　　我们要避免一种常见的做法，就是试图分析文学作品中所涉及的信仰体系，并将其作为作品核心性的、界定性的特征。现代学术允许选取特殊并且通常是有限的问题来进行研究，或采取比较和整合的视野进行研究。以下从新教价值观与信仰认同、政治认同的关系，新教伦理与商业资本主义的关系，基督宗教与现代性因素的挑战，基督宗教与克里斯玛权威的平民人格四个方面阐释美国文学思想中所隐喻的基督宗教文化的重要因素。

## 一 盎格鲁—新教与美国的信仰认同、政治认同

不同历史时期进入美国的移民及其后裔，起初多少有着不同的宗教归属。这种移民因素在美国历史上的重要性，使得 20 世纪美国作家的族裔与宗派背景仍呈现复杂的局面。直到 20 世纪 20 年代，像亨利·门肯、辛克莱·刘易斯以及范·韦克·布鲁克斯这样的作家或学者仍然将美国殖民地早期主导的宗教视为"清教"（Puritanism），如门肯在《作为一种文学力量的清教》中，讽刺清教饱含一种"挥之不去的恐惧感"；而帕林顿在他的《美国思想史》里则认为，自由主义与清教的斗争是早期美国思想发展的主要方面，"美国整整用了 200 年的时间才瓦解了这些教义"。实际上正如笔者在拙著《盎格鲁—新教源流与早期美国文学的文化建构》里所论述的，即便是推进到 17 世纪，北美较早和较大规模的欧洲移民都有着复杂的盎格鲁—新教背景，新英格兰、中部大西洋沿岸、南部沿海地区、阿巴拉契亚山的内地在初期大体上分别为公理派、贵格派、圣公会和源自苏格兰、爱尔兰的长老会所控制，更晚的荷兰移民则带来了归正宗传统，斯堪的纳维亚诸国和德意志地区移民则带来了一些信义宗派别。宗教归属是不同种族特征的一部分，代表着某种特定的宗教传统，也代表着独特民族身份认同的核心。带来盎格鲁—新教信仰与实践的移民，在殖民地环境下，很大程度上复制了 16—18 世纪欧洲宗教改革与分裂所形成的各种特殊形式。然而随着所处社会情境的大不相同，欧洲移民所带来的新教派别很快进一步分化成种类

繁多的改革派团体，很难说有一个所谓统一的"清教"观念。在 18 世纪大觉醒运动、独立战争之后，一些新兴的、更本土化的宗教复兴派，如浸礼会与卫斯理教派的影响，明显超过传统长老会、公理派，这些新兴派别要抛弃过去数个世纪教会累积的教导——在他们看来，过去的教会政治与社会史就是压迫的历史，声称遵守"原始的、新约式的"教义。在这样广泛的宗教变革、裂变的背景下，许多神职人员和世俗的理想主义者开始为各教派之间的转换进行激烈的竞争。在 19 世纪上半叶，公理会、长老会与发展迅猛的浸礼会、卫斯理教派许多神职人员在一些地区最终形成了基督教联合阵线，共同提倡政治改革，基于一种"可以判断所有人类行为的客观标准"，为"民主"——那时候称为"共和主义"而斗争。

　　一开始的种族混合，就使得北美移民及其后裔基于特定宗教传统的种族特征容易被消解，以形成更大的跨种族团体——美利坚种族群体。随着美国宗教生活中源于欧洲的新教派别的重要性下降，在现代美国语境中，鲜明的宗教实践、教义的特性和要求明显趋弱。美国人一直处于可轻易改变自己宗教派别和归属的状况，如海明威出生在一个公理会教徒的家庭，第一任妻子是圣公会教徒，可能受后来成为他第二任妻子即情人保莉娜的影响改信了天主教，最后按照简单的天主教仪式安葬，也许如库尔特·辛格在《海明威传》中所说的："其实他并不是一个履行义务的天主教徒，而是一个泛神论者和折中主义者。"新移民也没必要在一些细节上去适应现有宗教团体的正式教义和实践，有利于他们快速地融入美国社会。尤其是像浸礼会与卫斯理教这样土生土长的新教派，没有欧洲长老派、公理会派那样具有明显的种族特征，超越了狭隘的种族界限，容易吸纳形形色色的移民及其后裔。如果说"政治认同"常被用来隐晦地表达移民群体在美国政治中的重要作用，"信仰认同"则反映了移民群体在美国文化中的重要作用。美国人倾向于将自己主流的移民身份确定为"正宗"的 WASP，即 White（白种人），Anglo - Saxon descendant（来自英国的盎格鲁—撒克逊的后裔），Protestant（基督新教教徒）。WASP 的确有着相似的移民基因：不断扩大定居和迁徙范围的行为，为他们提供一种自由、独立和光荣感，提供内心深处强烈渴望的东西，即荣耀和自尊，摆脱依附性的、受压迫的、难以忍受的生活，却对他们在流动过程中曾经的掠夺与殖民历史漫不经心——在 19 世纪大西洋两岸，西方文明世界中的人们打着自己被号召去创造历史的旗号，进行野蛮殖民主义、帝国主义和强权行动的实践。而美国人用"天定命运"来证实这一行为的合法性，以具有欺骗性的利他主义概念来证明自己思想的合理性。历经三个世纪（约 1620—1890 年）的迁徙殖民、独立战争、边疆开拓，美国完成地理边疆的推进，逐渐摆脱欧洲影响，实现了美国人自我的确立。20 世纪的美国作家，在"荣耀、光荣、勇敢或神圣等字眼变得可憎"之后，成为空间和精神的迁徙者，努力摆脱狭隘的、目光短浅的心态，无聊的家庭纷争，令人窒息的国家主义，传统宗教和道德的腐朽之气，这使得具有象征意义的各种形式的"跑"或者"逃离"主题长盛不衰，也使得一条不间断的宗教精神主题始终得以延续和复兴。

WASP 出身的主流作家，在一些作品中会透露出强烈的国家意识和国民意识。对他们来说，现代性的缺失会使得他们反思和眷念传统神学信念，重新估量其伦理价值。如"镀金时代"结束后的舍伍德·安德森，他的许多长篇小说表现出对资本主义体系的憎恶，但他的出发点不是否定美国文化本身。如果说《小城畸人》探究了文化断层时期"美国意识"中的软弱、胆怯与缺乏自信的话，《暗笑》则是挣脱这种意识困扰的一种思考，即从新教狂热传统桎梏中解放出来，从工商业世界算计中解脱出来。小说反复呈现的《旧约》意象，是布鲁斯"喜欢男人和女人的结合，传宗接代，羊群土地，播种饥饿，经年累月，日复一日。他喜欢约瑟夫、大卫、扫罗和力士参孙"，其实是从《圣经》子民式的强烈幻想出发，重振美国先民的男性繁衍力量。在经济大萧条与农业完成工商业化的时期，斯坦贝克的《愤怒的葡萄》也深刻反思了金融资本驱动的经济体系的罪恶，但是也充分利用了《圣经》叙事，将自己的作品扮演成美国文化中使徒行传的角色，向民众宣告：冷漠无情的"私有制"占有，使得美国的扩张精神以及依附其上的荣耀和自尊消耗殆尽，进而威胁到美国社会稳定和价值信念。小说关键的问题并不是乔德这样的家庭难以确定的生存，而是对美国现有价值观念的重新理解以及长远发展的新承诺。辛克莱·刘易斯的牧师小说《埃尔默·甘特立》表面上攻击的是基督教传统，但实质是揭露美国宗教的原教旨主义危害，实业化、实用主义化的宗教形态所导致的信仰沦落，以及宗教界堕落与伪善的现象，并对美国既有的意识形态信仰体系中虚假部分做了深刻的披露与反思，最后又认可了基督宗教"神秘的崇拜需要"，"不可知的向善力量"对美国人格塑造的价值。对于 20 世纪的美国人来说，在理性、匀称、节制的生活系统中，仍然存在着无法避免的战争、暴力、强权和生活的卑微、琐碎，以及精神委顿。出于克服人类盲目自信与自身弱点的目的，美国人多少仍将变革了的基督宗教伦理视为调节"文明"社会野蛮行为的杠杆。

　　移民身份种族特征的消解，也是美国文化强大同化力量强制性作用的结果，亦即任何外来的宗教信仰和文化进入美国社会时，它们就得接受改造，而且通常在非常基本的种族、民族属性方面，否则就很容易受到或至少感到压迫、排斥和边缘化。盎格鲁—新教的主流语境和色调，使得美国独立革命以后进入美国的天主教、犹太教、亚裔等族群的人必须对置身其中的文化道路做出艰难选择。尽管最初维持种族信仰的冲动非常的强烈，甚至有些来自不同国家和地区的天主教、犹太教移民，在自己神职人员的关键性引导下，还一度保持了各自版本的信仰、旧的宗教制度很长时间，但在经历两种文化、两种信仰、两种身份的纠葛与痛苦之后，最终或多或少地淡化了自身的原有身份属性而归化到新的语境

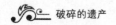

之中。以本书涉及的非 WASP 作家为例，德莱塞曾说自己是个以实玛利，因为他的祖先不是盎格鲁—撒克逊人，他的父亲是个极端拘谨的天主教徒，母亲是孟诺派新教徒，他早年的作品里对美国新教伦理信条漠然视之，但在最后一部作品《堡垒》里，选择了相当虔信的教友派信徒巴恩斯作为作品的主人公，确信资本主义体系的"正确"，多少意味着德莱塞缓慢地回归到美国新教文学传统中怜悯与自疚、迷惘与恐惧、客观性与责任感的矛盾中。奥康纳是生活在"圣经地带"的虔诚的天主教徒，却始终对新教徒预言家们那种强烈的情感和神秘的灵性有着浓厚的兴趣，还多少接受了加尔文新教"预定论"，将其视为一种无比坚定的信心、力量、喜悦和奥秘之源。一般来说，来自西欧的移民，有新教背景的话同化程度要高很多，而天主教徒往往也会或主动或被动地调和其自身传统，转化为较自由类型的基督宗教。

不仅是天主教徒，犹太人也是如此，经较自由开放、主张同化的派别改造的犹太教在 19 世纪末 20 世纪初就占据上风。不过在第二次世界大战后的时期，较为"正统"的派别力量大增，就像菲利普·罗斯在《遗产：一个真实的故事》里所说的，将纽约、迈阿密和洛杉矶这样的地区作为犹太社团聚集的中心，为自己的社团提供明确的参照标记和安全感，他们"跟犹太人的生活方式密不可分，连讲笑话都是犹太人的笑话"。这反映出美国移民信仰归属的复杂、多变、互动的特征，并非固定不变或单向发展。与天主教、新教神学的情况一样，美国犹太教的神学相对来说，很少得到发展。摩迪凯·开普兰曾说，"美国的犹太人首先要成为美国人，当犹太人是第二位的"，犹太人不得不在文化夹缝中一直努力与美国社会建立满意的联系，最大限度地满足自己的生存欲求，犹太教的美国化或世俗化才是美国犹太人的出路。在第三代犹太裔菲利普·罗斯看来，也许清除不合时宜的礼仪，消除文化孤立主义，弥合犹太教与基督教、犹太文化与西方文化的差距，最终塑造出在思想文化方面足以适应美国社会的"新型犹太人"，才能避免犹太人的孤独、游离、被排斥的感觉。而来自俄罗斯犹太裔的多克托罗，在千禧年创作了小说《上帝之城》：生锈的圣公会教堂的十字架被莫名其妙地送到进化犹太教会堂，促使圣公会的牧师佩姆伯顿认识到，上帝"就像文明一样，是在不断进化的"，"犹太教是没有基督的基督教"。最终佩姆伯顿爱上了犹太女学者莎拉·布鲁门撒尔，并且和她一起在传统的基督教和犹太教废墟中寻找继续信奉上帝或者重新定义上帝的理由。随着不同教会在美国组建、扩展，并持续接纳世界不同地区的教徒，各民族、种族教会的特性被逐渐冲淡，使得宏观意义上的宗教派别实际包含了诸多民族、种族的宗教传统，但又包含了对美利坚的信仰认同与政治认同。

## 二　美国新教伦理与商业资本主义

除了在政治、信仰上的认同之外，盎格鲁—新教还在美国的经济领域起到非常重要的作用。马克斯·韦伯在 1904—1905 年发表的《新教伦理与资本主义精神》里，通过对其所认为的与近代世界起源有独特关系的"资本主义精神"的考察，提出宗教改革运动在推动近代资本主义发展方面有着特殊作用。自殖民地时期以来，以日记、布道、自传和史诗为体裁的美国文学的确能够提供必要的证据，证明新教伦理为美国经济与文化的发展提供了精神动力和秩序结构，他们在所谓神意的支持下开始追求物质财富的进程，以及对印第安人、对墨西哥与对海外的暴力征服。然而，我们必须对两者之间的关系有一些最基本的认识。第一个方面，从宗教的本质而言，禁欲主义特质应该更多的是约束而不是激励商业经济行为，寻求精神救赎的追求必然与有目的、系统的经济行为相冲突。① 追求财富的价值取向必然同时刺激个人的私利意识，反过来

---

① 《马太福音》里说："一个人不能侍奉两个主。……你们不能又侍奉神，又侍奉玛门（'玛门'是'财利'的意思）。"

难免危害理想社会道德的整体性和完美性，浪漫主义时期的柯勒律治就讽刺过贵格派教徒的拜金主义热望，"在我想象的视野之中，这些卓越的、为世人所敬重的基督教拜金主义者就像一群负重的、全速前进的骆驼，个个都满怀信心地希望带着牲畜和货物一起畅通无阻地穿过针眼"①。

然而又必须注意第二个方面，新教伦理和商业资本主义之间的循环，又的确是马克斯·韦伯于1905年在美国旅行期间所观察到的现象，其根本原因可能如别尔嘉耶夫所说的，"在文化中宗教是象征性的，在文明中宗教却成了实用性的"②。以威拉·凯瑟的《大主教之死》为例，该作品回顾了早期的教徒在遥远而陌生的新世界为弘扬宗教而遭受的苦难，"他吃的是牛肉干和辣椒菜豆泥，能有水喝就该谢天谢地了……他的青春和精力像雨水一样吸得一干二净，他要准备做出各种牺牲，包括自己的生命"。然而主教在将蛮荒之地建成乐园之后，转而关注个人得失和世俗的功利，实际上正是影射美国中产阶级自我实现的精神实质。南北内战之后的镀金时代，是美国快速进步和西部边疆继续扩张的时期，最为流行的大众读物千篇一律地描写贫穷但聪明、勤奋的青年发迹的故事，整个国家在发财—致富—享乐的魔笛伴奏下翩翩起舞。大西洋两岸科学和技术的进步，解决了许多折磨人类的问题，而物质世界似乎也顺从人类的愿望和企图，臣服于人类的支配之下，却不曾料到很快被物化的力量所支配。到了19世纪末20世纪初，随着边疆时代的结束和工业化的完成，城市工商业消费意识形态在美国现实主义文学中趋于主导。1900年所创作的"嘉莉妹妹"形象成了美国文学中第一个自甘堕落的女性，与《珍妮姑娘》一道，将美国城市中的奥革阿斯王牛圈里的

---

① Samuel Taylor Coleridge, *Lay Sermons*, Ed. R. J. White. London：Routledge & Kegan Paul, 1972, p. 191.

② [俄] 别尔嘉耶夫：《历史的意义》，张雅平译，学林出版社2002年版，第178页。

污秽无情地抖搂出来，或者说第一次揭开了新教道德伦理与商品经济的物欲享受之间的虚伪面纱。年轻激进的门肯和凡·威克·布鲁克斯，勇猛地抨击新世界的掠夺性和纸醉金迷，揭露精神生活的穷困贫瘠，"缺乏灵魂的物质主义和整齐划一，他们眼中的美国表面上遵循个人自由和基督教伦理，实际上却追逐市场的达尔文主义价值观"。贝尔说抑制平衡的"宗教冲动力"已被科技和经济的发展耗尽了能量，韦伯说受理性主义扶助的资本主义，将教义转变为争取理性的经济胜利最终会抛弃宗教，实际上归根结底，就是商品经济的物欲横流本身，必然导致传统新教伦理价值在人们当代生活中的衰落。

辛克莱·刘易斯在《埃尔默·甘特立》里还揭示了一个现象，即金钱成了商业社会成功、权势与荣耀的手段和宗旨，教民的数量、宣教的力度和社会影响力要像商业标准化、数量化一样可以衡量，这就是莎龙这样一个无名之辈——没有高贵的出身，没有受过高深的教育——成就一番轰轰烈烈的福音传道事业的秘密。埃尔默意识到这个商业化社会需要的宗教是振兴实业的宗教，轰轰烈烈的福音布道事业背后的真相，是民众在神学指引下对发财的渴望。莎龙为埃尔默量身定做了一场报告，说他是一位机械工业界的巨头，他将演说"用上帝和《圣经》的力量来增加生意"，并且这还将会成为"一个振兴实业的新世界的启示录"。吐米斯主教甚至称赞埃尔默的观念，宣称"真正虔诚的祈祷和入静深思可以在身体健康和金钱福利上产生物质的效应"。传统新教伦理规定了人的道德行为和社会责任，然而作为 20 世纪的社会事实，其仅仅成为苍白无力的意识形态蹒跚拖延，"与其说它是现实的行为规范，不如说是道德家用来劝世喻人，或是社会学家用来编织神话的材料"①。辛克莱·刘易斯笔下的乔治·巴比特发现，一辈子凭着虔信上帝和金钱

---

① ［美］丹尼尔·贝尔：《资本主义文化矛盾》，赵一凡等译，生活·读书·新知三联书店 1989 年版，第 102 页。

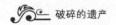

发财致富，却又精神空虚而怪梦不断。更为恐怖的是，他们害怕这个社会的操控力量，这个守旧的社会会奖赏遵循它的伦理原则的人——通过提供工作机会、俱乐部的位置甚至一些奖赏给予他们生存的安全感和地位，并威胁和惩罚那些企图反抗的人——比如从"好伙伴一族"中剔除出去，作品中写道："他的独立不羁精神，早已烟消云散了。他独自一人在街头徘徊，害怕人们投来的讥讽的目光和没完没了的窃窃私语声。"

这意味着第三个方面，即所谓新教伦理，一度沦落为维护社区稳定和商业繁荣的虚假规范。韦伯作为经济学家和社会学家，并没有在意美国宗教界如何处理信仰和商业利益的关系，这恰是作家辛克莱·刘易斯的着笔之处。美国的工商业中产阶级陷入一种舒适的工作、礼拜、家庭生活轨道，任何可能威胁现状的新变化都会引起他们的恐惧和抵制。民主一旦变成了民众循规蹈矩的喜好，社会的良知就降低了它的趣味和智力。几乎没有反思能力的巴比特是一切保守的、传统的事物的维护者，表面上坚持一种叫作"伦理道德"的东西，捍卫福音派新教会，保护幸福的家庭和繁荣的商业。他的实用主义宗教观的核心是"上教堂做礼拜，为的是让人们瞧得起自己，对生意有好处：教堂能防止坏人变得更加十恶不赦"，防止人们做"空头"的地产生意。他服膺于为了资本利润和生活方式所塑造出来的集体性的虚假意识，臣服于一种强制控制性的、潜移默化的、集体主动的价值体系。20 世纪 20 年代老派而又守旧的保守势力，在信仰与教义方面已不再那么严格，却偏要坚持一种根深蒂固的原教旨主义倾向。他们强行实施"禁酒法案"，整肃道德风尚，一时原教旨主义猖獗，极端宗教活动频繁。原教旨运动反对世俗化、自由神学、宗教多元论、社会福音论以及任何具有改革倾向的思想意识，渴望保持禁欲、"节制"的品格——这本是美国新教文化传统道德的核心部分。然而这一生活方式逐渐失去了优势的地位，进而激发害怕变革的保守人士对新生活方式的拒斥，发起对"体面"传统价值观品格的维护，甚至不惜动用法律的形式或极端行动。

对于美国而言，新教伦理和商业资本主义之间的关系，就像奇妙的莫比乌斯环一样，在弯曲、拉大、缩小或任意的变形下保持同样的转换。丹尼尔·贝尔曾将两者分别定义为"宗教冲动力"和"经济冲动力"，前者作为"自我约束、节制和满足的延缓"的性格品德，"代表了资产阶级精打细算的谨慎持家精神；后者是体现在经济和技术领域的那种浮士德式骚动激情"，两者相互制约造就了资本主义的发展。实际上，对于美国人来说，他们需要一个讲求实际、满足物质进步的宗教，富有效率、可以计算成败得失的宗教，力图改革、改善道德服务于现实而不是玄学逻辑的宗教，他们对牧师不断地诉说人的罪恶不幸，以及有关人的傲慢自大、贪得无厌的罪恶的警告几乎是漫不经心的，他们在新教伦理观念的支持下推进文明的进程。

### 三 美国基督宗教所面临的现代性挑战因素

除了商业资本主义对美国新教产生重大影响之外，20 世纪还有相当多的现代性因素影响了作家对包括新教在内的基督宗教文化的认识和态度。启蒙与现代性对基督宗教的主要影响，显然在于剥夺了后者政治合法性、仪式神秘性和干预生活的能力。对于世界范围内的基督教思想来说，现代性实际上也是对历史文化严重危机的一种思想反映，而这些危机反过来又有利于基督宗教的发展，如存在主义神学、女性主义神学、政治神学、解放神学与梵二会议以后的天主教革新运动的产生。然而这一系列的神学自身发展没有在美国产生太大的影响，原因在于，20 世纪许多世界范围内的政治、经济和社会的动荡和变化，与美国之间隔着大西洋这样一个很宽阔的缓冲区域：虽然美国科技最为进步，也是两次世界大战的交战国，但是这些带来的直接后果是胜利感和欢欣感，与处于战后废墟的欧洲情绪截然不同，此外殖民主义崩溃的冲击，对美国

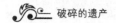

影响也小得多。实际上直到 20 世纪六七十年代美国才有代表性的神学在尼布尔兄弟的作品中体现出来。美国自建国以来就早早地结束了神学教派的纷争和教义的辩论，其教派的不断分裂并不促成任何哲学意义上的新探索，多数教派遵循的教义与其说是推行教义不如说是逃避理论探讨。更为重要的是，美国的宗教具有极强的现实感。美国的基督宗教与现代性因素的冲突是一种辩证机制的过程，有意思的是，在每个存在状态与其产生的对立面之间的冲突得到解决之后，一个变革了的神学态度便开始出现，具体表现为一次又一次的宗教复兴运动。然而这种繁荣昌盛的背后，却是正统神学在美国的影响进一步褪色。以下扼要地说明，在 20 世纪的美国文学中，对作家基督宗教信仰产生重要影响的一些现代性挑战因素。

一是延续 19 世纪以来的达尔文生物进化论、自然主义等方面的认识。18 世纪启蒙运动以来流行的乐观主义和理性信仰，让位于 19 世纪自然科学和社会科学的相对主义，对《圣经》的性质和权威、教义的历史发展，也让位于高级圣经批评与历史上对耶稣的认识。与新教文化传统中人有能力通过自己的努力达到道德完善进而得以拯救的观念不同，在进化论丛林竞争的世界里，人似乎失去了一切可以祈求的神明力量。社会达尔文主义与自然主义等观念，与美国新教神学传统最大的区别在于它的非道德性，人被一种自己不可驾驭的力量所控制，建立在谦卑、正直、勤劳、贞洁等训诫基础上的传统道德失去了效用。以舍伍德·安德森、德莱塞、辛克莱·刘易斯为代表的第二代现实主义文学作家，作为 19 世纪后期现实主义向现代主义过渡的文学作家，认为过去美国文学中的理想主义者违背事实，过分夸大了人的崇高、自我牺牲以及对理性的尊崇，从而将自己的创作转向被美国温文尔雅的传统所忽略的底层世界、人性自身难以克制的欲望、残酷社会竞争的牺牲品。《嘉莉妹妹》中人物道德观念、行动及写作理论方面的"叛逆"，与存在了数个世纪之久的有产者的宗教理想、伦理道德观念区别在于，早期的新教徒依靠准备主义或阿明尼乌主义来解决具有宿命论色彩的预定论，18 世纪的富兰克林、19 世纪的爱默生会以强大的精神传统去建立新的心理平衡和道德归属感，谨守"人的信仰和道德是精神的中心"这一底线，而德莱塞似乎将道德置于无药可救的境地，撕碎了美国文化传统中"人人努力竞争的格言与《新约》中劝人忍让为善的教诲"。不过从认识论角度看，新教传统的原罪观念、自然主义的道德不良症与德莱塞为追求欲望的本能而不顾社会道德的羁绊行为，也都是指出人的理性过于薄弱的问题，还无法与强大的外在力量相抗衡，人的"自由意志还没有发展到足以取本能而代之，成为主导的力量"。

二是历史社会学、心理学、人类学重新评估了宗教在社会与人类心理方面的价值。现代社会学巨擘马克思、埃米尔·涂尔干、马克斯·韦伯等，都承认宗教在他们所提出的社会理论中的重要性，但对宗教的认识更为客观和去神秘化。心理学方面的弗洛伊德学说、荣格的原型学说，更有利于人们认识宗教思想与行为模式如何影响经验意识，而经验意识反过来影响人性的构建——不管这有多么不幸。而美国人威廉·詹姆斯认为，宗教生活固然是人类生活中最重要的功能，但教义、理论和群体宗教意识却是不可接受的，保守的精神信仰反而容易导致"病态的灵魂"（sick soul）。新的思考模式的转变暗含了一种分析模式，即用技术理性解释个人与社会、历史与自然的关系，使这个时代逐渐变成一个分析的时代，打乱长久以来的圣经权威和启示宗教范式，圣经学者和高等批评将《圣经》解释为一种历史和文学文本而不是神的启示。虽然试图摒弃这些现代思想的神学运动没有流行起来，但在现实生活中原教旨主义色彩的基要主义（fundamentalism）与现代主义之间的矛盾冲突，在田纳西最高法院审理的"猴案"（达顿城进化论审理案）中达到顶点。社会学、心理学、人类学、生物学和考古学等现代学科的进步，使得对《圣经》的理解与"原教旨主义者"的解释大相径庭,这使得基要主义于 20 世纪 20 年代流行起来,以反进化论运动风靡美国,以维护传统、反对现代性的保守主义行为而著称,以福音传播和维护一些基本的信仰原则、捍卫美国旧秩序为使命,对美国宗教、政治、文化产生相当的影响和冲击,直到 30 年代以后因严重削弱了它和周围文化的联系并自我分裂,才脱离主流走向边缘。《埃尔默·甘特立》中主人公妄想建立的道德同盟,与基要主义者要建立的政治同盟如出一辙。

现代性认知的进步以及保守主义者的激进行为,促进了进步人士对传统的新教伦理价值观的广泛怀疑和否定。人们开始认为,自欧洲裹挟而来的新教并不是美国民主的福音,而是一种"过时的神权政治(theocracy)的顽固信奉者和拥护者",不但没有对自由和民主传统做出过有意义的贡献,更是这些传统的"障碍"。1920 年乔治·桑塔亚那曾有几分讥讽地称清教是"梦幻中的哲学"。帕林顿、门肯、布鲁克斯等人认为清教的核心是与文明相敌对,社会的腐败致使他们寻求早期教会的淳朴,进而以契约控制人的楷模生活、压抑人的冲动,然而伦理观念变成了道德说教,正义感转而成为自以为是,对理想社会生活的信任和渴望蜕变成对社会前途险隘而又乖戾的恐惧。与此同时,现实的不确定性与新的思维模式,也导致了 20 世纪二三十年代成为理想和信仰普遍迷失的时代,"焦虑时代","爵士时代",使得人们尤其是激进的年轻人——他们往往生于宗教气氛浓厚的城镇和中产家庭,越来越清楚地看到自己的欲望被压制在残酷现实和所谓文化传统之中,这使得他们感到沮丧而不是喜悦。

经过现代性冲击的洗礼,宗教传统中许多得到具体规定的内容都可以被怀疑和瓦解,但神学叙事模式和思维方式仍然是美国作家不能摆脱的梦魇。日常生活活动构成的时间、技术时代的时间与神话时间可以在同一个空间里并置,使得现代人的思维处于几种不同的时间体系的理解之中，对不同时间观念的理解，构成了不同作品人物理解现实的角度，但任何一种时间观念都不处于支配地位。要么像菲茨杰拉德，回到过去记忆中的西部，要么像福克纳悬停于时间（萨特语），要么像海明威生活在永恒"现在"的领域，没有过去和未来。作家的困境在于，面临已经被批判得千疮百孔的"坏的现在"和"坏的过去"，"过去"已经没有非同一般的价值和所谓的神圣性，陷入难以脱离传统的生活方式又难以接受当代的社会价值的矛盾困惑中，作家们只能寻求更远的神话时间和空间来支撑自己的情绪。这就使得这个时期的美国知名作家，在行文笔调上显得既有文化渎神倾向，又有价值取向上的理想主义和道德正义感：所谓文化渎神，是丹尼尔·贝尔所指的社会世俗化之后的文化无政府主义或"文化弑祖"现象；而理想主义和道德正义感，则是通过研究甚至颂扬传统仍旧占有重要地位的失落的世界，把美国的历史和虚幻的现实勾连起来而获得的，这也是为什么美国 20 世纪 20 年代的小说普遍采取编织神话和有选择地忘却相结合的原因。

三是存在主义的观念。宗教观念的绝对化性质以及对绝对理想的追求，自启蒙时代以后不断地受到挤压和排斥，取而代之的是以启蒙理性伦理追求社会的公正，促进人的道德教化。然而理性也有明显的不足，用尼布尔的话来说："当个体将自己的利己冲动与社会群体的冲动混在一起，或竭力证明自己的利己冲动是社会和谐的不可或缺的部分时，理性往往显得软弱无力，有时甚至为其提供道德的合法性支持。"理性主义者所相信的只要增强人类的理性就能消除不公正想法过于乐观，理性在社会中往往深受利益的支配，社会不公正无法简单地依靠道德与理性的劝告就能解决，经济大萧条、欧洲秩序的崩溃、美军在第二次世界大战中的伤亡，甚至技术理性使得人在"运用自己发明出来的手段的过程中自己也变成了手段"，也使得美国民众重新开始关注包括宗教传统在内的国民遗产。所以不难理解，为什么对社会现实的研究、存在主义的感悟方式和宗教观念的复兴成为 20 世纪四五十年代美国世俗神学领域的主要倾向。

欧洲存在主义的几分无神论倾向与阴郁格调,与美国更为浓郁的神学生活习惯和乐观主义精神风貌相隔阂——想想萨特的主人公与海明威笔下主人公精神风貌的不同——决定美国人很难全然接受欧洲的存在主义。不过美国本土的实用主义与欧洲存在主义有着认识论上的相似之处,实用主义的存在论认识观将存在视为一切知识的根本基础,认识论本身不应被理解为对我们认识活动所依据的抽象条件加以研究,而是对我们存在方式的状况和结构——具体而言就是我们的生活状况,以及认识者的存在结构和过程——进行考察,这种考察既是认识论的,又是本体论的。克尔凯郭尔的观点"真理就是在充满激情的个人经验中被牢牢地掌握的那种客观的不确定性",与美国实用主义哲学家詹姆斯的观点"真理必定是经验以内的事"非常相似。例如,奥康纳的思维方式是一种"《圣经》启示"的思维模式,这种思维方式体现在其小说人物寻找启示之路的过程中,这是一种在克尔凯郭尔式的恐惧与战栗之中的"信仰的跳跃"之路,召唤自我的"无限性"和自我定义,可以说兼具存在主义思维与实用主义的经验体验双重特征。早在 1939 年,法国存在哲学家、作家萨特就在《〈喧哗与骚动〉:福克纳小说中的时间》这一著名批评文章中,阐释了美国文学的存在主义主题,但是显然又忽视了福克纳作品中存在主义时间观念、神学的永恒时间观念与体现实用主义物质价值的工业化时间并置、冲突的情况。

德裔美籍神学家保罗·蒂里希的名作《存在的勇气》体现了美国存在主义与基督神学相结合的特色探索,他曾言,对宗教召唤所做出的狂热反应是克己的,所激发的勇气不过是"限制人的自身存在的欲望",进而强化这种限制,保护和助长一种潜在的神经症状态,对罪过和谴责的焦虑也是典型的病理性症状,虽然可以拥有"道德上的完善"，却不能消除"包含在人的存在境遇中的不完善"，不能消除他与真实存在相疏离的境况①，只有敢于把无意义这一最具毁灭性的焦虑纳入自身的勇气，才可称为存在的勇气，或"敢于绝望的勇气"，才能勇敢地面对现代人的精神困境。勇气、胆识和自我价值正是美国存在主义者用来反抗社会的共同道德信念，海明威的《老人与海》，诺曼·梅勒的"希波斯特哲学"惯于将人物置于一个困境之中，回应存在主义对人的本质存在、自由与责任的思考，如意大利评论家纳米·达哥斯蒂诺所说："从《在我们的时代里》到《老人与海》，海明威对现实的基本态度没有改变。人生是一场孤独的斗争，是行动的拼死的激情，在它背后意识不到任何意义或理由。人生里，没有任何东西可以被说明、被改善或被挽救，也不能真正提出或解决什么问题。"② 梅勒也认为："你的勇气表现为你做一些冒险的事情，你没有把握会胜利，但你仍然应该去做。如果你在真空状态中做这些事，没有道德的指引，那么你在这个社会中就是一个精神变态者，一个'希波斯特'。"③ 海明威作品的命题既不是一般存在意义上的"孤独与虚无""失败与死亡""回避与反抗"，也不是传统基督教神学的堕落与救赎，作品中"人的生存境遇及其精神归属与行为选择"，源于现代性对传统意义的摧毁造成的无意义真空，进而威胁精神上的自我肯定。桑地亚哥"敢于绝望的勇气"使得这种精神超出了伦理学的范畴而进入了本体论的领域，得到了"存在—本身"之力的肯定，避免成为"过去的""注定的"牺牲品，与永恒的"现在"结成一体，使得海明威的哲学具有存在主义与基督神学相结合的特征。

　　四是后现代认识危机中对知识"基础"的批判。从技术的控制、世

---

　　① 参见［美］蒂里希《蒂里希选集》，上海三联书店 1999 年版，第 203—204 页。

　　② 董衡巽编：《海明威研究》，中国社会科学出版社 1980 年版，第 290 页。

　　③ J. Michael Lennon, *Conversations With Norman Mailer*, Jackson: University Press of Mississippi, 1988, p. 43.

界大战、纳粹大屠杀、奥斯维辛集中营、广岛原子弹的恐怖来看，人类美德的知识基础遭到从未有过的质疑，足以颠覆既定社会行为和意识形态形成的话语垄断。在崇尚颠覆的后现代理论家那里，显然不会认同神学衰落源于外在观念影响的因素，他们更认为延续千年的形而上学的本体论神学体系更值得怀疑，用德里达的话说："无论牺牲于伊拉克政权，还是牺牲于谴责伊拉克政权不尊重法律的国际联盟"，"当那些伦理或者人权话语所指涉的邻舍"遭到牺牲时，"并没有什么道德或法律能够审判这些为了避免自己牺牲的他人的牺牲"，"社会不仅参与不计其数的牺牲，实际上还组织这样的牺牲的经济、政治和法律事务的柔化功能，其道德话语和良知的柔化功能，都是以实施这种牺牲为前提"。在多克托罗看来，"任何一种体制，无论是宗教体制、反宗教体制、经济体制还是国家体制，都易被人性的纵欲、贪婪、疯狂所影响"，人类历史上的苦难尤其是 20 世纪的灾难的存在，难以证明神正论所要求的同等强制力以及公平回报，把政治正义与终极价值捆绑在一起，不但不能保证政治正义的神圣性，反而促进了独裁和专制，不仅扼杀宗教自由，也导致驱赶杀戮，所以多克托罗认为自己的《上帝之城》是为"20 世纪基督教的历史缺陷或者说道德匮乏做出了注释"。

这种否定性判断的另一面，乃是对差异、多样性和多元状态的发现。多克托罗在质疑那个超验的彼岸实体对象的同时，渴望在一个集众多移民、多元政治、异质文化为一体的在场空间中，在温和而理性的友爱和自我节制框架基础上，建立一种勇于承担自己责任和义务的"宗教性"伦理学。这种新的感受性使得基督教和其他宗教信仰之间的关系凸显出来，与此同时，对性别、人种和种族性有关的问题意识也大大加强了。作家更委身于行动、实践——因为他们承认，基督教神学的意义和真理是在实践之中，而不是在神学思辨中发现的，由此产生了形形色色的女性主义神学、黑人神学、政治神学的思潮。如在《秀拉》中，"托妮·莫里森从性别角度对上帝的形象进行颠覆，对上帝造人的神话进行了大胆彻底的改写，塑造了富有创造力、智慧与尊严的新夏娃形象，把女性被基督教父权神话所剥夺的创造力、主体性地位交还给女性"。20世纪后期的作家，在一种政治的、主张解放的和后现代主义的环境中创作，他们对于基督宗教的探索，越来越成为"自下而上"的实践，反思与批判自己的局限性，反对"把他者还原为同一的本体论"的盲目信仰和理性思维，让长久以来被压制的"异教"性思想和观念来对抗和取代正统观念带来的戕害。

## 四　基督宗教与美国克里斯玛权威型人格

自 17 世纪 20 年代殖民地建立以来，盎格鲁—新教为美国经济与文化的发展提供了精神动力和秩序结构，同时也使得它与不同历史时期美国文学作品中的典型人物行为模式之间有着渊源性的关系。美国文学早期传统有一种基本的叙事模式——或多或少体现一定的精神性自传性质，那就是将个体的体验通过反复的、强制性的方式与群体特性相联系，将群体性个人主义心理经验的思考转化到文化建构上，以塑造崭新的心理平衡和道德归属感。

殖民地时期作家力图塑造一个宗教原则影响下的"典范性自我"的叙事方式，使得美国此后的不少重要文学作品具有明显的精神性自传性质。最早反映"美国梦"的一批自然神学影响下的人物，就是富兰克林《自传》中的"我"（也可理解为有"教养的家长"），凭借个人的勤奋工作和节俭生活，就能脱贫致富，获得金钱和名声，以他的"勇敢而热忱的道德自我完善计划"取代了神的恩惠，主张将实用主义的道德原则贯彻到日常生活的道德规范之中；还有托马斯·杰斐逊笔下的"自耕农"，遵从"自然法则"，认为人天生就应该享受某些不可割让的自然权利，如生命、自由和拥有土地等财产的权利，同样也是思想独立并富有"美德"的农民，既可以克服民众的堕落腐败、奴颜婢膝和政治家

的野心勃勃，也可以克服宗教信仰中的迷信、偏私、特权和压迫。到了
19世纪30年代，随着自由化神学的发展，爱默生又发展出了一种具有
重要影响的超验型人格，由于人具有特殊的神性直觉能力，使他既能认
识经验的领域，又能认识超验的领域，还能认识普遍的真理，而这往往
又与内心、情感和良心紧密联系在一起。超验型人格的前提是"上帝用
以显示自身的支配自然界的规律与道德规律是同一的"①，人们不必接
受神学教条主义或自然神论者冷峻的理性指挥而生活。

以上诸多典型人物形象，都是美国不同时期、具体语境中形成的人
格，相信人有改善社会和自然的能力，愿意有全新的生活体验，逐步摆
脱传统权威的影响，体现了美国文学作品中主人公的"民主的"（dem-
ocratic）、"平民主义的"（populist）、宗教性的克里斯玛权威（charis-
matic authority）的性质②。"克里斯玛"一词由马克斯·韦伯从早期基
督教著作中借用而来，意为恩赐之物，似乎具有超验的起源和品质，显
示出有施展广泛影响力的能力。克里斯玛型权威人物不同于制度化的权
威，依赖于任何制度和规范，也不同于法理—理性的权威，依赖法律和
规则，典型的克里斯玛型权威在先知、圣徒和宗教领袖所建立的组织中
可以看到，他们所秉持的价值观念为其赢得了声誉、名望等象征性资
本，这也是克里斯玛效应形成的核心要素。我们不难看出，"典范性自
我"、有"教养的家长"、"自耕农"、超验型人格对于美国人来说，就
是典型的克里斯玛型平民化人物，除了"典范性自我"之外，其他人物

---

① 刘放桐主编：《西方近现代过渡时期哲学——哲学上的革命变更与现代转型》，人
民出版社2009年版，第602页。

② 马克斯·韦伯认为任何一种组织都是以某种形式的权威为基础的，在欧洲历史中找
到人类社会统治的不同权威类型，即克里斯玛型的统治、传统型的统治与法理型的统治形
式三种。传统型权威源于历史，建立在人们对于习惯和古老传统的神圣不可侵犯的基础之
上，根据延续的习惯来控制和行使，其合法性通常取决于某个宗教领袖或政治阶层；法
理—理性（legal - rational）型权威则建立在一套非人格化的规则和法令的正当性基础之上，
代表了对传统权威方式的超越。

往往不太尊崇任何既定的规则和传统，却因自身的典型性而以超凡的人格魅力和强大的感召力获得成功。20 世纪美国文学中的"自我形塑"的人格、舍伍德·安德森的英雄工匠、德莱塞笔下的工商业"巨人"、海明威式"硬汉"等仍保留着明显的克里斯玛型人物的特色。

　　对财富的追求、消费文化盛行以及流水线生产方式的运用，也使得工业化过程中的美国人致力于塑造这一文化背景下的理想人格，即"自我形塑"的人，"那些有首创精神的、事业心的自我形塑的人（self - made man），借助于智慧与耐心来创造财富，反过来，借用这些财富，他们也创造自己"。美国从由城镇主导的农业国，过渡到以城市主导的工商业国家，银行金融、证券交易、托拉斯企业开始操纵美国人的生产和生活方式。以舍伍德·安德森、德莱塞、辛克莱·刘易斯等人为代表的美国第二代现实主义文学所揭示的是，物质主义允诺的误导，使得人们乐于以享乐主义为主的消费生活方式，传统主人公的自我典范化、19 世纪自我形塑化观念下的个人自立、自律、自我进取的精神已经荡然无存。以前加尔文主义与富兰克林的信徒强调的是，通过忠诚正直、勤奋节俭的精神来抵制邪恶的诱惑，然而镀金时代一夜之间发财的梦想，使得传统的商业道德变为一种野心勃勃、阴险狡诈、自私自利的伦理哲学，德莱塞笔下的"巨人"实际上利用了一切不正当手段巧取豪夺才获得了发迹，这些克里斯玛型"巨人"，有足够的能力和权力去挑战传统或法理型权威，因为这些"巨人"实际就是现实生活中叱咤风云的"工业巨头"或"金融财阀"卡内基、洛克菲勒和范德比尔特。

　　20 世纪 30 年代的美国小说仍具有明显的"泛自传体裁"特征。他们的孤独与虚无、回避与反抗，并不是传统基督教神学的堕落与救赎，作家们宁愿认为自己是美国进入 20 世纪以来第一批孤立无援的信徒，他们的"生存境遇及其精神归属与行为选择"，源于"反道德说教与反理性的'零式结局'（zero - ending），以及过分突出个人形象和自我意

识所造成的历史感失落与社会背景黯淡模糊"①。海明威所创造的所谓
"硬汉"典型形象，道德混沌、感觉细微、自嘲绝望，但又渴望相互理
解和交流，几乎是现代美国人的典型。克里斯玛型权威人格在美国社会
和文化中的重要性，不仅体现在基督宗教文化自身，还体现在美国社会
文化的各个领域，著名演员、工商业巨头、足球明星都在不同的领域充
分利用克里斯玛的品质，吸引无数的"粉丝"和支持者。到了20世纪
六七十年代，前现代的传统型权威和克里斯玛型权威经历了"祛魅"
的理性化后被法理型权威所取代，然而作为技术的"合理—合法"的权
威再次压制了个人的自由，因为后者以制度本身渗透自我的最深层。约瑟
夫·海勒的"第二十二条军规"就是一种典型的有组织的混乱、制度化
了的疯狂，冯内古特的"五号屠场"则更是残酷地反映了当代到目前为
止人类冷酷地、科学地、有方法地、以令人难以置信的数量屠杀自己同类
的疯狂，没有战略价值的平民城市德累斯顿，却遭到同盟国的密谋而被轰
炸，直到它被烧尽，化为废墟，然后又撒谎掩盖事实。美国后现代语境中
"行动"的克里斯玛式人物，赋予个人在价值上自我决定与自我责任的能
力，试图将现代人从非人性、机械合理性的统治中解放出来，克服"技术
必然性"和"历史必然性"对人性自由的压制。

　　以上对基督教文化与20世纪美国文学思想之间的关联做了粗浅的描
述。在后面各具体章节的论述中，每一章关注相对独特的思潮或观念，因
此相对独立成篇。各章遵循基本的模式，首先是简单追溯该思潮或一组作
家的处境或历史环境，然后用几个专节的篇幅说明由几位代表性作家的思
想所例证的独特观念。目标是选择那些可以作为例证的人物，而不是包罗
万象，因而也必然是粗略地概述。本书大量采用出自重要作品的重要而又
具有阐明作用的引文，这样有利于揭示出具体文本中的细微观念。

---

① 赵一凡：《迷惘的一代文化背景透视》，《美国研究》1987年第2期，第142页。

# 第一章 1890—1920：宗教伦理与资本经济的裂变

## 第一节 导论

19世纪末20世纪初美国文化的主流价值取向——至少是反映在现实主义文学作品中的主要取向，是城镇盎格鲁—新教文化的逐渐隐退，以及城市工商业消费意识形态趋于主导。一般认为，美国工业革命大约完成于19世纪90年代，美国人历史意义上的边疆开拓时代至此基本结束，至1900年铁路总长已达到19万英里，工业总产值首次超过了农业的总产值，使得美国从由城镇主导的农业国，过渡到以城市主导的工商业国家，银行金融、证券交易、托拉斯企业开始操纵美国人的生产和生活方式。在《小城畸人》（*Winesburg, Ohio*，1919）中的《酒醉》里，一个五十年前离开温士堡的老妇，带着外孙回到了故乡，旅途中她不断地讲着温士堡，说他们可以过着田园牧歌式的生活，在田间劳动，在树林里打猎……当他们下车的时候，发觉村庄竟在她离开后变成了小城，她突然变得无所适从了，忧心忡忡地对外孙说："这不是我想象的温士堡。你在这儿恐怕日子要不好过了。"① 这是老妇人的感慨，但也不妨说是安德森自己的感慨。所谓的变化，安德森（Sherwood Anderson，1876—1941）在《虔诚》第一节中说得很清楚，"近五十年来，我们人民的生活起了极大的变化。其实是发生了一场革命。工业主义的到来，随之而起的种种事件的一切喧哗和吵嚷"②。而在安德森的长篇小说《暗笑》中，两个鲜明的意象对比了新、旧两种文化形态，"密西西比河"为曾经在河谷住过的男人所暗怀。

> 这条迷失之河或许标志着美国中部的黄金时代已然过去了——那时河上充斥着歌声与欢笑、污言秽语、货物的气味以及舞蹈的黑奴，到处都充满了生命力……在盛夏闷热的空气里打了一天盹儿的小镇，为此活过来了。运货马车满街开得横七竖八，尘土滚滚，狗叫声、追跑打闹声不绝于耳，整个镇子充盈着温吞的生活气息。③

而工业化的铁轨"渐渐扼住了大河的生命"，"以前的那些店铺，一律面河而建，现在却都冲着铁轨"④。与曾经在河流边上生活的嘈杂、热闹相比，铁轨边上的现代生活显得空洞而寂寥。

> 工人——鱼贯而出的工人们，鱼贯而出，从她丈夫的工厂里。高个儿的，矮个儿的，宽背的，窄背的……统统看上去索然无味，仿佛都盲了一只眼，都只有一只手……衣裤都汗湿了，贴在皮肤上。他们走着，迈着拖沓的步子，拖沓地走啊走啊，走过工厂前的卵石路，越过轨道……索然无味的人，消失在索然无味的小镇里。⑤

---

① ［美］舍伍德·安德森：《小城畸人》，吴岩译，上海译文出版社 2008 年版，第 156 页。
② 同上书，第 42 页。
③ ［美］舍伍德·安德森：《暗笑》，Aurora·G 译，北京燕山出版社 2009 年版，第 9—10、70 页。
④ 同上书，第 70 页。
⑤ 同上书，第 122 页。

尽管如此，作者还是感慨："我们不能总跟时代对着干，对不对？"当时的美国正由自耕农和手工匠人为主导的农业国，向以机器化大生产为主的工业国转型，转型时期的个人身份、个人理想和社会变迁之间的矛盾是造成"畸人"（安德森）、"美国悲剧"（德莱塞）的原因之一。

以马克斯·韦伯新教伦理与资本主义伦理精神关系立论来看，美国内战之后三十多年的镀金时代，美国人所创造的经济力量及其能够创造丰富多彩的物质世界的能力，足以与神学的上帝创造一切的观念相抗衡——当然从社会底层来看，经济繁荣无法遮盖失业、罢工、贫民窟以及各种社会秩序混乱的景象。应该说，这一变化实际上在 19 世纪 30 年代爱默生笔下已经初现端倪，他曾说过，物化意识的弥漫使得人们已经开始"敬畏那些不该敬畏的"，而"不敬畏那些应该敬畏的"，"这当然是一种暂时而间接的好处，（但）它不是那种对心灵有益的本质性恩泽"[1]。对物质的执着追求，使得民众在精神领域不自觉将这种异己力量加以构造、敬畏和膜拜，这正是爱默生批判的焦点之一。然而爱默生等人的超验涓涓细流根本抵挡不住美国经济繁荣的惊涛骇浪，1873 年马克·吐温曾与华尔纳合作发表长篇小说《镀金时代》（*The Gilded Age* 1873），讽刺当时社会庸俗、无耻的投机现象，此后又于 1898 年写了《神秘来客》（*The Mysterious Stranger*，1916），塑造了一个叫撒旦的人物，善于创造各种奇迹来欺骗和愚弄人们，在故事结束时，他告诉一个小男孩，世界上不存在什么天堂和地狱，一切都是幻想而已。

不过，自 17 世纪 20 年代殖民地建立以来，盎格鲁—新教为美国经济与文化的发展提供了精神动力和秩序结构，美国文学早期传统有一种基本的叙事模式——或多或少体现一定的精神性自传性质，那就是将个体的体验通过反复的、强制性的方式与群体特性相联系，将群体性个人

---

[1] Ralph Waldo Emerson, *The Works of Ralph Waldo Emerson*, Vol. 1. Boston and New York: Fireside Edition, 1909, p. 18.

主义心理经验的思考转化到文化建构上，以塑造崭新的心理平衡和道德归属感。所以直到 1901—1903 年，最畅销的通俗作品，如爱丽丝·莱丝（Alice Hegan Rice, 1870—1942） 《卷心菜圃的威格斯夫人》（*Mrs. Wiggs of the Cabbage Patch*, 1901）、欧文·威斯特（Owen Wister, 1860—1938）《弗吉尼亚人》（*The Virginian*, 1902）、杰克·伦敦（Jack London, 1876—1916）《野性的呼唤》（*The Call of the Wild*, 1903）和凯特·拉金（Kate Douglas Wiggin, 1856—1923）《森尼布鲁克农场的丽贝卡》（*Rebecca of Sunnybrook Farm*, 1903） 的基调仍是活泼和乐观的，虽然也反映内战之后新旧思想的矛盾和斗争，但是善经历了曲折战胜了恶，也使得丽贝卡这样追求知识、自由和理想，充满爱心和责任感的女孩成为"美国一个世纪以来，美国女孩和女人的典范"，从而成为少男少女教育和成长的标杆。

20 世纪的头 20 年，亨利·詹姆斯（Henry James, 1843—1916）徜徉于欧洲，伊迪丝·华顿（Edith Wharton, 1862—1937）品尝着罗马与巴黎的逸乐，回顾纽约社会名流的故事——他们熟悉的是美国上层社会，豪威尔斯（William Dean Howells, 1837—1920）这个时候描述的则是老一代中产阶级的生活，但更多的属于这个时代的美国作家为剧变做了更多的准备。社会主义者杰克·伦敦和厄普顿·辛克莱（Upton Sinclair, 1878—1968），特立独行的学者约翰·杜威（John Dewey, 1859—1952）和凡勃伦（Thorstein Bunde Veblen, 1857—1929）姑且不论，单单《嘉莉妹妹》（*Sister Carrie*, 1900）和《珍妮姑娘》（*Jennie Gerhardt*, 1911）两部作品足以把美国城市中的奥革阿斯王牛圈里的污秽无情地抖搂出来，更不要说勇于破旧立新的门肯（Henry Louis Mencken, 1880—1956）和年轻激进的凡·威克·布鲁克斯（Van Wyck Brooks, 1886—1963），他们勇于抨击新世界的掠夺性和纸醉金迷，揭露精神生活的穷困贫瘠，以及"缺乏灵魂的物质主义和整齐划一，他们眼中的美国表面

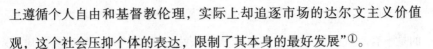

上遵循个人自由和基督教伦理，实际上却追逐市场的达尔文主义价值观，这个社会压抑个体的表达，限制了其本身的最好发展"①。

从美国文学发展规律来看，可以将舍伍德·安德森、辛克莱·刘易斯与德莱塞等人的创作视为第二代现实主义文学，以区别于19世纪最后20年的早期现实主义文学。安德森和略晚的德莱塞、辛克莱·刘易斯（Sinclair Lewis，1885—1951），甚至更晚的斯坦贝克（John Steinbeck，1902—1968），都出生于中西部边疆地区，又都在东部大城市从事文学创作活动，大城市生活的好处是可以弥补他们早年教育的不足，促进创作思想的成熟。19世纪后期的美国文学充满对乡镇美好生活的描绘，这是因为很多民众在城市经历了挫折和失败后，将乡镇生活理想化，将之设想为美国道德的最后堡垒：有着清教主义的勤俭节约的美德、勤奋工作和朴实的个人主义奋斗思想②。这个时期只有中西部的小城镇还位于草原或森林的边缘，同淳朴的自然还保持着最后的联系。城镇在这个时期成为美国文化中宗教的纯洁、国家的崇敬、交易的公平和家庭的幸福的最后堡垒，成为美国新旧文明冲突的阵地，或者是自然与文明的折中物。第二代现实主义文学作为美国现实主义向现代主义过渡的文学，对美国文坛以及小城镇的幻想的冲击却是巨大的，具有鲜明的戏剧性、讽刺性和反叛精神。他们认为过去现实主义文学中的理想主义者违背事实，过分夸大了人的崇高、自我牺牲以及对理性的尊崇，从而将自己的创作转向被美国温文尔雅的传统所忽略的底层世界、人性自身难以克制的欲望、残酷社会竞争的牺牲品，也转向对美国小城镇生活的深恶痛绝。在城镇农业背景下的新教传统，和城市工商业背景下的自然

---

① ［美］莫里斯·迪克斯坦：《途中的镜子：文学与现实世界》，刘玉宇译，上海三联书店2008年版，第62页。
② 刘易斯曾在诺贝尔奖受奖词中，批评了豪威尔斯之流追求旧日美国的道德教化作用，坚持勤劳、节俭、诚实、坚韧，费尽心机要将美国变成英国大教堂式的城镇翻版。

道德之间，不同的作家选择了不同的道路，安德森的《小城畸人》更多的是不合时宜的传统固守，而《嘉莉妹妹》更多的是自然而然地接受新的自然道德，而吉姆·凯西则是要改造传统。

随着边疆开拓时代的结束，对财富的追求、消费文化盛行以及流水线生产方式的运用，美国人仍然致力于塑造这一文化背景下的理想人格，即"自我形塑"的人，"那些有首创精神的、事业心的自我形塑的人（self - made man），借助于智慧与耐心来创造财富，反过来，借用这些财富，他们也创造自己"①。豪威尔斯《塞拉斯·拉帕姆的发迹》（*The Rise of Silas Lapham*，1884）的主人公拉帕姆显然是"自我形塑"的典型人物，他勤勤恳恳、兢兢业业，靠自己的双手勤俭起家，靠矿漆生意发了迹。然而正当春风得意之时，他在竞争中受到挫折，濒临破产。他完全可以将企业卖给一家英国公司，但考虑到铁路公司插手会使买主受损，他不愿意损人利己，宁愿让自己倾家荡产，流落乡下。避免为富不仁的做法，使得豪威尔斯的小说是地道的伦理道德小说，通过发迹与破产，迎来了精神的升华，达到道德的完美。任何不幸带来的死亡和幻灭是 20 世纪初美国人故意忽视的因素，所以尽管诺里斯（Frank Norris，1870—1902）的《麦克提格》（*McTeague*，1899）、《范多弗与野兽》（*Vandover And the Brute*，1914）这样的作品深刻揭露人的内在道德缺陷以及人的贪欲的吞噬性力量，颠覆"自我形塑"观念的可能性，但是诺里斯熟悉美国人的流行价值观，传奇性质的处理方式使得他的作品没有引起美国人的反感，但《嘉莉妹妹》这样"误入歧途"的真实故事，必然受到冷酷无情的对待。

---

① Kenneth Michael Camacho, The Art of Self - Making: American Modernist Fiction and the Performance of Identity and Authorship, Diss. U of South Carolina, 2010, p. 5（转引自浦立昕《身份建构与男性气质：舍伍德·安德森小说研究》，博士学位论文，南京大学，2013 年，第 54 页）。

　　以舍伍德·安德森、德莱塞、辛克莱·刘易斯等人为代表的美国第二代现实主义文学所揭示的是，物质主义允诺的误导，使得人们乐于以享乐主义为主的消费生活方式，传统主人公的自我典范化、19世纪自我形塑化观念下的个人自立、自律、自我进取的精神已经荡然无存。无论是嘉莉妹妹、珍妮姑娘、克莱德（《美国的悲剧》）这样的底层人物也好，还是巴比特（《巴比特》）、艾罗史密斯（《艾罗史密斯》）、埃尔默·甘特立（《埃尔默·甘特立》）这样的中产阶层，弗·阿·考珀伍德（《金融家》）、尤金·威特拉这样曾如日中天的金融财阀、工业巨子也罢，他们很大程度上在工作、生活中都成了一个被控制和被操作的人，生活没有了明确的精神目标，甚至导致一种普遍性的内在失败的悲剧图景。自由的丧失不单单是指独立的谋生手段的丧失，而更是指一种文化理想的丧失，这不仅导致贝尔所提的工作与新教伦理救赎志向的分离，还导致工作与精神快乐的分离，更危及建立在经济独立自主基础上的道德教诲、经济成功与精神追求。

　　几乎每个阶层都是美国第二代现实主义文学关注的对象。第一个是弗·阿·考珀伍德、尤金·威特拉这样上层的"工业巨头"或"金融财阀"——影射的是卡内基、洛克菲勒和范德比尔特等"英雄"人物，其中《金融家》甚至直接来自19世纪90年代在芝加哥叱咤风云的查尔斯·T. 耶基斯的发迹史。他们精明强干、敢作敢为，非常善于抓住机遇发挥个人的巨大潜力，因辉煌的成功而获得民众的尊敬和推崇；他们不乏早期殖民开拓者的个人主义冒险精神，他们只是将冒险的地点由边疆转移到了办公室、会议室或股票交易所。以前加尔文主义与富兰克林的信徒强调的是，通过忠诚正直、勤奋节俭的精神来抵制邪恶的诱惑，然而镀金时代一夜之间发财的梦想，使得传统的商业道德变为一种野心勃勃、阴险狡诈、自私自利的伦理哲学，德莱塞笔下的"巨人"实际上利用了一切不正当手段巧取豪夺才获得了发迹。商业行为的卑劣对社会的腐蚀不仅发生在经济领域和民众心理领域，这些强盗巨亨为了极力扩张自己的商业地盘，往往与政权机构中的官员彼此利用、相互勾结、尔虞我诈，导致民主政治的金融腐败。

在《金融家》的开始部分，年轻的考珀伍德在观察龙虾和鱿鱼的殊死争斗中学到了人生第一课，到了最后一章，德莱塞又用了鼻鲈的寓言，"那个玄乎其玄、我们称为具有创造力量又给予八福实质的东西，据说安排人世间生活总是按照这样的模式，即只有诚实与德行才会无往而不利"①。然而在大自然的原创力面前，是没有什么八福之类的东西的，鼻鲈最大的优势就是令人难以置信的仿冒能力，依靠善变欺骗敌人和捕食者来获得生存的能力。叙述者问道："你会说，赐福、仁慈、主宰一切的造物主，从来就不愿有什么叫作狡诈或者欺骗的玩意儿吗？……《十诫》与正义的幻觉，全都来自哪儿呢？"德莱塞是在适者生存的哲学观念下质疑基督教伦理在这个时代的合理性，但德莱塞因此也被质疑对社会没有责任感，卡津和夏皮罗曾指出："德莱塞只考虑他自己而没有充分考虑到自己的社会作用。他在谴责'上帝的法则'时，没有明显地意识到它与自然法则是一致的，考珀伍德并不能因为追随自然本能的爱好而被谴责进地狱，因为他追求权力是自然而然的事，但他的社会价值则是另一回事了。德莱塞否认存在着仁慈的引导目的，所以就废除了道德谴责；但他没有调查考珀伍德的社会作用。如果他做了调查的话，就会不加任何怀疑地认识到社会需要限制这样的个人。"②

第二个是乔治·巴比特（《巴比特》）这样的城市中产阶级，他们

---

① ［美］德莱塞：《金融家》，潘庆舲译，上海译文出版社2005年版，第594页。《马太福音》第5章耶稣登山论福提到，有"虚心""哀恸""温柔""怜恤""清心"之心，"饥渴慕义""使人和睦""为义受逼迫"的八种人有福。

② Alfred Kazin and Charles Shapiro, *The Stature of Theodore Dreiser: A Critical Survey of the Man and His Work*, New York: Indiana University Press, 1955, pp. 260 – 261. 转引自蒋道超《消费语境下的越界和抑制——评西奥多·德莱塞的〈金融家〉》，《外国文学评论》2001年第1期，第58页。

在这一时期持续的工业化和商业化浪潮中获益最多。随着他们人数及其手中财富的不断增加，他们开始主张自己的价值观，进而确立这个时代美国人的生活方式和思想文化标准。用多克托罗的话说，乔治·巴比特这样一个体态发福的房地产经纪人、情场浪子、共和党人、社区推动者、扶轮社的成员，成了"一个美国国家精神的新承载者，以替代调皮鬼汤姆·索亚；巴比特，这个庸俗的哲学家，空洞地宣扬着早已吸干了他的灵魂的商业信条"，"能够代表崛起的新世界形象的不是具有学者风度、倔强的、悲剧性民主党人伍德罗·威尔逊，而是乱蓬蓬的、忍耐愚蠢生活的商人巴比特"①。在《巴比特》第十六章，刘易斯写道，如果你问"坚定的"长老会教友巴比特，他的宗教观是什么，他会用促进会特有的口吻响亮地回答："我的宗教信仰就是为我的同胞服务，像尊重自己一样尊重我的兄弟，尽我自己一份力量，让人人生活得更加幸福。"如果你逼着他讲得更详细一些，他就会公然声称："本人身为长老会的一名教友，当然承认它的全部教义。"如若你不识相，还要追问，他就会抗议："探讨宗教问题嘛，老是争论不休，真没意思；那只会使人反感。"②几乎没有反思能力的巴比特是一切保守的、传统的事物的维护者，表面上坚持一种叫作"伦理道德"的东西，捍卫福音派新教会，保护幸福的家庭和繁荣的商业。他从来不深思神学上的奥妙问题，更不相信什么"烈火燃烧着硫黄的地狱"，他的实用主义宗教观的核心是"上教堂做礼拜，为的是让人们瞧得起自己，对生意有好处：教堂能防止坏人不致变得更加十恶不赦"，防止人们做"空头"③的地产生意。

马尔库塞（Herbert Marcuse，1898—1979）在《单向度的人》（*One*

---

① ［美］多克托罗：《创造灵魂的人：多克托罗随笔集》，郭英剑译，译林出版社2010年版，第67、69页。

② ［美］辛克莱·刘易斯：《巴比特》，潘庆舲、姚祖培译，外国文学出版社2002年版，第246页。

③ 同上书，第246—247页。

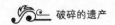

Dimensional Man，1964）开篇即描述了这种工业文明中一种貌似自由的现象："一种舒舒服服、平平稳稳、合理而又民主的不自由在发达的工业文明中流行，这是技术进步的标志。"① 所谓貌似自由，在巴比特身上得到充分的体现，作为友麋会、促进会和商会会员，"长老会里那些牧师决定他的全部宗教信仰"，"控制共和党的参议员在华盛顿烟雾弥漫的密室里决定他对裁军、关税和德国应持何种态度"，而标准商品"是他地位优越的象征和证据；这些东西最初只是欢乐、热情和智慧的标志，后来却成为欢乐、热情和智慧的代用品"②。巴比特一度试图与坦尼斯·朱迪安勾勾搭搭，借以摆脱家庭的羁绊和泽尼思因循守旧的生活，有一丝自由主义的冲动，但最终服膺于为了资本利润和生活方式所塑造出来的集体性的虚假意识，臣服于一种强制控制性的、潜移默化的、集体主动的价值体系。

这种虚假价值体系的建立，进而影响了第三个阶层，即嘉莉妹妹、克莱德·格里菲斯和舍伍德·安德森笔下的底层人物。镀金时代最为流行的大众读物千篇一律地描写贫穷但聪明、勤奋的青年发迹的故事，整个国家在发财—致富—享乐的魔笛伴奏下翩翩起舞，庸俗而又天真的意识形态强大到足以使他们拒绝接受宗教传统强调的禁欲主义的克制。嘉莉妹妹成了美国文学中第一个自甘堕落的女性，作者德莱塞本人显然是拒绝了传统宗教将性爱视为有罪的看法。实际上这些底层民众都是弱者、牺牲品和失败者，尽管他们往往或自我牺牲，或踌躇满志，最后却发现，那样一个中产阶级的有教养的美丽世界，是一个"有围墙的世

① ［美］马尔库塞：《单向度的人——发达工业社会意识形态研究》，刘继译，上海译文出版社 1989 年版，第 3 页。
② ［美］辛克莱·刘易斯：《巴比特》，潘庆舲、姚祖培译，外国文学出版社 2002 年版，第 112 页。

界"①，他/她似乎进不去。而实际情况是，美国的经济越来越掌控在更大的企业形式之中，个人主义开拓的勇气、运气和智慧已经变得不合时宜。对于巴比特这样的美国文化的实际控制阶层来说，越是强调享乐和消费，越发对自己利益予以原教旨主义式的恐惧和维护：不仅表现在第一次世界大战之后的布尔什维克革命引发的"红色恐怖"，反对无政府主义者、共产主义者、工会组织者和移民的浪潮，还表现在 20 世纪 20 年代的禁酒运动和反进化论争论上。中产阶层虽然在生意场上遵循实用主义、现实主义，但是他们在思想观念上却更需要一种理想主义，一种道德的提升和掩饰，所以中产阶级也尽量拒斥或掩盖不道德的现实或叙事。当然在揭露这种社会复杂性的同时，不同作家处理方式也是大不相同的，"如果说刘易斯在他的小说中忠实而细致地记录了美国的生活，那么安德森所感兴趣的则是表象下面生活的本质，他说出了人们的恐惧与得意。刘易斯把小说变成了高级的新闻报道，而安德森则把小说变成诗歌和宗教的替代品"②。

当然也不难看出，以上观念的发生也与 19 世纪末 20 世纪初欧美科学观念和哲学认识大发展有着密切的关系。美国的知识分子一贯对自己时代的罪恶和问题比较敏感，而欧洲新思想的传入，多少迎合了美国人认知上的需要。首先，达尔文生物进化论、自然主义等方面的认识，促使人们从物质的人和社会的人、精神的人和肉体的人两个方面对自己重新进行评价，与文艺复兴至浪漫主义时期对人的乐观化、理想化和可以教化的观念相比，进化论和自然主义似乎将人降低到生物的层次，剥离了他/她的崇高志向。而物竞天择、优胜劣汰的生存法则，以及人的行为仅仅是外部力量、环境不可避免的结果，与新教文化传统中人有能力

---

① ［美］威勒德·索普：《二十世纪美国文学》，濮阳翔、李成秀译，北京师范大学出版社1984 年版，第 179 页。

② 魏燕：《艾尔弗雷德·卡津》，译林出版社 2012 年版，第 151 页。

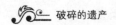

通过自己的努力达到道德完善进而得以拯救的观念是格格不入的，在这个丛林竞争的世界里，人似乎失去了一切可以祈求的神明力量，建立在谦卑、正直、勤劳、贞洁等训诫基础上的传统道德失去了效用。

实际上，进化论和神学之间的争论早在 18 世纪下半叶就已开始，赫伯特·斯宾塞（Herbert Spencer, 1820—1903）将达尔文的生物进化论推进到社会达尔文主义和自由主义，体现了 19 世纪中期以后成功的实业家所赞同的富有进取心的自由哲学，斯宾塞在《社会静力学》（1850）中曾言：

> 在整个自然界，我们可以看到有一条严格的戒律在起作用，这条戒律有一点残酷，可它也许是很仁慈的……一个手艺笨拙的工匠，如果他做了一切努力也无上进，他就要挨饿，这似乎是严酷的。一个劳动者因疾病失去与他较强的同伴竞争的能力，就必须忍受由此带来的贫困，这似乎是残酷的。听任寡妇孤儿挣扎在死亡线上，这也似乎是残酷的。可是如果不是单独来看，而是把它们与人类的普遍利益联系起来考虑，这些严酷的命中注定的事情，却可以看作充满利益的——正如使有病父母的子女早进坟墓，及挑选放纵或衰弱的人做瘟疫的牺牲者一样。①

这实际是为工商业社会的弱肉强食的丛林竞争提供了正当的理论依据，此后在左拉（Emile Zola, 1840—1902）的《酒店》（*L'Assommoir*, 1877）、诺里斯的《范陀弗与兽性》、德莱塞的《嘉莉妹妹》《珍妮姑娘》等作品里都或多或少地得到了一定的体现：人处于某种物质饥渴、危急关头，潜藏在人身上的自我保护本能就会复苏，而这种本能是由他/她的遗传、环境和时代压力所激发的。而在安德森的作品中，所谓

---

① ［英］赫伯特·斯宾塞：《社会静力学》，张雄武译，商务印书馆 1996 年版，第 143—144 页。

的"畸人"也处于无力进行生存斗争的状态，变成了停滞的"倒退的人"。然而对于德莱塞来说，全然倾向自然主义的描写必然激发宗教保守势力仍然强大的民众的抵抗，以至于德莱塞的《嘉莉妹妹》被埋没数年之久。

社会达尔文主义与自然主义等观念，与美国新教神学传统最大的差别在于它的非道德性，人为一种自己不可驾驭的力量所控制。罗德·霍顿曾经指出，"美国人本质中难以消除的加尔文主义，以及由不受约束的物质、政治发展所引起的道德荒芜"是促使生性乐观的美国人拥抱自然主义的原因。斯宾塞毕竟也试图证明，人的意识、道德观念与政治机构，会向更高级、更复杂、更有秩序的方向发展，这一观点也受到美国的热烈欢迎。在安德森的作品里，他的短篇小说总是有对生活真谛的顿悟时刻，体现对于生活的瞬间自我启发——也许永恒并不是事物真正存在的属性，只是人的想象而已，自然界的一切只有人类的经验才能够加以证明，而他的长篇小说仍然怀有对自由的热爱和创造更好的文明的愿望。在《嘉莉妹妹》一书的结尾，德莱塞对值得同情与怜悯的"人心盲目的挣扎"进行构思，也许并不是认可人生来就有堕落的天性，而是由较低形态向较高形态发展，"在望远镜的一端，人们看到的是悲观失望，可是如果把望远镜掉转过来，那么辽阔的乐观兴旺的景象就会在人们的眼前展现"[1]。德莱塞显然不是一个纯粹的自然主义作家，他笔下的主人公固然受社会环境的控制，但在很大程度上仍有自由选择的权利，正如门肯在《序言集》（*A Book of Prefaces*，1917）中所言，德莱塞小说的主题绝不是人，是丛林的动物（jungle beasts）。相反，由《嘉莉妹妹》与《珍妮姑娘》这样的小说所激发的暧昧的怜悯，正是源于我

---

① ［美］威勒德·索普：《二十世纪美国文学》，濮阳翔、李成秀译，北京师范大学出版社 1984 年版，第 159 页。

们人性与动物本性的冲突之张力。① 而两者之间冲突又是德莱塞进一步探索社会环境、人的本能、勇气、应变能力、命运与梦想的前提，这也许就是斯皮拉所认为的，"在德莱塞的意识中，完全屈从于自然规律与社会改革的热情联结在一起"②。

此外，19世纪下半叶心理学、社会学、伦理学、考古学以及生物学发展，促使社会科学学科也继自然科学进入实证阶段，比达尔文思想对传统宗教的冲击更加猛烈。现代学术分析方法视野中的《圣经》不再那么神圣，它受到了极其细致的剖析，陆续出版了很多否认神迹和任何神秘力量存在的学术著作。不过，美国人在进入20世纪接受现代思想不是一个一蹴而就的过程，经历了多次的反复，甚至到了1920年"就在《大街》出版后不久，沃伦·哈尔丁当选美国总统，从而彻底结束了威尔逊的理想主义和国际主义。整个国家开始退缩或说撤退：美国重又回归一个清教式的、保守的小镇主义国家"③。关于这方面的内容我们将在下一章予以论述。20世纪初的20年，工商业发展所确立的自由享乐的标准，和维护自身利益所确立的保守文化标准之间形成的反差，标志着这一时期是美国传统与现代社会、文化和思想剧烈冲突的时期。"商业化"时代的神学叙事既是"介于一种旧秩序与新秩序之间的情感纠葛"，同时也蕴藏着作家们的一种折中式的理想：既期待社会的变迁，又抵制资本主义掠夺式的"进步"。

---

① Ira Wells, *Fighting Words*: *Polemics and Social Change in Literary Naturalism*, Tuscaloosa: University of Alabama Press, 2013, p. 24.

② ［美］罗伯特·斯皮拉：《美国文学的周期》，王长荣译，上海外语教育出版社1990年版，第179页。

③ ［美］莫里斯·迪克斯坦：《途中的镜子：文学与现实世界》，刘玉宇译，上海三联书店2008年版，第60—61页。

## 第二节 舍伍德·安德森：返回自然花园的工匠

　　舍伍德·安德森（Sherwood Anderson，1876—1941）1876 年生于美国中西部俄亥俄州的坎登。自 19 世纪 40 年代开始的工商业浪潮，随着西部边疆的开发迅速遍及整个中西部地区。安德森青少年时代，正是俄亥俄地区农业、手工业被工商业生产彻底代替的时期，边疆地区的闭塞、文化的粗鄙、陈腐宗教文化观念的束缚、工商业社会的习气交织在一起，就是安德森笔下的独特环境——这不仅是中西部某个地区，而且也是整个美国历史、文化发展趋势中的一个缩影。在辛克莱·刘易斯《大街》之前，最有名的城镇题材小说就是舍伍德·安德森的连续故事集《小城畸人》。故事围绕被困厄于小镇的几个行为怪异、心理胆怯、彼此疏离的人物展开，这种地方人物心理的孤独和隔绝，在福克纳、纳撒尼尔·韦斯特、卡森·麦卡勒斯①等人的作品里有着强烈的共鸣。故事集中有一篇是作者自己的故事，一个年轻人获悉一切，然后逃离小镇讲述这些故事，这种通过逃离获得成长的叙事模式在美国文学中屡见不鲜：安德森自幼过着贫苦的乡村生活，在中西部做过苦工，在俄亥俄经过商，曾是一家公司的董事长，还娶了一个家境颇为富有的妻子。1912

---

　　① 麦卡勒斯的传记作家弗吉尼亚·斯潘塞·卡尔在《解读卡森·麦卡勒斯》一书中写道，评论家往往把舍伍德·安德森作为参照来研究麦卡勒斯及其作品（Virginia Spencer Carr, *Understanding Carson McCullers*. Columbia, South Carolina：University of South Carolina Press, 1990, p. 36）。卡尔虽未做进一步解释，但从麦卡勒斯研究的相关论文中我们可以确认安德森对麦卡勒斯创作的影响。早在 1951 年，代顿·科勒就曾在文章中指出，麦卡勒斯是在续写舍伍德·安德森《小城畸人》中的怪诞形象，他们笔下的人物一样的行为怪异，一样的心理畸形。（Dayton Kohler, "Variations on a Theme", *College English*, Vol. 13, No. 1, Oct 1951, p. 3）

年 11 月 27 日，他突然抛弃妻儿和事业，孤身一人去了大城市芝加哥，在文学作品里书写农业文明背景下城镇生活的落日余晖。

评论家一直认可《小城畸人》和其他一些独立的短篇小说所取得的文学成就，然而忽视了安德森大部分的长篇作品。这种局面的改变得益于安德森研究专家戴维·安德森，他曾撰文呼吁研究者们"要对安德森其他作品做出一个持续的重估"①。安德森长篇作品的研究至少有助于我们了解安德森创作更为广阔的空间，如安德森第一部长篇小说《温迪·麦克弗森的儿子》（*Windy McPherson's Son*，1916），第二部长篇小说《前进的人们》（*Marching Men*，1917）都多少表现出对资本主义体系的憎恶，然而安德森没有提出消除憎恶的方法，只是希望大家组织起来，肩并肩地向前走去："我们既不七嘴八舌也不言听计从，我们继续前进并教导我们的子女前进。"② 此后他还发表了《穷苦的白人》（*Poor White*，1920），塑造了垦殖机发明者、马具制造商两个相互对比的人物，前者靠发明致富，并导致后者穷困潦倒，就像安德森在《讲故事者的故事》（*A Story – Teller's Story*，1924）中所说的："斯蒂芬逊、富兰克林、富尔敦、贝尔、爱迪生——你们是我们这个工业时代的英雄，是我们时代的神灵……其实你们的辉煌毫无意义。……过去的时代有许多可爱的人，多半已被人遗忘，不过当你们被人们遗忘的时候，他们就会被人记起。"③ 此外，对安德森长篇作品的研究也有利于我们了解安德森作品自传性质的特征，如《许多婚姻》（*Many Marriages*，1923）和《暗笑》（*Dark Laughter*，1925），以及随后出版的《柏油：一个中西部人的童年》（*Tar：A Midwest Childhood*，1926），《舍伍德·安德森回忆

---

① David Anderson, "The Structure of Sherwood Anderson's Short Story Collections", *Midamerica：The Yearbook of the Society for the Study of Midwestern Literature*, 24 (1997), p. 91.

② Sherwood Anderson, *Marching Men*, Fairfield：1st World Publishing, 2004, p. 257.

③ Sherwood Anderson, *A Story Teller's Story*, Ann Arbor：University of Michigan Press, 2005, p. 186.

录》（*Sherwood Anderson's Memoirs*，1939）等。本文以安德森最为畅销的长篇小说《暗笑》为例，尝试阐释作家在试图解决美国现代文明中"畸人"的出路问题时，如何"想办法在这个国家培养更地道的人。让人们融合到一起"①。

## 一 精神的委顿与生产的困境

安德森的成长与创作期正值美国工业化完成时期，他的作品反映了工业化对美国中西部社会所产生的深远影响，以及人们对于这一转型的不适感。安德森还将这场社会革命描述为"美国由一个手工匠人为主导的农业国家向一个规模化生产的、城市的、消费社会转型的历史时期"②，杰弗逊笔下理想的自耕农，与农场主、手工匠人、小商贩一起，成了工厂工人、工厂主，精巧的手工生产模式转为机械化流水线生产的模式。安德森在《小城畸人》里对象征农业文明的"手"倍加称赞，显然与他对人与机器之间的问题的关注有关，就像一些社会学批评家所提出的，现代化的生产方式"损毁了人与劳动之间的心理—身体上的关联。劳动原本要求人有着一定的智力、想象、创造的积极参与，但是如今生产活动已被简化成机器和体力的融合"③。在《暗笑》中，安德森则更为明确了这个观念，"人一旦疏于用肢体去参与这个世界——去感受山河草木，看五谷成熟、船只满江，看种子在狂风中打转……感受街道上的灰尘、钢铁、高楼、街上穿梭的行人的脸……就会远离生活本身"（DL 73）。对于外形的感受，对于物质的感受，全都发轫于人的肢体之间，这也说明了安德森为什么要把凭借纤细的双手能在一天之内采

---

① ［美］舍伍德·安德森：《暗笑》，Aurora·G 译，北京燕山出版社 2010 年版，第 54 页。为节约篇幅，本节凡引用此作品，皆以（DL 页码）的形式标注。

② David Daniel Anderson, Sherwood Anderson and the Meaning of the American Experience, Diss. Michigan State University, 1960, p. 10.

③ John W. Crowley, *New Essays on Winesburg*, *Ohio*, Beijing：Peking UP, 2007, pp. 106 – 107.

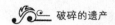 

摘一百四十夸脱草莓的飞翼比德尔鲍姆放在《小城畸人》一书的开头。

而在《暗笑》中，安德森花费大量笔墨塑造了较之飞翼比德尔鲍姆更为饱满的斯庞齐·马丁形象，一个所谓英雄工匠（Heroic Artisan）式的人物①。在农业时代，最具有代表性的、创造性的技艺产生了泥瓦匠、木匠、铁匠、裁缝、鞋匠、织匠，以及造马具、造马车者，几乎每行每业都有能工巧匠。斯庞齐·马丁在没有轮胎制造业的时代，拥有自己的店铺——专门给马车厢上漆，手艺"出神入化"，"优雅地拿着刷子，动作轻快柔和。刷子蘸饱了，油漆却一点都不会滴下来。涂层绝没有一星半点得不均匀。涂抹的动作像极了某种爱抚"（DL 14）。斯庞齐这样一位曾经的工匠、如今的工人有什么特别之处呢？安德森写道，他们是用手指认知世界，用肢体去参与这个世界，"如果远离对这些东西的感官感受，不再注意自己的五感所能知觉的信息，同时，也就会远离生活本身了"（DL 73）。只有斯庞齐这样对劳动对象外观形状、触感的热爱以及技艺的精湛，才是真正的艺术，才是男性生产力与创造力的象征。

这个曾经充盈着自豪的工匠，对眼下这份给轮胎上涂料的小活儿十分轻蔑，"这活儿谁都能干"，他对布鲁斯说："喏，比如你。你压根儿是个生手，但你铆足了劲儿去刷也能跟我刷得一样快，而且还一样好。没劲！"（DL 13）如果没有这份热爱和精湛，男性的创造性气质也随之消逝，安德森1931年在哀叹机械工业对男性气质的影响时指出："按我个人的观念，男人需要在自然中工作，他们需要用手去接触原料，加工原料，亲手去处理木料、黏土和铁之类的东西……不这样做的话，不被

---

① 浦立昕的博士论文提出斯庞齐·马丁是作为具有鲜明男性气质的英雄工匠来塑造的，该文借用了齐梅尔（Michael S. Kimmel）所分析的美国男性的三种气质模式，即"有教养的家长"（Genteel Patriarch），"英雄工匠"（Heroic Artisan）以及"自我形塑的人"（Self-Made Man）（Michael S. Kimmel, *Manhood in America*：*A Cultural History edition*, Oxford & New York：Oxford U P, 2006, p. 13）。

允许这样做的话，就不像男人做的事……这也让他们越来越不像男人。"① 这种感受能力即使在现代生活里，也有着过人之处，斯庞齐第一次就发现布鲁斯·达德利与艾兰之间"一种微妙的相通"，但是布鲁斯却认为，斯庞齐一个粗人，不该对周遭的微妙变化如此敏感，如若不然，将会毁坏"淳朴工人"这一形象，也就是有些不够"男人"。

正如浦立昕曾指出的，"英雄工匠"② 不仅重视创造性生产，也重视独立与自由，这种"独立"与"自由"是以英雄工匠所拥有的精湛技艺为基础的。斯庞齐非常怀念过去的时光，只有在过去的时代他凭着无可替代的精湛手艺，才可以与老格雷叫板，拒绝为了赶工而糟蹋马车的刷漆工艺，哪怕比现在小格雷更有权势地位的老格雷被气得暴跳如雷。如今他在工厂里的生产不过是简单重复，与其他工人相比，斯庞齐也就是工作能力比较强而已，"车间主任说他就是一只手给捆上了，也还是比一般工人干得好，而且还更快"。"英雄工匠"根本无法克服美国流水线作业下被标准化的命运，也根本没有创造性可言，甚至随时有失业的危险，要不是小格雷觉得他有利于自己利润的扩大，也避免民众的闲话的话——安德森可能暗示民众的民主性力量。困顿于流水线的斯庞齐余生只剩下了三件事：工作、进食、睡觉，尽管任何一个方面都表现出精力的充沛，从没有表现出布鲁斯在报社工作时的疲态，"走出办公室总觉得浑身乏力、心灵空虚，心里只有不满是满的，其他都不满"（DL 86）。

安德森把这种困扰现代美国生活的疲倦和瘫痪症结，称作"精神阳痿"，"街上走的好多人看上去都蔫白菜似的，这是不是一种精神阳痿啊"（DL 28）？他甚至喟叹，在芝加哥以及类似的城市，人们在毫无准备时十之八九都呈现这样的疲态，这种疲态无疑是机械化流水线生产方

① Sherwood Anderson, *Perhaps Women*, Mamaroneck, N. Y.：Paul P. Appel, 1970, p. 44.
② 浦立昕：《身份建构与男性气质——舍伍德·安德森小说研究》，博士学位论文，南京大学，2013 年，第 189 页。

式的结果，使得人不能驾轻就熟地运用自己的思维、情感和想象力，从而失去了创造力和活力。"精神阳痿"也直接影响了婚姻生活的和谐，对于斯庞齐来说，"周六晚上能看见一桌做好了的晚饭，就算是一个劳工最高兴的事儿了"（DL 88），与布鲁斯、波妮丝夫妻的沉闷晚餐形成鲜明的对比。斯庞齐的女人做得一手好菜，逢他发薪水的日子，他们就找一个阔气的馆子大吃一顿，然后去河边"钓鱼"，"躺在篝火边上的木屑堆里与斯庞齐调情至兴起，就干脆在野地里欢度良宵"。他的妻子身手矫健，像刚毛猎狐狸一样充满活力，"自从斯庞齐在二十二岁上娶了她以后，除去几次酒醉后的胡闹，就再没同别的女人上过床了"（DL 5）。相反，对斯庞齐与妻子野合所带来的联想，却是布鲁斯自己在性方面的挫折，所以他在静悄悄地离开妻子波妮丝之后毫无悔意。

小说中的两位主人公布鲁斯和弗雷德，一个是报社写手，一个是企业家，两者都是机器化的参与者，两个人都不约而同地笼罩在家庭的"生产困境"中。从妻子的角度来说，布鲁斯的妻子波妮丝不想要孩子，布鲁斯提出关于孩子的话题，"波妮丝总是拿'我得工作'来堵他。这不过是个借口。她只是不想把自己跟他拴在一起——虽然他们是结发夫妻"（DL 23）。其实，更主要的原因是波妮丝认为他不够优秀，在向别人提起布鲁斯的时候，她总是不由自主地语带轻慢，认为他既不爱工作，又不求上进，甚至直截了当地告诉布鲁斯："就是要（孩子）也不跟你要，你这人太玩世不恭了。"（DL 12）在布鲁斯的眼里，波妮丝缺少女人味，忙得近乎男人的宏图大志，"为周日报纸写专栏，成为一个成功的杂志作家"。而在波妮丝眼里，布鲁斯在工作和生活中的表现总是一团糟。可布鲁斯觉得波妮丝圈子里的男性的艺术家体格柔弱，"总泛滥一种阴柔之美"（DL 36）。双方的轻视使夫妻两个陷入"生产困境"。

这种"生产困境"同时也困扰着弗雷德与艾兰夫妇。在艾兰眼里，弗雷德总是表现得"孩子气"，在夫妻俩的意识里都有一个弯下腰正要抱起学步孩童的圣母幻象：弗雷德向她求婚的那个晚上，看中的正是类似于这雕塑一般的美丽，在艾兰面前，他可以是任性的小娃娃，绝望地索求她——索求她代表的一切。然而，"结婚以来，弗雷德的迟钝和孩子气已经让艾兰腻味透了"（DL 199），婚姻在艾兰眼里成了一场孩子气的哑剧表演，变得"毫无意义"（DL 162）。因此，艾兰从未考虑过为弗雷德生下子嗣。而在丈夫的角色中，无论是布鲁斯还是弗雷德，在各自的妻子面前都表现出了"无能"。首先是布鲁斯，"他与女人们在一起，原该春宵一刻，可他什么都不想做"。他甚至把自己想象成乔伊斯笔下的布鲁姆，并猜测乔伊斯跟他自己，还有乔伊斯笔下的布鲁姆，都是一路货色，"一个性无能的胆小鬼，惧怕躺在自己身边的女人，心怀恐惧、愤怒、忧闷"①（DL 96）。至于弗雷德，与妻子艾兰之间仿佛耸立着一道防火墙，每次"关键的时刻"，他都选择放弃。"我们同睡还是……""不，亲爱的，今天我有些累了。"在工厂里，弗雷德的自我得到了充分的膨胀，但在妻子艾兰面前，他就像是又一个布鲁斯，心怀恐惧，不敢"冒险"。安德森借用汤姆·威尔士之口特意提到，女人看不起自己的丈夫并非出于她们的本意，"她重新审视自己的丈夫，发觉他不像过去那样值得尊敬了……男人都太容易摆平了——只要女人找到要诀。她太优秀，她自己也没办法"（DL 48）。从这个意义上来看，迈克尔斯的观点是值得借鉴的，他认为《暗笑》叙述的是"关于白人男性生殖能力失败"②的故事。

①　值得注意的是，安德森似乎在有意地戏仿乔伊斯的《尤利西斯》，在《暗笑》中，布鲁斯与布鲁姆一样，并不在意妻子的奸情，眼见妻子与他人调情暧昧，他没有任何嫉恨与恼怒，反而飞速地思考怎样"才能走得不让他们尴尬"。最后他想到这么一句："不好意思，我马上得走了，报社有事得加班，我可能整夜都不回来。"（DL 32）在妻子与妻子的情人之间，他成了局外人，这就与布鲁姆的形象进一步重叠在一起了。

②　Waiter Benn Michaels, *Our America：Nativism, Modernism, and Pluralism*, Durhamand London：Duke U P，1995，p. 94.

## 二　反讽的暗笑与野性的解脱

布鲁斯所寻找的感觉，是不是就在斯庞齐·马丁身上？"一个用手指思考的工人，是否更接近生命的真相呢？"（DL 71）布鲁斯断然否决了这种想法，甚至嘲笑这种所谓有活力的生活有些愚昧，"他只想钓鱼喝酒，感官所得即是他的满意所在。他和他的妻子都是猎狐狸一类的动物，并不具备人类最可贵的特质"（DL 168）。斯庞齐失去了那个他引以为傲的马车上漆作坊，不是他的手艺问题，而是因为马车为现代交通工具替代而灭绝。他本可以去开一家汽车装饰店，然而他宁可继续刷轮子，继续谈论陈年旧事，继续吃喝睡觉，继续酩酊大醉。布鲁斯觉得斯庞齐有着卑微的优秀品质和略感稳妥自由的一技之长，两者就是他的所有精神支柱，他们夫妇俩都很清楚自己的生活局限，并愉快地享受着有限的生活。然而，无论如何，在工厂里哪怕像斯庞齐一样极其熟练地刷轮胎，也是非常容易让人腻味的，更不能去效仿他的粗俗的生活方式，所以更不可能将斯庞齐视为"精神上的父亲"，视为"这个国家更地道的人"。

所谓更地道的人在作品里是不存在的，只能借助一种艺术批判的手段来陶冶和净化现有的丑陋、畸形，这个手段就是"暗笑"（dark laughter）。小说中多次提到"笑"，朱蒂斯·布朗曾从德里达的"延异"出发，将"暗笑"纳入西方文化有关"笑"的讨论历史中，指出对于安德森来说，"笑"是构成小说结构的手段，安德森"以笑声作为打破旧的传统、从旧的束缚中解脱出来的主要方法"[1]。在笔者看来，对于"暗笑"的解读，可以从三个层面来理解：第一个是叙事技巧层面上的，借鉴了马克·吐温幽默的讽刺。小说提到，艾兰的父亲最爱《傻子出国记》，每阅必哈哈大笑，艾兰身处文艺殿堂，觉得这个故事

---

[1]　Judith Brown, "A Certain Laughter: Sherwood Anderson's Experiment in Form", *Modernist Cultures*, 2, 2 (2006), p. 140.

"不过是一整篇小毛孩儿面对自己无力理解的事物所迸发出的自慰式嘲笑"，在艾兰心中，"父亲永远是个温柔的老头儿——恐怕过于温柔了"（DL 123）。而安德森将布鲁斯·达德利回到旧港，与马克·吐温回到密西西比河边做了对比，但是自嘲道，自己写不出马克·吐温那样的史诗，只能"写无关痛痒的事，陈词滥调的幽默"（DL 10）。

第二个是人物视角差异层面上的，布鲁斯对妻子波妮丝的微笑，以及艾兰对丈夫弗雷德的微笑，这种微笑都致使对方感到不安和厌恶。如果说报纸专栏作家波妮丝和工厂主弗雷德代表工业文明，那么艾兰和布鲁斯无疑是以嘲讽的态度来看待工业文明及其衍生出来的人格。工厂是弗雷德的小小王国，在那里，他以为自己是颐指气使的皇帝，小职员、办公室文书和车间工人都得听他的，弗雷德假想了一个劳资双方比较合适的隐喻，"这个隐喻非常重要，你踩油门，挂挡，操作着庞大的机械往前迈进"（DL 185）。然而在公共空间里，他的男性主宰的幻想却从未实现，不仅不敢开除对自己横眉冷对的斯庞齐，还被自己家的花匠布鲁斯戏弄了一番，在小镇游行的队伍里更没有被指派更重要的角色、穿上佩剑的制服，甚至在准备与夺走自己妻子的布鲁斯决斗时，竟然号啕大哭。我们不妨将其与《小城畸人》中"虔诚"的杰西·本特利关联起来解读。①

两者祖辈应该都是殖民开拓者，在禁欲、虔诚和勤勉的宗教伦理观念约束下，通过几代人的经营获得了大片的土地。不知道是否偶然，弗雷德与杰西·本特利的父辈都不善于经营土地，尽管他们都占有着当地最大、最富饶的土地——应该与美国这一时期经济转型有密切的关系；

---

① 当然，弗雷德与杰西·本特利商业上是成功的，安德森也写了很多在时代浪潮下不认命者的悲剧命运，如《鸡蛋》里的父亲为了增加餐馆的营收，表演"塞蛋"的绝技，结果"鸡蛋迸裂，溅了他一身"，使得看客乔·凯恩哈哈大笑，令"父亲"勃然大怒之后，像孩子似的号啕大哭。

弗雷德与杰西·本特利却靠"经营"与"机器",将原本土地的资产转换为工商业化的财富;两者都不太够"男人"(maleness),有别于父辈强壮的外表,杰西·本特利瘦弱、敏感,"依当时的标准衡量,杰西看起来根本不像一个男子汉大丈夫"——不过有时安德森的态度令人觉得生疑,他也说到他执掌了"四个强壮的哥哥所干的工作,附近农场上和温士堡城郊,人人都在好笑"①,而弗雷德年纪轻轻就发了福,"肚腩也起来了,腮帮子也鼓了",第26章与强壮矫健的布鲁斯一前一后上山的窘境让人忍俊不禁;两者还都比较守旧,作为最审慎精明的商人,占据他们心灵的是狂热的贪婪的冲动,在杰西·本特利内心还有"那种古代古地的气氛"(WO 39),他希望自己成为《圣经》里的杰西,"统治众人,而且他的儿子们也要成为统治者"(WO 41),更向上帝祈祷有个儿子,准备将其命名为大卫,而弗雷德谈起自己的父亲的口气,"仿佛《圣经》里提起了亚伯拉罕"(DL 123),希望自己的轮胎具有"帝王风范",是"公路上的参孙""路上大亨"。

当然有理由相信,弗雷德与杰西·本特利生活的年代可能要差一个时代,杰西·本特利也娶了一个城里的柔弱妻子,待她很严厉,作为传统文化中的美国农场主妇,在农场里一年忙到头,产下一个女孩便死去了。而弗雷德在妻子面前却有些紧张,真正意识到艾兰是不可控制的——艾兰在欧洲受过现代性的洗礼,在他侃侃而谈自己生意的时候,艾兰脸上带着的那种古怪微笑令他感到紧张。弗雷德一直觉得,艾兰看上去更像一个欧洲女子,而非美国主妇,在弗雷德眼里,艾兰的奢华生活完全仰赖自己的钱,"定做一双鞋就花三四十美元,而且双双定做——也有二三十双了吧……六百美元光买鞋了!我的天哪!"因此当他对艾兰大谈其企业时,他反感于艾兰的沉默与微笑,"她该感谢祖宗

---

① 〔美〕安德森:《小城畸人》,吴岩译,上海译文出版社2008年版,第39页。为节约篇幅,凡引用此作品,皆以(WO 页码)的形式标注。

积德，让她碰见个这么有钱的丈夫"（DL 148）。弗雷德爱上她，就是因为她的"娇小精致的身材，小脚蹬在昂贵的皮鞋里，纤纤十指垂在腿面上"，卓绝优雅赛过树荫下供人瞻仰的老式白色大理石雕塑（DL 153），无异于家里的一个精巧的摆设。弗雷德有一种虚假的自信，认为一切都不能撼动他的地位，尤其是事关尊严的问题。弗雷德推测，也许她那样笑也没有别的意思，也没准工厂的事务超出了她的理解范围，生意上的事，必须得是男人、得有颗男性的大脑才管得了。

　　而对艾兰来说，年纪不小的时候也需要寻到一个富有、成功的人来做自己的丈夫，必须向生活做出妥协，"一场这样的婚姻能提供舒适的安居之所，你也得到汽车和华美的衣"，然而艾兰需要的不仅是一个可以任意支取的钱袋子，还需要一个正常的伴侣，能平等、公正对待自己的丈夫，真诚交流情感的爱人，所以她常常深夜独自待在外边，并尽量放空自己，无非要暂时躲开束缚她的虚假家庭。而与布鲁斯的结合绝非情欲的作祟，是布鲁斯身上的自然气息触动了她自身的灵性，因此遇到布鲁斯的那个瞬间，艾兰的胸中涌上一股活力，"现在，我是自己的主宰了"（DL 193）。显然，艾兰是在争取个人的解放和自由，因而可谓是与布鲁斯殊途同归，都是在人生的路途上探索、追求着。艾兰并不是安德森塑造的唯一一个主张争取个人解放和自由的女性形象，但却是取得胜利的一个。《小城畸人》里的伊丽莎白·威拉德，一生都在企盼生活有所变化，极尽各种尝试，却都以失败告终，她在一个风雨天独自驾车疾驶，"我要摆脱城市，摆脱我的衣服，摆脱我的婚姻，摆脱我的身体，摆脱一切"（WO 170）。然而她只是从马车上跳下来而已，并在疯狂的奔跑中摔伤了自己。在这个"世界历史上一个最讲物质的时代"，"要把世俗的财富与上帝的恩宠统一于一身"的弗雷德与杰西·本特利，肉体的残弱和精神的贫乏的直接结果，就是不能有自己的男性子嗣。

　　第三个是小说的本质思考层面上的，即"dark"。"dark"字面意思可能与黑人有关。布鲁斯和弗雷德双双陷入的尴尬局面，其实是在艾兰一手掌控之下。然而所谓螳螂捕蝉，黄雀在后，在艾兰之外，他们家里的两个黑人女佣似乎更能全局地察觉到这种微妙关系。不过"白人全神贯注做事的时候，黑人是懂得如何保持安静的"，作为目击者，她们静静等待着事情的发展，时不时咯咯地笑出声来，暗暗嬉笑的气氛弥散开来，"上帝啊上帝啊上帝啊上帝啊"，女佣里的一个终于忍不住对着另一个大笑起来——是黑人特有的高嗓门（DL 196），表现出毫无顾忌的原始主义的活力，而弗雷德却特别不喜欢这一笑声。在作品里，安德森也提到，黑人越来越多地参与到了美国的社会生活中，"黑人对于社会的参与要比在美国的犹太人、德国人、波兰人和意大利人更急切、更迅猛。到处都是他们的身影"（DL 53），黑人的歌声"旋律仿佛因经年活跃在唇齿之间而尤其得顺畅，或是一落生就携带在基因里似的，随口哼唱即成板成调。是与生俱来的天赋。潜意识里的情感——对于天空、河流或一叶漂舟的情感——是隐藏在暗处的神秘主义，除了歌声和肢体语言外，不能为其他方式所表达。黑人劳工的身体仿佛是彼此相属的，好像天空在那远远的地方与河水相接——天便也属于了河流。他们唱出的旋律轻抚过彼此的肢体"（DL 78—79）。小说中还反复出现黑人的歌声，"噢！我的/我的小斑鸠犬/我就是不给你呀/我的果冻卷"（DL 52）。"果冻卷"，原文为"jelly roll"，有男性生殖器之意，它代表着一种创造力，安德森便是取其生产之意，如小说中对黑人"生产性劳动"的描写："布鲁斯看到，人们已经开始四处走动，准备耕地……他们是一些黑人。黑人们在一大片的浅灰色上行走着，等待时机成熟，等待着去助春天一臂之力，让绿色蔓延得更为蓬勃。"（DL 174）在安德森看来，黑人多少保持旧有的、未被工业文明侵蚀的生活状态，他们充满野性的活力，他们能够"唱歌、大笑、幸福，而白人却不能"①，他们似乎还没有被美国希望变富、希望成功的梦想所诅咒，美国社会所崇拜的神——物质、富有、社会地位和权力，对这些东西的追求不仅丧失了生活的本质，也使得生活的结果变得脆弱之极。

### 三　超验花园里的子民

在一个"苹果树和樱桃树不见了""恋人们也不在林间散步""思想和诗歌消失"，凝聚镇民们的宗教和社团活动都没了的时代，安德森想象美国人就像《虔诚》中游荡在田野树林间、尽情享受童年无拘无束的生活的大卫，心里也时常被一种成年的思绪占据着，"他认识到自己快是个成人了，可不晓得该在人生中有何作为"（WO 66）。在经历了父辈的狂热行为之后，逃离令人窒息的城镇圈子，去大城市开始成年的征程，"我已经杀了一个圣徒，现在我自己要做一个人，闯进世界去"（WO 69）。然而在《暗笑》中，布鲁斯却逃离自己的大城市，成为中西部地区"唯一实打实的美国人""唯一鲁莽、胆怯、腼腆而又冒冒失失的人"（DL 52），返回沿河的旧港小镇寻找可以疗伤的东西。艾兰有个能说会道的朋友伊瑟，三四句话就说服了她父亲放艾兰出国，"你这样的男人真是作了牺牲的。就是因为有了你这样乏于修辞却勇于行动的男人，一直站在生活的第一线。社会需要你们沉默而坚定的力量，尤其是在时下。噢，这个颠覆旧律，丧失信仰的时代啊"（DL 110）。这其实是借机指明，《暗笑》在一番嘲讽之后，最终要反思的是美国国民性的问题，"必须想办法在这个国家培养更地道的人。让人们融合到一起。……要是我们找不出办法，时代就将在发展的道路上寸步难行。同样，对善恶茫无头绪的人在生命的路途上也必将寸步难行"（DL 54）。

---

① Sherwood Anderson, *Sherwood Anderson's Memoirs: A Critical Edition*, Ed. Ray Lewis White. Chapel Hill: University of North Carolina Press, 1969, p. 105.

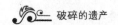 

究竟用什么方法才能在这个时代培养出地道的人来呢？

安德森在小说中将自己幻想成一个历史的旁观者、见证者以及局外人，"什么事最终都逃不过个体的眼睛——尤其是有文化并正好有心情对社会加以观察的个体——比如现在的布鲁斯"（DL 53）。就精神层面来说，安德森常常因《小城畸人》一些短篇被认为是"与清教主义是对立的"，其作品揭露了"清教主义对人性的压制"，而在《暗笑》中，情欲常常出现在人物的意识世界里，这从布鲁斯反复呈现对《旧约》故事的记忆可以窥见："他喜欢男人和女人的结合，传宗接代，羊群土地，播种饥饿，经年累月，日复一日。他喜欢约瑟夫、大卫、扫罗和力士参孙，还有蜂蜜、蜜蜂、谷仓、牲畜。"（DL 72）但在阅读过程中我们会明显感觉到，安德森根本没有着力去描写情欲本身。布鲁斯结识艾兰，"并不是觊觎艾兰的肉体"，对于布鲁斯而言，艾兰"只需存在即可，不需要靠得太近"。他甚至有意提醒读者，自己并不是在描写一个爱情故事，"言情读物只适合于打字员下班以后的垃圾时间"，艾兰存在的意义是使"他那一事无成的双手，也许在她的意志下，就会有所作为"（DL 172—174）。

由此可见，安德森之所以把情欲和爱情作为选取的题材，绝不是只把它们当作一种肉体上的功能和情感上的需要，他只是在情欲、爱情和整个国民人格的关系上，发生兴趣因而去加以刻画、点染。情欲之于布鲁斯，之于艾兰，都称得上是一种推动力量，它促使两个人从现实的困顿中解脱出来，探索个人自由解放之途，在艾兰与布鲁斯四目相对的那一刻，布鲁斯想到的是："犹大对俄南说，与你的兄嫂结合！为你的兄弟传宗接代吧。"（DL 73）毫无疑问，安德森把这种"结合"指向了新生，类似超验主义看重人的无限潜力，相信人能完成自我灵魂的救赎，"用你的手指和灵魂牢牢抓住真理和美妙的幻象！世界必须是美丽的"（DL 155—156）。艾兰将布鲁斯置于花园之中，每日里看他侍弄花草，

"艾兰这才明白过来，人们说的'男性魅力'——至少是美国男性的魅力——是怎么回事"（DL 191）。尽管布鲁斯努力地要成为一个称职的园丁，却笨手笨脚地把什么都弄得一团糟，然而当布鲁斯的手指轻轻摸过树苗的时候，"艾兰真切地感觉到身体内部的震颤，仿佛布鲁斯正在爱抚自己一般，她的身体变得炽热起来"（DL 195）。而布鲁斯自己做了一个花匠之后，对土地上发生的事有了格外的兴趣，并不是说回到农业的时代，而是从《圣经》子民式的强烈幻想出发，重振美国先民的繁衍力量。

　　主人公布鲁斯重拾"男性魅力"的过程，实际上是探索现代美国人格出路的过程。布鲁斯·达德利是个化名，是他从妻子的身边逃走后使用的名字，对于易名，布鲁斯的解释是寻找一个"新的自己"，想象自己可以是陆军上尉，也可以是康涅狄格州哈特福德郡第一长老会教堂牧师，这两种身份都是典型的男性职业。而在《暗笑》里，布鲁斯就要抵达旧港的时候，看到船坞边停靠着一艘燃气引擎的小船，船上住着顺河往南拯救世界的传道士一家，船侧漆着标语——"耶稣必然拯救我们"，"他们总会完蛋的"。可是传道士是个"虚弱的赤脚男人，留着脏兮兮的胡子，萎靡地塌陷在舵后面。他老婆，同样光着脚，坐在一把摇椅上晃悠，满口漆黑的残牙"（DL 53），全然没有精神领导者应有的精神风范，更不能引导人们前进。其实《小城畸人》里的帕雪瓦尔医生就把他所发现的真理告诉人们，"世界上人人都是基督，而他们都被钉死在十字架上了"，一般意义上的宗教已退化成一种空洞的说教。布鲁斯重返旧港，因为"在布鲁斯的意识里，'母亲'这一概念同河流密不可分"（DL 75），于他而言，母亲与河流已然不可逆转地混淆在一起了。安德森无疑受到弗洛伊德理论的影响，布鲁斯把"母亲"的概念与大河混淆在一起，实际上是在河流中找到他象征的母亲，用弗洛伊德的术语来说，他是要返回母体，从这个母体出发，他希望经历一次重生，创造一个新的自己。但作家的意图远超于此，他声称这种河流与母亲之间的联系，类似一种符号主义，"这联系存在一种十分重要的内核——马克·吐温几乎就要触及这一内核了。向南的、和暖宽阔的河水，密西西比河，俄亥俄河。母亲河"（DL 75）。

行文至此，安德森就与超验主义交融在了一起，崇尚自然、回归自然是爱默生超验主义自然观的意蕴所在。爱默生认为，自然能够净化人的灵魂，修复人的本性，甚至有让人重拾自我、回归生命本真的本源性意义，"在荒野之中，我发现某种比在大街上或村庄里看到的东西更密切、更具有先天性的东西。在寂静的风景里，尤其是在遥远的地平线上，人们看见了大致像他的本性一样美的东西"①。因此他希望人们走进自然，摆脱物质功利的羁绊，重新找到自己，"对于被苦闷的工作或群居生活所束缚的肉体和精神，自然是一剂良药，足以恢复它们的情调……看到了天空和树林，于是又恢复为'人'了。在它们永久的宁静中，他发现了自己"②。对于布鲁斯来说，就是要在自然中恢复他的男性气质，净化他那破裂的灵魂。在旧港，布鲁斯目之所及全无芝加哥街头的疲态，满眼"生之潮流""生生不息，生生不息"。这种"生之潮流"就蕴含在生机勃勃的自然之中：奔流不息的大河，沁人心脾的花香，肆意丛生的杂草、野花和浆果，滚滚的草浪，甜润的雨水……在布鲁斯眼里这一切都是"生命的气味"（DL 90）。而艾兰则常常幻想自己是"弯下腰正要抱起学步孩童的圣母，或修道院中手持十字架的修女"的雕塑，尽管没有思想、没有感觉，却似乎能融入周围的树木和灌木丛中。而她胸前的十字架上，是她那死去的精神恋人。

布鲁斯在艾兰的指导下，松土、犁地、播种，使得花园各处"绿色代替了灰色"，安德森无疑在暗示布鲁斯与艾兰之间的结合，并孕育了

---

① ［美］爱默生：《爱默生演讲录》，孙宜学译，中国人民大学出版社 2004 年版，第178 页。

② 同上书，第181—182 页。

新生命。正是借助这种暗示的力量，重塑了布鲁斯的人格力量。与艾兰的相遇使得布鲁斯意识到过去自己在波妮丝身上也未曾有过这种全情投入，原是因为波妮丝根本就抛却掉了女人的特质，而他要用想象力将艾兰的女性的可爱推向极致，但是保持适当的尺度，"您只需存在即可，不需要靠得太近"（DL 173）。这样才能避免成为《小城畸人》里的"畸人"（grotesques），不是一个只是在纸上"写着思想，思想的结尾，思想的开端"又揉成纸团扔掉的里菲医生（《纸团》），独自和牛、猪，甚至是牲口棚周围奔跑的鸡倾心长谈的埃尔默（《古怪》），也不是一个一心想把一生积余留给儿子但至死未能如愿的母亲（《死》），如果说他们各有所求又不明白如何去做，想说出自己的想法又不善于表达自己，就像苹果树上有结的歪斜不整的苹果，有着特殊的甜味而不为人所知一样，布鲁斯已经迈出了决定性的步伐。如何消弭包括传统文化和现代文化中制约生活的畸形力量，成为《暗笑》这部小说的主要命题。

如果说《小城畸人》探究了文化断层时期"美国意识"中的软弱、胆怯与缺乏自信的话，《暗笑》则是挣脱这种意识困扰的一种思考，从新教传统桎梏中解放出来，从工商业世界算计中解脱出来。从"五月花"号抵达美洲大陆开始，美国人就充满激情地追求个人的自由与解放，在宗教改革观念的引导下，企图建立山巅之城、获得完美的精神生活，然而历经三百年的浮浮沉沉，安德森在《小城畸人》序言里就写道，"起初，世界年轻的时候，有许许多多思想，但没有真理这东西。人自己创造真理，而每一个真理都是许多模糊思想的混合物。全世界到处是真理，而真理统统是美丽的"，然而"一个人一旦为自己掌握一个真理，称为他的真理，并且努力依此真理过他的生活时，他便变成畸人，他拥抱的真理便变成虚妄"（WO 3）。在驱散传统与现代性的焦虑之后，现代的美国人需要运用自己的感觉去探索未来，就如在《教师》里小学教师凯特·斯威夫特对乔治·威拉德所说的，"你得了解人生。假使你想做一个作家，你得摒绝文字游戏。……现在是去生活的时候。……你千万不可以只成为一个文字贩子。你要明白的是人们想什么，不是人们说什么"，而《暗笑》则自问自答地完成了一个作家应该完成的历史使命。安德森以文学艺术的形式回应了美国文化的传统，表现了美国人对自由的渴望，这也正反映了安德森作品的美国特性所在。安德森在自己的《回忆录》中坚信"将来会有一个复兴，那时我的作品和我的生活会被赏识"①，实际上安德森的写作从来没有被美国现代文学忽视。

## 第三节　德莱塞：镀金时代的以实玛利

德莱塞（T. Theodore Dreiser，1871—1945）曾经在 19 世纪 90 年代说自己是个以实玛利（Ishmael）②。的确，德莱塞在美国文学史上是第

---

① Sherwood Anderson, *Sherwood Anderson's Memoirs*, Ed. Ray Lewis White. Chapel Hill：U of North Carolina P，1969，p. 554.

② 参见［美］约翰·莱登伯格《德莱塞：丛林中的以实玛利》，巫漪云译，龙文佩、庄海骅《德莱塞评论集》，上海译文出版社 1989 年版，第 83 页。在犹太教的希伯来《圣经》中，亚伯兰以频频面临试炼而广为人知。而高龄的亚伯兰因正妻撒拉没有为他生孩子而忧愁（《创世纪》21：11）。撒拉对亚伯兰说："看哪，耶和华使我不能生育。你来和我的婢女同房，也许我可以从她得孩子（原意是'被建立'）。"亚伯兰与来自埃及的女仆夏甲（Hagar）所生的长子就是以实玛利，上帝对他的预言是"可以给他起名叫以实玛利，因为耶和华听见了你的苦楚（'以实玛利'就是'神听见'的意思）。他为人必像野驴。他的手要攻打人，人的手也要攻打他。他必常与他的众兄弟作对"（《创世纪》16：11—12）。然而按照犹太教的理解，以实玛利与撒莱后来所生的以撒不同，他是使女所生（《加拉太书》4：22），由人意而生、血气而生（《创世纪》16：1—4；《加拉太书》4：23），而不是由圣灵或应许而生；没有坚定的信仰，跟着一个世俗的母亲；善猎好杀（21：22），而非温厚平和；夏甲亦即西乃山，西乃山即律法地，律法主义着重靠着遵守律法获得生命，而不是靠恩典，故生子为奴（《加拉太书》4：24—25），凡事不得自由；必然遭遇被逐（《创世纪》21：14），被逐时仅得一瓶凉水，各信徒的以实玛利亦必须逐出。但神又对亚伯兰说，"你不必为这童子和你的使女忧愁"（《创世纪》21：12）。后来以实玛利住在旷野，在苦难和窘困的熬炼下，娶埃及女子为妻（《创世纪》21：21），并生下十二族长（《创世纪》25：12），受上帝应许成为大国的祖先，日后的阿拉伯人即为以实玛利的后代。然而仍然可以猜想，以实玛利过早地成为一个无父、无爱的人，被拒绝的伤害甚至继续传承到他的后裔身上。

一位来自下层社会，与此同时祖先又不是盎格鲁—撒克逊人的重要作家。1871 年，德莱塞出生于印第安纳州特雷乌特镇一个中下层阶级德国移民家庭，父亲是个极端拘谨的天主教徒，作为纱厂的监工，微薄的收入根本无力赡养一个多子女的家庭，却总是气势汹汹地咒骂子女品行不端。母亲是位宽容的孟诺派（Mennonites）新教徒①，默默无言地努力维持一家的生活，"当她的尚未被玷污的女儿交给她一位当地律师给的十块钱时，她就拿了去买食品，没有说一句话谴责女儿即将失去'贞操'"②。德莱塞还在《自述》（A Book About Myself, 1922）里，声称自己童年时代对莱茵河天主教的信仰已被荡涤殆尽，但是德莱塞说了很多这样未必可以全信的话。由于穷困潦倒的一家人不得不四处谋生，所以在成长的历程中，德莱塞所目睹的生活是被以往文学所遮蔽的底层社会的世界，下层民众在大都市中为了生存而不得不永无休止地奋斗，只有出身贫寒、高度敏感的人才能懂得那种对穷苦的憎恶。在工业化与都市化的"镀金时代"，德莱塞比美国以往任何小说家都深刻地感受到了在下层民众心理上所笼罩的阴霾。然而，德莱塞一生的作品与基督宗教关系究竟如何？

## 一　自我弃绝的以实玛利

德莱塞在最主要的几部小说中向我们揭示了美国大都市底层生活的现实，《嘉莉妹妹》《珍妮姑娘》《金融家》（The Financier, 1912）《巨人》（The Titan, 1914）《"天才"》（The "Genius", 1915）《美国的悲剧》（An American Tragedy, 1925）这些作品浑然一体，主题高度相

---

① 基督新教的一派，系 16 世纪荷兰牧师孟诺·西蒙斯（Menno Simonsz, 1496—1561）的信徒，目前主要分布在美国和加拿大，不信原罪，反对暴力、洗礼、天主教的等级制度与别的教派人结婚。

② ［美］约翰·莱登伯格：《德莱塞：丛林中的以实玛利》，巫漪云译，载龙文佩、庄海骅《德莱塞评论集》，上海译文出版社 1989 年版，第 84 页。

似。自 17 世纪殖民地开始，统治北美文坛的是信奉新教的盎格鲁—撒克逊中产阶级，他们决定了什么是质朴、古雅的艺术和正统的伦理道德观念——惯于美国乡镇生活的他们，对大都市的生活还颇为陌生，而德莱塞显然是在与这种正统观念相隔绝的环境中长大的。他的一切源于社会实践和经验，而不是某种标准的理想主义——尽管人们按照这种理性生活由来已久。

众所周知，《嘉莉妹妹》印刷之后就被束之高阁，因其人物道德观念、行动及写作理论方面的"叛逆"，故不为掌握社会话语权的新教徒中产阶级所接受。这部"叛逆"作品显然预示了一种"新"道德的萌芽，这种道德不仅源于混合体的"异教"因素，更是工业化和都市化之下普通民众自发的行为。德莱塞并不想把嘉莉妹妹和下一部作品中的珍妮·葛哈德写成好女人，更无意把她们写成叛逆的女性，她们从来不曾主动地去勾引别人，但为了改善自己的生活，也容易欣然接受别人的诱惑；她们没有奸诈和贪婪，逆来顺受、随波逐流，却有少许的雄心，渴望大城市的享乐；温顺地依附她们的追求者，没有什么性格的发展。而坚定的个性为男性所有，后来的尤金·威特拉和考珀伍德像赫斯渥一样华丽衣着、满嘴浮夸而又圆滑干练，驾轻就熟地引诱某个柔顺无知的少女，无论男女毫不留情地颠覆了美国传统文学中所常有的、道德自律的"典范化自我"。德莱塞一生不时地追问自己，"什么是人？人为什么要经受理性与本能的折磨"，"生活为什么是这个样子"？如在《嘉莉妹妹》小说结尾，嘉莉坐在摇椅里摇荡着，"人生的纠葛！我们真看得不清楚……现在她独自坐在那里，是一个在美的追求中，善于感觉而不善于思考，因而迷入歧路的人……坐在你窗边的摇椅里，你将梦想你永远不会感得的幸福"①。当他追问这些迷惑不解的问题的时候，就把都市

---

① ［美］德莱塞：《嘉莉妹妹》，裘柱常、石灵译，上海译文出版社 1980 年版，第 496—498 页。

化文明进程中面临的哲学命题引入了小说中。当德莱塞仔细地描写人物如何由环境所塑造，以及怎样为环境所驱使、最终身不由己为环境所吞噬的时候，他的作品的确有左拉自然主义（Naturalism）的影子——将社会的阴暗面归咎为环境和遗传所致，试图将人类生活视为神秘自然进程中的一部分。但是他的注意力更集中于物质主义者对生活的态度，用罗伯特·斯皮勒的话说，德莱塞是"向现代科学寻求指导的贪婪的物质主义者"[①]，而不是简单地将社会视为各种力量机械相加的结果。他那些大小人物的个性与品格都是社会影响和自身抉择所造成的：对享乐、金钱、权力、地位的追求，使得人被内在和外在力量东拉西拖，随意摆布，在向上爬的过程中逐渐挤掉了理智的地盘，物欲上的本能压倒了道德上的责任感。

这是一种现代意识，与存在了数个世纪之久的有产者的宗教理想与伦理道德观念的差别在于，早期的新教徒依靠准备主义或阿明尼乌主义来解决具有宿命论色彩的预定论，18世纪的富兰克林、19世纪的爱默生会以强大的精神传统去建立新的心理平衡和道德归属感，谨守"人的信仰和道德是精神的中心"这一底线，而德莱塞似乎将道德置于无药可救的境地。德莱塞在描写人物时，很少涉及绝望与希冀、惊疑与恐惧、怜悯与内疚的冲突。所以，德莱塞对传统理想与观念的巨大冲击显然不是令人瞠目结舌的对性的态度——尽管当时的教会甚至逐条指出其作品的淫秽之处——字里行间没有一点海淫海盗的东西，而是撕碎了美国文化传统中"人人努力竞争的格言与《新约》中劝人忍让为善的教诲"。工业化与现代化隐含着普通民众实惠又稳定的精神追求，美国的实用主义观念使得美国人注重事实，注重秩序、效率与知识，甚至绝对的精神也被解释为物理学的种种法则，精神无不体现为自然，认为征服了自然

---

① ［美］罗伯特·斯皮勒：《美国文学的周期》，王长荣译，上海外语教育出版社1990年版，第181页。

与边疆，就能给人带来舒适、利益和满足，然而却未能预料到城市化和现代化进程，带来了始料不及的道德伦理和习俗的颠覆。对于美国人来说，自然主义成了对"乐观主义的进步观点"的反讽，成了"机械主义的宿命论"，就像夏皮罗所说的："但凡称作自然主义者都患有道德不良症。因为在他们看来，人不是世界的主宰者，也不是自己命运的支配者，充其量不过是命运的傀儡而已。"① 德莱塞的创作显然既否认了19世纪前半期爱默生、霍桑等人对怀有空泛理想的理性、秩序意识的张扬，也否认了浪漫主义对人性纯洁无邪、自我牺牲方面的想象，而将注意力引向美国文学传统中尚未被注意的、大都市生活中的强者与弱者的基本诉求。

霍桑《红字》里写海丝特偶尔有人性欲望的冲动，"摘下了那顶束发的正正经经的帽子；满头乌黑浓密的秀发立刻飘洒在肩头，厚实之中显出光影婆娑，为她的容貌平添了柔和之美"。然而最终还是"挽起她浓密的发绺，用帽子罩了起来。似乎在这令人哀伤的字母中有一种枯萎的符咒，她的美丽，她那女性的丰满和温暖，都像落日般地离去了；一抹灰蒙蒙的阴影似是落在了她身上"②。而德莱塞的《嘉莉妹妹》全然没有这样的顾虑，小说中第34章写道：

> 她突然发觉万斯太太被漂亮男人和服饰雅致的太太们用肆无忌惮的目光，看得有些态度局促起来。盯着看人仿佛是正当而自然的事情。嘉莉也觉得有人在端详她，送秋波给她。穿着完美的大衣，戴着大礼帽，手持银头手杖的男人摩肩而过，往往会盯着她那双敏感的眼睛看。……嘉莉在其间发现了少量良家妇女，但大多数却是

---

① Charles Shapiro, *Theodore Dreiser*: *Our Bitter Patriot*, Carbondale: Southern Illinois University Press, 1962, p. 83.

② ［美］霍桑：《红字》，胡允桓译，人民文学出版社1991年版，第158、166页。

不规矩的。多的是涂脂抹粉的面颊和嘴唇，洒上香水的头发，迷离的、懒洋洋的大眼睛。……路旁常常出现珠宝店的橱窗。鲜花铺、皮货店、男子服装用品店、糖果店，一家紧接着一家。……穿着棕黄色长筒靴、白色紧身裤、蓝上衣的马车夫，巴结地伺候着在店里买东西的女主人。整条大街满是一派富丽堂皇的风光，嘉莉认识到自己并不是其中的一分子。……这刺痛了她的心，就下定决心，以后要不是打扮得更漂亮一些，就不再上这里来。与此同时，又巴不得能扮得同别人一样华丽，到这里来出出风头。啊，那她就会幸福了。①

在这段文字里，作者运用了铺陈的写法，走马灯式的浏览激发了主人公内心卑微的虚荣心，嫉妒的火苗在她心中燃烧；内心对穿戴和美貌的渴望，使她意识到，在这个城市拥有财富、时髦才能自由自在。德莱塞不是没有权衡过，小说开篇即写道："一个十八岁的姑娘离开家庭，有两种遭遇，必得其一。或者是，有好人相助而好了起来，或者是，很快地染上了大都市的恶习而堕落下去。"如拉泽尔·齐夫曾言，德莱塞以一种稳健、镇静，几乎是天真的探索态度让嘉莉在下面两者之间做出合理的抉择：是继续把自己当作芝加哥无特殊技能劳力市场上的商品，以处女之身穿着雪水透入的廉价靴子在大风横扫的街道上跋涉呢，还是满足杜洛埃的肉欲，成为身价稍高一些的商品呢？在后一种情况下贞操虽然失去了，但衣装却足以御寒。② 由此可见，当嘉莉妹妹委身于登徒子旅行推销员杜洛埃时，德莱塞实际上对当个吃喝不愁的情妇的利弊，进行了周密的考虑。过去新教传统伦理的人性论往往是从"原罪"或

---

① ［美］德莱塞：《嘉莉妹妹》，裘柱常译，上海译文出版社 1988 年版，第 395—396 页。

② 参见 ［美］拉泽尔·齐夫《1890 年代的美国》，夏平等译，上海外语教育出版社 1988 年版，第 356 页。

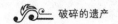

"内在堕落"思想出发，强调人的堕落源于与生俱来的罪恶因素，然而德莱塞显然对"罪恶"有自己的看法，在美国作家里首次认真对待人的行动欲望问题。

德莱塞不像《红字》那样采取从事件中间开始（in mediasres）的叙事惯例，从而避免有悖伦理的事件表述，而是着力于描写人如何受情欲的驱使，受幻想的捉弄，在善与恶之间徘徊，正如他曾经说过的，人的堕落——就像自己兄弟姐妹的悲惨命运，"使道德分子、宗教分子以及与罪恶斗争的志士们（vice crusader）都带着薪水走上卫道士之路"，接下来德莱塞针对的可能是新教徒的"禁酒运动"，"我个人一直喜欢令人愉悦的咖啡和杜松子酒。我从来不酗酒。我喜欢它，因为它会让你度过美妙的夜晚。我并不认为人类的弱点或追求快乐和慰藉的渴求能被律法永久地禁锢"①。在《嘉莉妹妹》里，嘉莉妹妹虽然常常对如梦的生活失望灰心，但仍然渴望着现实的舒适美好，对赫斯渥濒临惨死的困境却毫不动心，因为有的是比曾经的赫斯渥更有地位的男人向她求婚、献殷勤。这种传统道德所认为的不洁，却在书中得不到任何惩罚的暗示。后来在《金融家》中，女主人公把婚姻制度那一套置于不顾时，德莱塞做了以下述评，"形而上学的唯心论总是叫人最好洁身自好，不走极端，环境的磨炼冲击会使他懂得崇高的禁欲主义。舍此而外，再没有什么东西能够合理地加在人的良心之上了"。

## 二 道德的人与不道德的社会

嘉莉妹妹的冲动，还隐藏了一种比冲动要高一层的东西，用德莱塞自己的话说："尽管斯宾塞和我们的现代自然主义哲学家们作过各种各样的分析，我们只有一种幼稚的道德观念。道德观念比起仅仅符合于进

---

① Jonathan Auerbach, "Dreiser on prohibition", *Dreiser Studies*. Vol. 30, No. 2, Fall (1999), p. 37.

化规律要含有更丰富的意义。比之单单不违背世上事物的规律还要深邃得多。"他觉得在物欲横流的社会摆布之下，一个没有经验的人，不过是风中的一棵弱草而已，因为现代社会文化的发展还处于中间阶段，既不是完全兽性，因为人不完全受本能的支配，也还不是完全人性，因为它也不完全受理性的支配。人一会儿按照意志行动，一会儿又太聪明了，不愿老是听从本能和欲望，可是他还太软弱，不能老是抗拒它们。作为野兽，它就受生命力的支配；作为人类，他还没有完全知道要听从于生命力。他在这种中间状态中左右摇摆——既没有被本能拉过去和自然界禽兽无异，也不能使自己与自由意志和谐一致。

嘉莉妹妹不是没有自己的良心，作者写道："她还听到另一种声音，她在和那声音争辩，向它声诉，请它原谅。根本分析起来，那也不是个聪明正直的顾问。只是个普通的渺小的良心，是一种世俗的见解，环境、习惯、风俗杂乱地混合起来的东西。有了它，人们的声音真的变成了上帝的声音。"德莱塞也为杜洛埃顺其自然地追求嘉莉进行辩护，暗示他的"道德良心"是社会强加于他的。而针对赫斯渥盗取保险箱金钱的情节，"一般良心上从来没有动摇过的人，对一个头脑比较脆弱的家伙，在责任和欲望之间拿不定主意的为难，是不容易理解的"，然而"人类在受知识指导以前是受本能控制的。是本能唤醒了罪犯"①。德莱塞清楚地认识到，人还是不能摆脱自由意志和本能之间的矛盾，只有超越人的冲动与理性的局限，达到超验主义者们所说的理性或直觉的境界，自由觉悟的磁针才能"永远稳固地指着遥远的真理之极"，达到自然与精神的合一。

在此后的小说中，德莱塞一直尝试让人的欲望动机更为合理，《珍妮姑娘》里的珍妮，《美国的悲剧》里的克莱德，几乎都是本能主宰下

---

① ［美］德莱塞：《嘉莉妹妹》，裘柱常、石灵译，上海译文出版社1980年版，第89、91、257、258页。

的牺牲品，似乎表明这个戕害人的社会秩序始终都在滋生罪恶，而苍白的宗教说教似乎一无是处。在《珍妮姑娘》中，珍妮出生在一个与德莱塞本身相似的、贫穷而又虔诚的德国移民家庭，父亲是路德派教徒，母亲则是孟诺派教徒。父母不仅品行端正，对待子女的教育也一丝不苟，一家人还常常做礼拜。诚笃热心的旺特牧师把阴森森的宗教气氛带到了他们家里，"他那不可触犯的正统观念，使得他十分偏狭"，"正当的婚姻行为以及结婚以前的纯洁，都是每一个基督徒安身立命的绝对条件"，要是保持不了贞操，就不要奢谈灵魂的拯救。德莱塞先生说："对于旺特牧师精心阐述的教义，格哈特和他的妻子，还有珍妮，都毫无保留地接受了。但是，在珍妮来说，她不过是聊表同意罢了。"① 尽管怀着深笃宗教感情的格哈特时刻关注着孩子们的弱点，但是德莱塞从来不屑于像传统小说那样描写人的性格的发展，珍妮仅仅出于感激就迅速委身给一个五十多岁的参议员白兰德。此人雇她洗衣服，给予她家经济等方面的帮助，甚至答应迎娶珍妮，未料白兰德猝死之后，珍妮还有了遗腹女。

然而是不是如马克思与恩格斯所指出的，资产阶级撕下了罩在家庭关系上的温情脉脉的面纱，把这种关系变成了纯粹的金钱关系？至少在德莱塞看来不是，正如雷吉奥针对第 21 章所言："珍妮所做的并非简单地基于物质的需要。尽管家里的困境促使她采取了一些行动，但德莱塞很清楚，'在所有促使她行动的因素当中最强烈的乃是她知道自己犯了罪……她已经犯了罪（sinned），当她深陷于内心纠结之时，她意识到自己是引发家里许多不幸的罪魁祸首。要是她没有犯那个错，在哥伦布的小家也许不会被拆散……她在日常生活中就听说过，一个失去贞洁的

---

① ［美］德莱塞：《珍妮姑娘》，潘庆舲译，外国文学出版社 1987 年版，第 65—66 页。

女孩将是大家唾弃和憎恨的对象'。"① 德莱塞笔下的白兰德，良心"在他身上其实并没泯灭，而同情心，则比以往更加强烈了"，他是出于同情而不是肉欲而喜欢珍妮，何况"人们觉得他天生和蔼，议院的同僚认为他才思敏捷，人品则甚佳"，他喜欢珍妮的青春气息，"初次体验这种年轻而又幸福的灿烂世界，他是忘情地享受于其中"，甚至在本能上觉得有必要帮助她。

德莱塞笔下的珍妮不再像嘉莉妹妹那样虚荣，始终没有任何不安、羞耻和后悔，在私生子出生之前，珍妮甚至有一种安详坚毅的"勇气"——这个词在小说中几乎反复出现——和为了家庭而自我牺牲的精神，从另一面来看，她也是自愿做出关键选择的，她心里充满了欢乐和满足。一年以后，颇有吸引力的富家子弟莱斯特·凯恩，在他见过珍妮十来次后，一把搂住她说道"你是我的"——同样的话白兰德也说过，连珍妮自己都非常震惊，感到措手不及。凯恩出身于天主教家庭，受当时普遍的自由气氛影响而不接受任何社会习俗的枷锁，使得他对社会上所坚信的传统习俗报以挑战和质问的态度。他是所有宗教、商业、社会力量，以及美国生活中自由思想和行为方式综合影响下的产物，"但从本质上说，毕竟是一个具有七情六欲的俗物，至多不过涂上一层令人悦目的出身和教养的油彩罢了"②。当她征求妈妈的意见的时候，这位虔诚的老教徒颇感踌躇，她本不赞成女儿，否则会欺骗格哈特，然而让她撒谎，她又开不了口，不知道是不是经不起朝也盼、暮也盼的美轮美奂生活的诱惑，最终还是叹了一口气，平静地说道："我帮你去和你父亲说。"然而，德莱塞却将小说高潮置于莱斯特和整个家庭、整个社会习俗相抗衡中，他不得不在强大的阻力下向传统习俗低头让步。

---

① Thomas P. Riggio, "Dreiser's Song of Innocence and Experience: The Ur-Text of *Jennie Gerhardt*", *Dreiser Studies*, Vol. 31, No. 2, Fall (2000), pp. 26.

② ［美］德莱塞:《珍妮姑娘》，潘庆舲译，外国文学出版社 1987 年版，第 155 页。

在分析第 22 章珍妮毫不犹豫地接受莱斯特的金钱之后，雷吉奥曾经指出，德莱塞并没有将《珍妮姑娘》中女主角的魅力渲染在自我牺牲（self – sacrifice）上，他在此之前早已做出过论断，认为每一种牺牲的潜在实质都毕竟是自私①。后来尼布尔在《道德的人与不道德的社会》里总结得更为清晰，他认为人的本性有自私与非自私两种冲动：一是人出于生存意志、权力意志和自我维护的需要，表现出一种自私的自然冲动；二是人因理性而有一种超越自我去追求永恒，促成他与他人达到某种和谐的冲动。当将他人利益置于自己利益之上的时候，就是为他人牺牲自己。然而尼布尔理论与德莱塞小说契合之处在于，当社会群体的利己主义与个体的利己主义纠缠的时候，就会造成群体的自私。群体之间关系的基础是群体利益和权力，莱斯特迫于所属阶层的压力，以牺牲个体的无私道德来换取群体利己的不道德，这就是尼布尔所说的"道德的人与不道德的社会"之间的矛盾②。因此，不妨大胆地推测，德莱塞是不是也在暗示尼布尔的观念，社会群体的道德低于个体的道德？

德莱塞后来不止一次地利用自己的自然主义式叙事击败苍白无力的宗教信条。《美国的悲剧》中的克莱德也出身于贫穷的教士家庭，从小跟父母到处流浪，布道卖唱。在堪萨斯城夏日黄昏的街头，克莱德一家在街头"竟然当众引吭高歌，与遍布人间的怀疑与冷漠态度相对抗，这种稀奇的情景可把大家吸引住了。有些人对弹风琴的女孩相当柔弱、尚未完全发育的身材感兴趣；另外一些人则对做父亲的那副不现实而又寒

---

① Thomas Riggio, "Dreiser's Song of Innocence and Experience: The Ur – Text of Jennie Gerhardt", *Dreiser Studies*, Vol. 31, No. 2, Fall (2000), p. 26.

② 参见［美］R. 尼布尔《道德的人与不道德的社会》，蒋庆等译，贵州人民出版社2009 年版。蒋道超的一篇文章，也详细地探讨了珍妮的自我牺牲精神问题，他指出德莱塞"在《珍妮姑娘》中企图调和个人生存目的和家族生存目的之间的矛盾"，一方面，珍妮的牺牲，不仅保证了家庭成员的生存，也保证了莱斯特和他家族企业的正常发展，这些整体利益的存在又反过来保证了她自己的存在。另一方面，布兰德、莱斯特和珍妮都拒绝社会条条框框的约束，重视人自身的自由（参见蒋道超《〈珍妮姑娘〉：动物行为与精神升华》，德莱塞《珍妮姑娘》，范文美译，译林出版社 2003 年版）。

酸的样子感兴趣或产生了同情"，却没有人在意他们所讲的《圣经》的道理。小男孩克莱德也一样，"能引起他兴趣的，显然只是世俗的生活，而不是宗教生活……他的心灵对于美和享乐确实非常敏感，可这些与主宰着父母的心灵的那种朦胧、缥缈的幻想世界是没有多大缘分的"。那"有失体面地沿街祈祷"，那"平庸而精神委顿"的状态，在克莱德看来"太寒伧、太卑微了"，使得基督徒的生活成为一个恶作剧。

浅薄的宗教与人伦观念显然敌不过享乐的欲望，然而城里富人和穷人之间的界限清楚得"如同用刀子切开，或者沿线砌上了一堵墙那样"，绝不允许一个普通的年轻人合法的愿望轻易得到满足。因为理性的不成熟，或意志的不坚定，德莱塞说"克莱德具有一个注定永远也不会成熟的灵魂。世界上有不少人，凭了心灵澄澈和刚毅的精神，能够在人生的种种色相和种种渠道之中，找出青云直上的门径来。可克莱德却偏偏缺乏这种本领"，结果，"如蜡一般柔软"的年轻人蜕变成了"被内心烦扰和虚荣的欲念毒害"的自私者，最终为了与富家小姐结婚，跻身上流社会而杀死了自己原有的、身为普通工人的情人，然而他却没有为自己的罪行受到良心的谴责，这不过是这个社会制度所滋生的一桩生意而已。在最后几章里麦克米伦牧师上了场，然而"在他们两人中间，仿佛隔着一堵不可逾越的墙"，克莱德根本无法从他那里得到帮助，最终牧师"凄凄伧伧地走着，甚至有点摇晃，仿佛身体非常虚弱，穿过监狱冷冰冰的大门"①。应该说，克莱德的堕落固然是社会环境所致，但是同样也是人性弱点的缘故，这一点与原罪观念又有了几分共鸣之处，但是德莱塞笔下人物的情欲不完全是与生俱来的情感力量，也是异乎寻常的城市、机器、商品和金钱剥夺人类做出抉择的资格和权利之后果。

---

① ［美］德莱塞：《美国的悲剧》，许汝祉译，人民文学出版社1986年版，第3—4、196、986—987、992页。

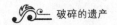 

### 三 内心的灵光

嘉莉妹妹、珍妮姑娘、克莱德是弱者、牺牲品、失败者，他们自由的选择在现实面前显得无能为力，在《珍妮姑娘》第34章，作者借叙述者之口阐述了他这一思想："在我们这个世界上，看来万物的活动都被局限在一定范围内或一定环境里，好像一超出范围就注定没法在这个绕日运行的星球上生存似的……我们都能清清楚楚地看到：它们的行动无不受到类似上述的种种限制。我们还应该在这里指出，谁要是想竭力脱离他们原来的环境，结果必然是不幸的，可笑的。"① 那么，《金融家》里的弗·阿·考珀伍德，还有《"天才"》里的尤金·威特拉这样的强者、超人、胜利者又如何呢？他们可以凭借自己的强大智慧和意志力，来满足自己的欲望，不受或少受环境力量的控制，在社会竞争中常常立于不败之地。他们能够充分利用别人的弱点和无知，满足自己的情绪、欲望、需要。在他们看来，所谓的正义只是"法律"意义的，而社会规范风俗不过是"一时的风尚"，体面尊严总是"假惺惺的"。虽然作恶者最终受到了审判，但是在德莱塞的眼里，道德是一种控制的技巧，是抑制这些强者的手段，否则这些人可能危及整个社会的平衡运作。然而，在德莱塞看来，作为强者的他们和弱者一样，都是社会环境的牺牲品，如罗伯特·斯皮勒所言，"德莱塞在经济与生物的必然之中发现了人的意志与命运之间永恒斗争能得以展示与理解的现代舞台。德莱塞作品中三位缺乏毅力无人相助的年轻人嘉莉·米伯、珍妮·格哈特和克莱德·格里菲斯与他作品中三位飞黄腾达的强人弗兰克·考珀伍德、尤金·威特拉和索伦·巴恩斯一样都是不可理解的命运的牺牲品"②。

---

① ［美］德莱塞：《珍妮姑娘》，潘庆舲译，外国文学出版社1987年版，第277页。

② ［美］罗伯特·斯皮勒：《美国文学的周期》，王长荣译，上海外语教育出版社1990年版，第179页。

从世界观的角度看，新教传统的预定论、自然主义的机械决定论与德莱塞的创作实际上一脉相承，只不过教徒天堂与地狱的悲喜，转化成了社会经济环境的贫富、成败与苦乐；从道德观念角度看，新教传统的原罪观念、自然主义的道德不良症与德莱塞为追求欲望的本能而不顾社会道德的羁绊行为，也都是指出人的理性过于薄弱的问题，还无法与强大的外在力量相抗衡，人的"自由意志还没有发展到足以取本能而代之，成为主导的力量"。但是德莱塞既与新教传统不同，他笔下《堡垒》(The Bulwark，1946)之前的人物行动试图否决道德精神的力量，在物质力量里寻求绝对的价值，也与自然主义不同，后者笔下的渺小人物总是被势不可挡的巨大力量摧毁，而德莱塞笔下人物甚至平步青云。说德莱塞笔下的人物"天真"也好，"勤奋"也罢，他们既克制不住自己的强烈欲火，又无法满足其欲望；既谴责已有的道德标准、摆脱既有道德的羁绊，又得不到自由而陷入绝望，现代人唯有无穷无尽地受罪受罚、受煎熬，"德莱塞的人物也吞吞吐吐地表现出他们受到同样的渴望的折磨：那就是对可以用以克服生活中卑鄙低下情操的某种价值的需要。然而光知道自己为之贡献最好的年华的人生目标是渺小的，却不知道这个目标渺小在什么地方——这是一再使德莱塞的人物感到痛苦的一种形式，这也是德莱塞的人物在麻木不仁的痛苦中渐渐趋向觉醒的代价与报酬"①。所以德莱塞笔下的人物受本能驱使的同时，也暗含追求精神的主动性，渴望生活有一场庄严的戏剧性仪式。声色犬马的生活并不能消除他们的惶惑不安，强烈的生命意识和人道精神总是激发他们渴望获得一些启示，就像德莱塞在《金融家》里所表达的："在人们生活挣扎的角落里，在势力斗争的裂缝中，偶然显现出几朵小小的鲜花，那就是温情、怜悯、慈爱、伤感。……怜悯别人的人是有福分的，因为是他

---

① 〔美〕欧文·豪：《西奥多·德莱塞的高度》，《德莱塞评论集》，巫漪云译，上海译文出版社1989年版，第105页。

们激发了怜悯。这才是理想的王国。"

这就能够解释，为什么从 1901 年到 1915 年的《嘉莉妹妹》《珍妮姑娘》《金融家》《"天才"》，再到《堡垒》（1946）的收尾，德莱塞自己身上物质主义和理想主义的斗争，越来越倾向于后者的胜利，缓慢地回归到美国文学传统中怜悯与自疚、迷惘与恐惧、客观性与责任感的矛盾。在此期间，德莱塞的思想经历也异常的丰富，于《鼓声咚咚咚》（*Hey Rub – a – Dub – Dub：A Book of the Mystery and Wonder and Terror of Life*，1920）、《美国值得拯救》（*America Is Worth Saving*，1941）中可见一斑，在此不必多言，归根结底，"这位以实玛利晚年时候换上了以撒的衣冠"①，从冲动、自然和生活走向节制、精神和神话。《堡垒》这部作品中的主人公教友会教徒巴恩斯确信资本主义体系的"正确"，在郊区长大，通过奋斗在金融界发了迹，天真地认为美国资本家是"由于自制和刻苦才赢得崇高地位的"，他们由虔诚起家而发了家，作为第二代，坚信内心灵光说（Inner Light）②。巴恩斯生了五个孩子，一儿一女也获得了父辈意义上的成功，不料其他孩子顶不住物质诱惑或异性诱惑，没有接受父亲的教诲，这使得小说第二部分，重演了作家此前作品的典型冲突模式：虔诚而又刻板的父母，与饱受欲望诱惑的子女之间的矛盾。女孩子埃达偷了家里的钱弃家出走，到格林威治村与艺术家同居，而浪荡的斯图亚特像克莱德一样，因卷入一个荡妇的凶杀案而以自杀告终。索隆·巴恩斯对子女所经历的残酷现实感到迷惑，"这个充满着引诱与放纵的欢乐世界，便这样地结束了他儿子的一生，把他的儿子和埃达从

---

① ［美］约翰·莱登伯格：《德莱塞：丛林中的以实玛利》，《德莱塞评论集》，巫漪云译，上海译文出版社 1989 年版，第 97 页。

② 一般认为，德莱塞对教友会感兴趣，也许是因为教友会一直是基督新教各派中最为宽容的一派，该派甚至宣称不需要专门训练的神职人员或者外在的仪式来建立上帝与灵之间的联系。有关材料可见蒋道超《德莱塞研究》，上海外语教育出版社 2003 年版，第 326—328 页。

他的身边引诱了去"①。像索隆·巴恩斯这样的传统新教徒，具有马克斯·韦伯所描述的新教伦理特征，富裕而又质朴，勤俭守业，靠自己的洁身自好和精明跻身于富裕阶层——作者没有暗示他是通过剥削或投机发财的，而是通过有效的、有益的方式聚敛和管理财富，既信仰上帝又追求物质财富，将自己的发迹作为勤俭努力的报答、将工作的银行看成教堂的好处在于，至少可以维持身心方面的平衡。

　　然而他的子女因为富足而接触了浮华和罪恶的世界，根本不屑于接受父辈质朴的传统宗教观念。换句话说，德莱塞要协调的是生于19世纪六七十年代以后的年轻人的生活环境与他们父辈的理想之间的矛盾。巴恩斯虽身处信仰危机的世界，但他宁可坚信神圣的"内心的灵光"、信仰的堡垒，直到最后巴恩斯见到一只美丽的飞虫在啃食一朵美的花蕾，令他既诧异又充满敬畏——这一由自然万物联想精神的插曲几乎是殖民地时代以来美国文学固有的表达模式，接下来他想，"在种种形态后面，在这生命的美与悲剧后面，一定有一个'创造的神力'，有一个目的在"②。德莱塞早年的作品往往给人一种暗示，刻板的道德抑制了人们自然而然的冲动，如今德莱塞虽然没有说教友派的"内心灵光"是值得称赞的灵魂指导，但他实际上已经承认将其作为一种精神戒律，一种抑制人的冲动、保证有条不紊生活的戒律，尽管"内心灵光"本身并不是具体的条条框框。如斯图亚特被控有罪之后幡然悔悟，后悔自己没有按照"内心的灵光"引导，觉得"永远也逃不掉他自己良心的判决，他父亲心里的判决，'神之光'的判决"③。另外，德莱塞也将巴恩斯——同时也象征着老派的传统——描绘成严肃庄严、谨慎刻板的信徒，对子女的严苛就像一个暴君，实际上也暗示传统宗教过于强调人的道德修

---

① ［美］德莱塞：《堡垒》，许汝祉译，译林出版社1998年版，第299—300页。
② 同上书，第318页。
③ 同上书，第295页。

养与律法责任，而忽视了人与上帝之间——实际是人与人之间应有的灵性的交往，将子女视为统治和管控的对象，而不是一个有灵性的个体，用埃达朋友的话说："巴恩斯先生，我希望你了解，我并没有做什么危害你女儿的事。据我看来，你才是正在危害她的一个人，想要阻止她过一种正常的生活。"① 最终使得巴恩斯意识到，自己没有尽到仁慈、宽厚父亲的责任，或者说作为刻板的教徒，没有遵从"内心的灵光"的指示。

《堡垒》不算德莱塞最好的作品，但毕竟代表他经历了 20 世纪上半叶思想形态震荡后，在晚年做出的最终信仰选择。这一选择并没有很好地解决自《嘉莉妹妹》以来的精神困境，也没有找到一种崭新的伦理道德观，而以简单而带有说教性质的叙事肯定了一种简单的基督教信仰，一种实用神秘主义和克己自制的美德。尽管他一度奋力摆脱 19 世纪 90 年代的迷信与戒律，却在四十多年以后兜了一个圈子又回到了原先的地方，始终不能摆脱美国文化阶层中根深蒂固的新教文化传统，仍将基督宗教视为调节"文明"美国社会野蛮行为的杠杆。众所周知，1865 年南北战争结束之后的 35 年间，是美国繁荣昌盛的镀金时代，德莱塞作为一个小说家，其伟大之处显然不在于他对美国宗教文化传统的皈依，而是他对镀金时代美国悲剧的深刻洞察，孤零零的一个人在一个宗教氛围仍然浓厚的时代，将持有正统宗教观念和文学创作观念的人所看不到的东西公之于众，"德莱塞就是德莱塞，并不是某种理论的体现。他是世纪之交迷惘惶惑的人，他被夹在科学与信仰、城市与乡镇、垄断资本经济与小规模竞争经济中间。他极端痛苦但又极其诚实地和盘托出了他那一代人进退维谷的窘境，通过表述自己对于人的认识，说出了对于人的看法"②。

---

① ［美］德莱塞：《堡垒》，许汝祉译，译林出版社 1998 年版，第 213 页。
② ［美］格兰维尔·希克斯：《西奥多·德莱塞和〈堡垒〉》，《德莱塞评论集》，张廷琛译，上海译文出版社 1989 年版，第 481 页。

## 第四节　《埃尔默·甘特立》：自我 形塑的神棍

一向擅长讽刺美国庸俗价值观的辛克莱·刘易斯（Sinclair Lewis，1885—1951），在创作了《大街》（*Mainstreet*，1920）、《巴比特》（*Babbitt*，1922）、《艾罗史密斯》（*Arrowsmith*，1925）之后，在牧师小说《埃尔默·甘特立》（*Elmer Gantry*，1927）[1] 中，又推翻了一个美国人的偶像——牧师，将埃尔默·甘特立描写为披着牧师外衣、打着上帝招牌的恶魔式人物，长于制造宗教狂热，充当着道德家甚至精神领袖的角色，小说的成功使得"Elmer Gantry"成为"神棍"的代名词。小说发表以后，宗教界与批评界自然是争论不休，反对者认为刘易斯攻击了整个基督教传统，而支持者则认为，小说揭露的是宗教界久已存在的堕落和伪善，如罗伯特·拉福特认为，刘易斯是美国社会的发言人，他和门肯一样撕破了美国人道德方面虚假的面纱，成为这个时代美国生活的最好阐释者。[2] 罗伯特·麦克拉夫林认为，小说对一些源于整个意识形态信仰系统之认知结构的美国经验表述提出了质疑，颠覆了人们认识世界、认识美国、认识宗教及他们自己的理智基础。[3] 理查德·林奇曼则认为，尽管刘易斯质疑了基督教信仰的基石，诸如基督神性的问题，但是他真正的目标是原教旨主义（fundamentalism），而甘特立则被描写成

---

① 陈乐的中译本译为《灵与欲》（湖南人民出版社 1988 年版）。以下引文皆出自该译本。为节约篇幅，本节皆以括号加页码形式标注。

② Robert Morss Lovett，"An Interpreter of American Life"，*Sinclair Lewis*：*A Collection of Critical Essays*. Ed. Mark Schorer & Englewood Cliffs，N. J.：Prentice-Hall，Inc.，1962，p. 32.

③ Robert L. McLaughlin，"Mark Schorer，Dialogic Discourse，and It Can't Happen Here"，*Sinclair Lewis*：*New Essays in Criticism*. Ed. James M. Hutchisson. New York：The Whitston Publishing Company，1997，p. 28.

原教旨的资本主义鼓吹者（fundamentalist capitalistic preacher），如果原教旨主义者获得了调整美国的道德、艺术和教育的权利的话，国家的未来将难以想象。刘易斯揭示了原教旨主义对自由思想的敌意，妄图强迫人们遵守它的强制性的《旧约全书》道德。① 那么这部作品究竟反映了当时怎样的神学观念？

## 一　实用主义与原教旨主义

1920 年前后，美国宗教观念的信奉进入一个相对动荡的时期。城镇青年人被大城市更好的工作和更大的自由所诱惑而迁移到城市，也是城镇这一神学传统最后的堡垒陷落的原因之一。埃尔默出生于一个浸信会教徒之家，并接受浸信会背景的神学院教育，在第二章开头，作者用几页的篇幅叙述了这一重要的传统，字里行间也不乏讽刺和挖苦：

> 他敬畏教堂，因为教堂包含了他童年的一切……他母亲早年守寡，又辛苦勤劳，所以身心的俗欲早已消耗枯竭。她唯一的精神和感情寄托就是宗教赞美诗和《圣经》。所以当儿子不好好学习主日学校的功课时，她总是痛哭流涕。埃尔默还记得那座三十多英尺高的教堂和那高高的教堂顶上的刻着奇异花纹的椽木；他记得那些牧师的势不可挡的沉迷的布道声……他也还记得在十一岁，他第二次皈依上帝时自己的那种压抑而又敬畏的情形。当时他哭着签署了一份誓言书，此书规定他必须永远放弃渎神、酗酒、打牌、跳舞和看戏这些乐事。(34)

其实早在《大街》里，刘易斯借卡洛尔·肯尼科特之口说过，教堂是格佛草原胁迫尊严的最强大威力之一，"开铺子的年老掌柜每星期照

---

① Richard Lingeman，*Sinclair Lewis: Rebel of Main Street*，New York: Random House. 2002，p. 306.

例都要一成不变地作证一番，他们所引用的总是一些原始的性爱象征，以及迦勒底人用过的类似'用羔羊的血洗涤自己罪孽'和'复仇之神'等血腥味很重的话语"，她沮丧地发现基督教在美国在 20 世纪跟袄教一样反常。① 尽管埃尔默放荡不羁，但这些童年的回忆却始终像乌云一样笼罩在他心头，除了调皮捣蛋、饥饿、睡眠和情欲之外，那座白色的授礼教堂，便成了他全部感情的中心，在后来的生活岁月里，他也一直无法克服这种恐惧。

然而小说开篇就写"埃尔默·甘特立喝醉了，醉得一塌糊涂，醉得活泼可爱"，这个句子代表了整部小说的讥讽基调。第一部分写他在特威林格学院时，欺行霸市、喝酒嫖娼、打架滋事、无所不能，所处的那种罪孽深重的状态使该神学院的基督徒师生们既紧张又愤怒。为了驯服这匹烈马，为了显示上帝的感召力，大家时时要向他射出一支支浸过硫黄的毒箭，在整个格里茨马赫泉镇上，在那些教授的书斋里，在那些学生宿舍里，在小教堂中的祈祷室里，那些兴奋的灵魂致力于策划如何阻止埃尔默的丧心病狂的罪行。这种共同的信仰和追求的狂热，在他稀里糊涂的悔改中达到了高潮，全体教徒声音洪亮、节奏鲜明地唱起了"当天国开始点名的时候"，埃尔默开始模模糊糊地感到，自己似乎与这些谦卑虔诚而又胸怀崇高理想的人们融为一体了，"知过能改，善莫大焉"。这件悔改事件，让夸勒斯院长欣喜若狂："这是一次真正的信仰复兴……我——你，上帝，创造了一个天生的牧师。有朝一日，他一定会成为我们最伟大的先知。"（101）恰恰是这次所谓的"悔改"使得埃尔默认定了，教堂是他施展才华的最佳之地，他渴望着教民们，特别是漂

____

① 参见辛克莱·刘易斯《大街》，潘庆舲译，华夏出版社 2008 年版，第 348 页。袄教，也称拜火教，即琐罗亚斯德教。相传为古波斯人琐罗亚斯德（约在公元前 10 世纪至公元前 7 世纪之间）所创立的教义，认为世界有两种对立的本原，即善与恶、光明与黑暗的斗争，而火则是善和光明的代表，故以礼拜"圣火"为主要仪式。

亮的女教民被他的滔滔辩才感动得落泪的场景，渴望着凌驾于教民之上的威风，憧憬着被感动的教民争相掏空腰包向上帝献爱心的动人场面，"这比做律师要容易得多……做牧师可就大不一样了。你在讲道坛上讲道，听众在下面老老实实地听，谁也不敢跟你顶嘴，谁也不会对你盘问"（86）。此后埃尔默的飞黄腾达在每一部分都得到了重色的渲染，他的锦绣前程虽常因乱搞两性关系而受到威胁，却又屡屡胜利地渡过危机。

除了对正派、仁慈和理智的追求之外，埃尔默从教堂和主日学校学到了接下来一生所需要的东西。埃尔默一开始拒绝母亲让他做一个牧师的愿望，不只是因为在不得不竭力做出虔诚的模样时，感到手足无措而又羞愧难当，或是要放弃自己作恶的乐趣，而是"问题是做牧师能挣几个钱呢"（48）。然而他又"自我形塑"了一名"好"牧师所需要的一切："美妙动人的声音、坚定不移的神态、沉着镇定的仪容，还有专门的神学训练和超人的力量。"（461—462）具体而言，第一，他勤奋地学过一些神学，接受过浸信会教育①，对其深奥性略知一二，尤其是在关键时刻能够夜以继日地、虔诚地做一点学问，和刘易斯本人一样读了不少的书，会特别研究所属教派的清规戒律；第二，独特的嗓音与口才，"总是用洪亮的大嗓门侃侃而谈。他可以把'早上好'说得像康德的哲学一样深奥玄妙，像铜管乐队一样悦耳动听，像大教堂的管风琴一样使人奋发向上。他的声音就像一把音色低沉浑厚的大提琴"，后来布道时疾风暴雨般的演讲"既有匠心独运的整体布局构思……推敲再四、千锤

———————

① 作品写道："米兹柏神学院属于浸信会的右翼，它所代表的那种神学倾向在二十年后便发展成了著名的'基要主义'。"（196）基要主义，又名原教旨主义，是第一次世界大战以来西方尤其是美国，新教一些自称保守的神学家为反对现代主义，尤其是圣经评断学而形成的神学主张。原教旨主义者主要利用对天主教、犹太教和外来移民的胆怯心理，也利用了民众对地狱之火与原罪的恐惧，但到了20世纪20年代后期就失去了大部分的权威和威信。

百炼的措辞，摄人心魂、引人入胜的奇闻逸事，悉心做作、恰到好处的情感，载德载道、入情入理的观点，以及坚定果敢、泣神泣鬼的虔诚"（293），用一个牧师的话讲，"从来没有见过一位年轻牧师像他这样生气勃勃。他说起话来就像一栋着了火的房子在熊熊燃烧"（224）；第三，能够非常聪明地审时度势。他认识到，如果他要想在宗教的王国里取得适合自己的地位，他就必须学习，他必须搜集更多的概念和更多的新字眼，把它们融为一体，以此来启迪开导他那个时代的人。他甚至通过阅读一些丁尼生、白朗宁等人世俗的文学作品，来寻求鲜活的道德说教的灵感。他知道别人如何评价自己，自己如何调动人们的胃口，也熟知教堂会众的现实利益与追求。小说中每个关键的阶段都有人在鼓励他——不如说需要他。这个聪明、勇敢而有魄力的埃尔默，做牧师的障碍只剩下了他对牧师微薄的薪俸、严格的道德规范、没有前途的不满。

最终促使他做牧师的缘起，还是第一次令听众目瞪口呆的出色演讲，激发了他足够的野心，要把民众玩弄于股掌之间。埃尔默接受的是实用主义的信念，每当他听见大教堂的圣乐，看见海面上的落日，他就会想起那位站在鲜红的悬崖峭壁上的留着黑胡子的大卫，这位伟人的英雄形象唤起了他的勃勃雄心，给他带来了无穷的力量，使他渴望着统治整个世界。埃尔默认为自己就是宇宙的中心，而这个体系中其余的一切只有当它们为自己提供帮助、给自己带来快乐的时候它们才有价值。经过反复排练，到第一章结束，埃尔默已经俨然变成了一位道貌岸然的正人君子，"他似乎已经看见，在不远的将来，自己这位额头雪白、目光炯炯的年轻的福音传播者穿着一身崭新的礼服，站在讲坛上叱咤风云，使成百上千的漂亮女人痛哭流涕、心诚悦服、蜂拥地上前来跟他握手"（106）。

当埃尔默第一次以牧师身份到小镇时，不可一世地"解开了大衣，用左手撩起衣角，把手按在左边的屁股上，摆出一副威风凛凛的帝王架势"，当他率领着自己的教民招摇过市时，他喘着气对自己说："我已经把他们征服了。我三下二下就让这些乡下佬五体投地了。"（158—159）在创作这本小说时，可能已经察觉到了其中包含道德故事令人反感的特征，辛克莱·刘易斯并没有把主人公塑造成英雄人物。埃尔默一直被性欲、权势、名声的欲望所驱使，这种欲望促使他依靠牧师身份追求功名利禄，却又使他不断招致麻烦。在小说的每一部分，埃尔默都间或有短暂的自我认识、谦恭、自惭的时刻，但是他更倾向于自然主义的主人公，而不像卡罗尔、巴比特那样进行深刻的反省。在全书最后结尾时，得到了约克维尔美以美教堂的牧师和全国艺术与出版物纯净协会执行总书记的职位，埃尔默一面拍着胸脯信誓旦旦地说，"我们还要发动一场轰轰烈烈的圣战使我们美国的道德完美无瑕，使我们基督教会统治全美国！……我们将要把美利坚变成一个道德的国度"（725），一面却又开始觊觎唱诗班一位新来的歌女的脚踝。

20世纪20年代美国中产阶级老一代已变得守旧而老派，在信仰与教义方面已不再那么严格，却偏要坚持一种根深蒂固的原教旨主义倾向。小说里频频提到这样的现象，开头埃尔默的神学院同学埃迪·菲斯林格到镇上进行劝教活动，"带着那样一本卵色皮封面的《圣经》，却好像武士穿上了一身铠甲"（34），俨然像一个大人物捍卫一切；而神学院教务长的妻子则抱怨民众的行为，"当教堂的那些女士们闯进我们家时，我在椅子上放一点小装饰她们就要说长道短，而如果我戴一顶帽子、围一条围巾，哪怕稍微有一点雅观大方，就会招来她们的唇枪舌剑"（117）。对于保守的中产阶级来说，他们陷入一种舒适的工作、礼拜、家庭生活轨道，任何可能威胁现状的新变化都会引发他们的恐惧和抵制。民主一旦变成了民众循规蹈矩的喜好，社会的良知就降低了它的趣味和智力。这就是埃尔默能够飞黄腾达的秘密，他掌握了这个商业中产阶级的秘密：

他将把全美国所有的道德组织全部合并为一个协会……反酒馆会，妇女基督教禁酒联盟，以及其他的禁酒组织，全国艺术及出版物纯净会以及其他那些肃清罪恶的协会，它们正在做着审查不道德小说、绘画、电影以及戏剧的伟大工作；抗香烟团，为了在各州的议会通过反进化论立法而进行游说的各种协会；那些勇敢地反对在星期日打棒球、看电影、打高尔夫球，乘汽车旅行，以及进行其他可恶活动的各种协会，因为这些可恶的活动亵渎了上帝的安息日，而且牧师们的教堂会众和教堂捐款也会因此而减少，反对罗马天主教的各种同人团体。(687)

刘易斯笔下的埃尔默体现了道德的复杂性，一个"不道德者"却"并不努力去进行自我改造"。当他短暂离开振兴布道的活动而去举办"新思想"运动的"发财致富讲习班"时，他有一种如释重负之感，"埃尔默倒是宁愿要新思想而不愿意要标准的新教。至少搞前者比搞后者要安全得多，对于他自己作为一个福音传道者所鼓吹的那些教义是否有什么意义，他从来就没有把握。也许上帝真的口述了《圣经》的每一个字，也许真的存在着一个燃烧着硫黄的地狱；也许圣灵真的翩翩于他周围，在冥冥中观察着他的言行，并且随时向上帝禀报。不过，他却沉着冷静地知道，他的所有那些'新思想'，以及他的那通神学的言论都是纯洁而未经污染的空话"(737)。他虽然是个无赖和伪君子，但他多少相信一点他所大讲特讲的宗教信条的有效性。埃尔默虽然是个道德上有问题的机会主义者，由浸信派转投具有不可知论倾向的美以美派，更是对原教旨主义嗤之以鼻，但是他却充分利用了原教旨主义的紧箍咒，聪明地把自己扮演成圣徒的角色，"他的关于女性的纯洁和喝酒的罪恶的演说是那样的有力，那样的贞洁，以致任何人如果要反对他就不啻等于承认自己是一个放荡之徒了"(520)。

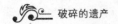 

## 二 实业化的"宗教复兴"

埃尔默虽然有自然主义和实用主义倾向，但他的飞黄腾达还是与自然主义主人公的悲惨、德莱塞笔下的难以自拔、菲兹杰拉德笔下的崩溃有着很大的差别。刘易斯曾在《巴比特》开头，呈现一派欣欣向荣的现代城市风景："泽尼斯的一幢幢高楼森然耸起……它们既不是城堡，也不是教堂，一望而知，是美轮美奂的企业办公大楼。"高耸入云的商业大楼已经代替了昔日贵族的城堡、精神圣地的教堂，只有第二国民大厦才是巴比特心中最美的景色，"这座大厦在他看来如同代表商业这一神圣的殿堂的塔尖，一种热烈、崇高、超群绝伦的信仰"①。在刘易斯的眼里，美国人在"镀金时代"以后，资本主义实业上的成功与灵魂的得救纠缠不清，像莎龙·费尔肯纳（砖场工人的女儿）、纽约胜利思想力总部的埃尔思·里德尔夫人（只不过是个女铁匠）和埃尔默，都颇为自豪地感到他们正在创造着一个神学服务商业信仰的时代，把实业成功的红利付给那些企图"得救"的灵魂。

首先，这些宗教投机者将福音传道会进行产业化的运营。一般宗教传统排斥世俗事务，尤其是经济上的追求，但马克斯·韦伯在1904—1905年发表的《新教伦理与资本主义精神》里提出，新教徒的伦理思想影响了资本主义的发展。他在1905年美国旅行期间，所观察到的美国宗教和商业的密切关系也支撑这一论断。但是韦伯作为经济学家和社会学家并没有在意，美国宗教界如何处理信仰和商业利益的关系，这恰是刘易斯的着笔之处。一种典型表现形式就是巡回福音传教团的传教，以莎龙·费尔肯纳为代表。小说写道，莎龙不是什么高不可攀的女牧师，"她头上的草帽，身上的灰西装，还有那件带亚麻布领口和袖口的

---

① ［美］辛克莱·刘易斯：《巴比特》，潘庆舲、姚祖培译，外国文学出版社2002年版，第1页。

白色宽松女上衣"使她更具有女实业家的气派，只有蓝色蝴蝶结和怀表链上的镶宝石的十字架使她不同于一般的白领——虽然有时像个苍白的修女，却又是一个有着贪婪情欲的女老板。为了能使讲道词符合各色听众的口味，布道团一班人马，拿出各家本事为莎龙准备讲道词：富有哲理的新奇思想、酒鬼和不可知论者弥留之际的逸事、驳倒进化论的数据、粗俗却符合道德规范的地方故事都有专人提供；布道会后也有专人填写夸大的统计数据去报社做宣传报道，为下次抬高讲道价位跟地方委员会讨价还价，"伟大的女先知费尔肯纳和伟大的牧师甘特立合作得如此天衣无缝，以至他们在大家的心目中已经成了圣徒"（346）。作为"光彩照人、敢作敢为的福音传道士"，他们使成千上万的人拜倒在脚下，"年轻的女士们时常会气喘吁吁地跪在地上，狂喜到大张着嘴巴翻白眼的程度。有时，当莎龙的讲道特别富有激情时，听众们的疯狂程度实际上已经达到了1800年代布道振兴大会上人们的狂热水平"（343）。

　　这些福音传道者一起闯荡江湖，同甘共苦，他们最核心的关系是雇员和雇主的关系。埃尔默对金钱万分崇拜，对莎龙所挣的钱比自己多四倍而愤恨不已。埃尔默他之所以能够忍气吞声，而且戒烟、戒酒、戒淫词秽语，就是因为他有了"情人、工作、声誉，还有神权"（353），更重要的是，这份工作更坚定了他成为一个有力的、受教民们欢迎的牧师的信心。滚滚而来的金钱与传道的声誉，使得莎龙竟心血来潮地开始了她的狂热救世主计划，甚至要买下一个占地一万英亩的农场办一个基督教社会主义殖民地和一所大学，还要组织一支新的十字军，挺进所有的异教国家，将全世界都变成基督教的世界，幻想成为比艾娣（M. B. Eddy）、安妮·贝桑（Anne Besant）、卡特琳·汀格里（K. A. Tingley）一样的宗教领袖人物。最后，她部分地实现了这一计划，即为她的夏季讲道会创办了一个中心，尽管这个中心就像一个廉价的商品一样，"用多节的廉价松木建造的，上面涂着令人兴奋的红色底漆和金黄色的条纹"（367），却激起了附近的避暑别墅和华而不实的旅馆部的兴奋。金钱成了商业社会成功、权势与荣耀的手段和宗旨，教民的数量、宣教的力度和社会影响力要像商业标准化、数量化一样可以衡量，这就使莎龙这样一个无名之辈——没有高贵的出身，没有受过高深的教育——成就一番轰轰烈烈的事业的秘密。对这份事业的执着在教堂被焚烧的时刻而达到戏剧性的狂热顶点，"谁信任圣体的上帝？现在我们要试一试大家的信仰了！谁愿意跟我来呀？"(385) 如果说莎龙在狂热之中失去了理智，分不清商业与宗教的界限，反倒因自我牺牲而"在一片火海的背景中，她那雪白的身影显得异常高大"(386) 的话，埃尔默可要清醒得多。

所以埃尔默意识到这个商业化社会需要的宗教是振兴实业的宗教，轰轰烈烈的福音布道事业背后的真相，是民众对神学指引下发财的渴望。最初莎龙为埃尔默量身定做了一场报告，说他是一位机械工业界的巨头，他将演说"用上帝和《圣经》的力量来增加生意"，并且这还将会成为"一个振兴实业的新世界的启示录"(289)。在演说中，埃尔默假装现身说法，承认自己在商业上颇有成就，却又难免陷入罪恶，直到读了《圣经》才幡然悔悟，"他用自己生活经验中的那些鼓舞人心的事例展示了基督教的现金价值"。紧接着他意识到自己演讲现实的成分过于浓厚，还缺乏梦幻和理想主义的成分，所以又开始对爱进行了一番美妙的渲染，"大大提高了他的听众们的精神境界……（个个毕恭毕敬），使之达到了理想主义的高空"(294)。埃尔默自己并不坚持认为一名牧师与白领在外表上有何不同，更习惯于只穿一身淡雅而朴素的灰色的宽松西服，"他就有义务使大家的生活更加轻松愉快"(442)。从表面上看，他致力于巩固加强现有教民的宗教信仰，甚至发起一场轰轰烈烈的布道振兴运动，使教堂和宗教事业兴旺发达，但私下里却更希望教民慷慨解囊，"在付给薪水和教堂房产抵押费时能爽快一点"，分享一份红利。而负责主持泽尼斯地区的美以美派教堂的威斯利·吐米斯主教，更是赞赏他的观念——"真正虔诚的祈祷和入静深思可以在身体健康和金钱福利上产生物质的效应"（424），所以美以美派还需要吸收一些"伟大的真理"，要不然，那些"担负着复苏这么多灵魂的光荣使命"的教堂，如果"拿不出一分钱来资助传教工作"，简直是一种羞耻和罪过。埃尔默的口才、信念，成为吐米斯"宗教复兴"的砝码。

如果说《大街》中的卡罗尔、《巴比特》中的巴比特深陷"病毒化"的乡村观和"标准化"的城市观之中的话，埃尔默却能对这些庸俗、狭隘的病毒有惊人的免疫力，虽然他的一生起起落落，多次栽在自己的卑劣行为之上。他第一次到班久小镇时，小镇是一个"鄙陋的乡镇，那些庭院里的鸡舍，那些肮脏的草坪，那些摇摇摆摆地驶过街道的旧马车，那些穿着肥大的围裙的手臂又湿又红的女人"（447），他觉得"这些乡下佬简直就像一群蠢驴，我对他们讲这一大套高级宗教理论真是'对驴弹琴'"（500）。然而他下定决心，用自己的才能（而不是卑劣的天性）把它变成自己的杰作，即发起"一次伟大的精神觉醒"，使之与他自己目前的声誉相配，让它成为干净纯洁、其乐无穷的地方，让自己成为基督教的骑士，然后继续往上爬，到一个更大的城镇，到一个更大的教堂，甚至成为未来的主教。接下来他对小镇教堂里的工作，可谓兢兢业业，"在夕阳的余晖里，他站在讲道坛边，显得那么虔诚，同时又那么具有男子气概——俨然是一位杰出的精神领袖"（488）。埃尔默甚至利用广告推销员的手段，为自己每个星期赎救世人的讲道做广告，他赢得了地方的每一个广告俱乐部和目光远大的教堂的尊敬，不仅使教堂增加了不少教友，他还使五名宗教热情减退的老教友重新恢复了宗教信仰和热情。克拉欧的父亲老本汉曾戏谑地问他："兄弟，我想问你一个问题，你是相信靠信仰得救呢，还是相信靠工作得救？"问题虽然简单，却是美国新教传统最为悖论性的论题。埃尔默明明白白地回答了这个问题——他喃喃地自语道："得了吧，你，你这个老鬼，你有那

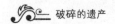 

么大一个店子，你还是靠信仰上天堂吧，因为上帝知道，你靠工作是永远上不了天堂的！"（489）可是埃尔默还是因为"勤奋而又真正富有创造性的"工作，接到吐米斯主教传来的暗示，他将被迁升到一个更大一些的教堂。

埃尔默随后能够接手薪俸不高、表面已经衰败不堪的、位于旧城区的老威尔斯苷林教堂，是因为他下了功夫做了实地的调查，知道老城区很快因为拆迁翻建而成为繁华的住宅区，也知道教堂曾是该地区规模最大的教堂之一，有助于实现自己"英雄的胆略和超人的精力"，如同"年方三十九岁的恺撒来到了罗马"，雄心勃勃地要让它"焕然一新……成为一座现代的教育和娱乐工厂"（525）。成功地推销"福音《圣经》"是埃尔默最大的荣耀，最直接的办法之一就是将有钱教民纳入自己教堂之中，所以他用威逼利诱、坑蒙拐骗的方法，使弗兰克任职教堂的教民、经营五金器具的巨头威廉·多林格·斯苷尔斯投入了自己的教堂，尽管《圣经》里明确地论述了敬神和求财不可兼得："一个人不能侍奉两个主。不是恶这个爱那个，就是重这个轻那个。你们不能又侍奉神，又侍奉玛门（'玛门'是'财利'的意思）。"[1]

在刘易斯看来，教会"是连接大企业和百万富翁们所制定的那些理论的纽带"（635），布道也要迎合商业阶级的利益，早在《大街》里，肯尼科特大夫就说过"毫无疑问，宗教具有一种良好的感化力，如果要想把下层阶级社会笼络住，那就万万少不了它。事实上，也唯有宗教这个东西才能感化那些家伙，迫使他们去尊重个人拥有财产的权利"[2]。而在《埃尔默·甘特立》里，作家借刑事律师里格之口表达了商业阶级对宗教的普遍看法，"你用不着在我们面前如此虔诚……我们也相信

---

[1]　《马太福音》6：24。下文所引《圣经》采用新标准修订版、新标点和合本（香港圣经公会，1989年版）。

[2]　［美］辛克莱·刘易斯：《大街》，潘庆舲译，华夏出版社2008年版，第348页。

宗教可以使人们安分守己——他们可以想那些更崇高的东西，而不是整天吵吵嚷嚷地闹罢工、要求提高工资……我们的工业体系也就可以保持它的良好状态了"（528），"而不是像我的那些该死的雇员那样，一天到晚老看着手表，等着下班"（531）。埃尔默的实用主义伦理观是伸缩自如的，任何是非曲直、传统的道德观念，都取决于方便与有利可图，都取决于获取推销成功又不明目张胆地打乱这一体系的均势。即便偶尔因残存的旧道德与旧神学的自责可能感到内心不安，也会很快转而将自己的做法说成人人都在做的正业。

刘易斯以埃尔默的视角叙述了各种牧师在美以美年度大会上之所想所云。从乡村来的年长牧师"一个个胡子拉碴……他们只要能读一读《圣经》和《倡导者》周刊便感到心满意足了"，而初出茅庐的牧师，"手上仍然还残留着扶犁把和握缰绳留下的老茧，他们只受过两年的中学教学便感到自己很有文化，只读了《旧约》便感到自己已经精通了历史和地理"，而大城镇来的牧师"绝大多数人都穿着干净整洁的西装，打着朴素的领带，因而你很难认出他们是牧师来。……有四分之一的人是著名的现代主义者"（505）；还有一些"骨瘦如柴，或身材矮小，或身如麻秆，或戴眼镜的角色"热心基督徒，又是"令人钦佩的政客"，希望上帝帮助他们飞黄腾达，借机提高个人声望、获得更加有利可图的牧师职位。在大主教宣布任职名单时，他们表面上都尽量装出若无其事的样子，可是"指甲却深深陷进了自己的手掌"，毕竟有的儿子要上大学，有的妻子要做手术，有的还想保住自己待遇优厚的职位。牧师不再是一份追求灵性的工作，而成为一个有利可图的职业。与这些沉湎于庸俗生活的牧师相比，还有埃尔默这样"身材高大、温文尔雅、声音浑厚和亲切"的"精神贵族"，像莎士比亚剧本里的角色，或是百货公司的巡视员，把整个宗教社会都当成了他恣意妄为的大舞台，靠售出更多的福音，获得更可观的利润和更大的声誉，服膺于巴比特们所喜欢

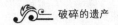

的"一个稳健有力的、会做生意的好政府"。当物质力量和精神力量混为一谈时，就必然导致难以逃避的精神沦落。

### 三　原教旨主义与现代主义之冲突

刘易斯对城市与乡村里的牧师、福音布道者靠天花乱坠的吹嘘伎俩招揽听众和扬名的描写卓有成效，他将宗教活动塑造成一种精神狂欢与商业推销行为，受到巴比特作风的浸染。《埃尔默·甘特立》创作时期正值激进知识分子攻击新教传统的时期，原教旨主义与现代主义之间矛盾冲突在田纳西最高法院审理的"猴案"（达顿城进化论审理案）中达到顶点。19世纪末以来的生物学、历史学、天文学和心理学等现代学科的进步，使得对《圣经》的理解与"原教旨主义者"的解释大相径庭。小说在多个章节频频提出类似的尖锐问题，显然表明刘易斯坚决地维护现代主义的立场，如夸勒斯博士与吉姆的对话："你除了相信《圣经》是绝对受上帝的启示写出来的之外，是否也相信它的每一个字都是受上帝的启示写出来的呢？你是否还相信《圣经》是信仰和实践的唯一神圣的准绳和规则呢？"（27）

刘易斯设想在特威格林学院、米兹帕神学院，在牧师中间，始终存在这种冲突，教务长的妻子讥讽自己的丈夫装腔作势，道貌岸然，"你在讲道坛上对那些崇高、伟大而又神秘的事情知道得那么多，那么为什么你一回到家里就什么都不知道、什么也学不进了呢？你为什么连个钉锤也找不到、连一块玉米面包也做不出来，连加减法都算不清楚，在奥地利的地图上连奥伯兰默高也找不到呢？……我到现在连圣灵感孕童贞女生耶稣也不相信了！"（117—118）而一度称得上埃尔默良心的影子的是吉姆·莱弗尔茨，嘲笑罗得的妻子因为回头而被上帝变盐柱的故事，宁愿享受"悬吊在地狱深渊的上空瑟瑟发抖的滋味"，这种"邪恶既使埃尔默·甘特立着迷，同时又使他恐惧"（18）。然而埃尔默自己孱弱的意志很快被潮水般向他涌来的狂热给吞没了。吉姆·莱弗尔茨是唯一公开指责"披着宗教外衣的伪君子"者，他的睿智的怀疑论使埃尔默在很长的人生经历中都隐约感到一丝不安，哪怕是他成为如日中天的"精神领袖"之时——然而这种怀疑论却使得吉姆穷困潦倒，成了一个弯腰驼背的失败者。埃尔默也有怀疑和不忠，他一次又一次地背叛了母亲所给予他的那个上帝，抛弃了浸信会的信仰，最终为了向上爬还入了几乎带有不可知论和自由主义色彩的美以美派，得益于他的圆滑奸诈与实用主义的态度。

刘易斯在展示埃尔默这位神棍式人物的猖狂和得势的同时，还穿插描述了一些次要人物如弗兰克·沙拉德、安德鲁·彭吉利，在他们身上我们也能看到作者态度的晦涩性和复杂性，尽管其张力远不如对莎龙的描绘。其中，弗兰克·沙拉德心地善良、诚于礼仪，具有很重的诗人气质，颇有逻辑推理能力和科学头脑，然而这种天赋渐渐消耗在"对犹太的耶和华上帝的恐惧中，消耗在了对我主耶稣及其身世的忧思和怜悯中"，对一个虔诚的宗教信徒来说，"'怀疑'不仅仅只是罪过，而且更严重的是，它简直就是一种低级趣味"（198），他博览群书，吸收了20世纪初期的文明成果，所阅读的神学、哲学、社会学、心理学的知识，与日常生活和传道中所遇到的各种实践在他的思想中相互冲突，使他对上帝及为上帝服务的工作充满了不满和疑问，怀疑赞美诗的价值、布道的价值，甚至认为"牧师和教堂只是一种迷信的残存物"（339），却因缺乏勇气和过于虔诚而难以自拔，他在浸信会教徒看来成了"被无神论教育所毁了的青年"典型。

刘易斯借助弗兰克之口，一语戳穿了这个时代人们宗教虔敬的虚伪，"我们每一个人都会拼命地聚集财富。我们没有实践基督教。我们也不准备去实践它"（640），用费瑟斯通的话说："马克斯·韦伯在《新教伦理》中关于宗教的著名比喻，大步跨入世俗事务的市场后，宗教就关上了身后修道院的大门；在现代社会中因为与其他的意义复合体一样被牢牢置于消费市场上，因而宗教发生进一步的转型。"① 当弗兰克始终坚持牧师的工作时，他深陷纠葛的痛苦之中。放高利贷者亨利·山姆去世以后，他妻子请弗兰克去主持葬礼。弗兰克知道亨利是个贪婪的商人，经常偷税漏税，然而按照主持葬礼的惯例，他又必须为死者歌功颂德。弗兰克觉得这等于鼓励年轻人去效仿他们，而这样一来，这种令人厌恶的罪恶就根本得不到纠正。弗兰克认识到，表面上看牧师是为人们治疗一种叫作"恶"的痛苦，可是一个从来没有进过酒店的人去向一个酒鬼提出忠告，对阶级之间或者国家之间的战争的力量了解不多的人却要祈祷和平，对于麻醉剂、强烈的情欲以及犯罪的欲望缺乏体验的人却要说教民众，对资本主义、银行业、劳工、工资以及租税一无所知的人却要安慰民众，所以"目前的这些教会简直荒唐得就像一种对巫术的信仰"（640）。

那些有头脑的保守牧师们发现，任何真正的现代思想都会威胁他们的地位、话语权以及他们的收入。早在神学院时期，老教授布鲁诺·泽麒麟已经认识到了自己一直是在欺骗自己的理性良知，也认识到了自己其实并不崇拜耶稣，并不把他当作唯一的人类指引者——那只是拾的他前辈的那些犹太教拉比们的牙慧而已，然而他不敢说真话，生怕因此丢了神学院这一"宗教寄生虫的世界"的饭碗，一旦戳穿这层把戏下场会非常凄惨。弗兰克到卡陶巴镇后，遇到美以美派的安德鲁·彭吉利牧师，老牧师的上帝观也曾深深打动过他，多少抚平了他内心现代主义的困惑，后者劝慰他："是的，我听说那些高级批评家也在问这些问题。我相信人们对此感到困惑不解。不过我也在想，上帝之所以要在《圣经》中放进这些障碍物也许正是为了考验我们哩，考验我们的信仰，考验我们是否愿意全心全意地接受一种被我们认为是荒谬可笑的东西。你

---

① ［英］迈克·费瑟斯通：《消费文化和后现代主义》，刘精明译，译林出版社 2000 年版，第 164 页。

瞧，我们的见识实在太短了。"（413）

经过反复斗争，弗兰克准备把自己的毕身投入一场被他叫作"从内部解放教会"的革命（207），直至最艰难的时刻也没有主动辞职，因为他觉得"世界上存在着一种没有迷信的教会，它可以帮助那些穷人，可以给人们一种比理智更强大的神秘的力量，可以使人们因为崇拜一种不可知的向善的力量而感到自己变得高尚了"（640）。"神秘的崇拜需要""不可知的向善力量"恐怕成了刘易斯对宗教理解的最后一丝残存的价值。这也是第一次教堂会议未能解决弗兰克去留问题的原因，许多教友站出来为他说话，有那些被他帮助过的男人，有那些在生病时得到过他安慰的女人，还有那些因为他们的女儿"出了麻烦"而去找过他的父亲们。在第二次教堂会议被迫辞职之后，弗兰克在慈善组织会实现了他的理想，甚至做了该会的副总书记。

弗兰克恢复人性之光辉，却招来自己身心的毁灭。在接受一自由科学学会的邀请去西南部的一个城市发表演讲时，他被原教旨主义者攻击后丧失了右眼，只能在每天听孩子们念书中度过余生，而埃尔默却名声大振，爬到了掌权者的地位。刘易斯《埃尔默·甘特立》揭示了20世纪20年代宗教上的自由主义与原封不动主义、现代主义与原教旨主义之间斗争之激烈。通过吉姆、弗兰克等人的悲惨命运，以及埃尔默伪饰之下的飞黄腾达，刘易斯主要攻击的是这个时代原教旨主义的危害倾向，作为"培养到家以抹杀矛盾的一伙人"严重威胁着美国精神的自由。埃尔默自己完全不信任原教旨主义那一套，甚至不相信天堂地狱，但是他常常会炒作、表演和利用原教旨主义，将其作为获得金钱与权力的招牌和工具。当然，和《大街》《巴比特》主题相似，埃尔默之所以掌控这个时代的保守文化，是因为特定时期的土壤所造就的：男男女女既道德淡漠又极度保守，既自欺欺人又严于律人，既贪婪虚伪又谎称虔诚，既崇拜偶像又褊狭迷信，假借道德与宗教之名发起地方主义、禁酒运动、"红色恐怖"和三 K 党暴行。经过巧妙包装的埃尔默成了这个时代原教旨主义的支持者、主宰者和得利者，而正直诚实、勇于探索的弗兰克则是这个时代保守文化的反对者和受害者。

## 四 "不可知的向善力量"

刘易斯于 1885 年生于索克森特，明尼苏达州一个有着 3000 人口的草原小镇，那时离垦荒者和印第安营地消失不过一代人之久。其父亲作为富裕的当地医生，符合富兰克林所描绘的中产阶级形象，辛勤工作，做事细密，生活节俭，自信稳健，注重实际，又是严谨而固执的新教徒，"显得高贵，尊严，颇有军人风度，绝对诚实"①。母亲在他六岁时就去世了，刘易斯从小就郁郁寡欢，不被人爱，"一直无法讨好自己既敬畏又怨恨的父亲。这令他很容易接受极端的观念……与自己的传统疏离"②。这使得他在随后的一生中始终是个浪游者，与父辈权威决裂，对宗教也不例外，"我的看法是，一个人的生活是否有意义未必取决于是否有宗教信仰，宗教信仰也未必在逆境中给他以安慰。除非他出生于宗教的环境之中，到了成年如果失去了宗教会感到失落，因为他的整个思维已经被宗教定型。我认识一些年轻人，他们从小到大都没有想到过教会，没有想到过正式的神学，也没有想到过宗教的其他方面，他们学到的道德不是来自神的训谕，而是源于社会交往的需要"③。刘易斯似乎只是为读耶鲁的奥伯林学院而短期改信过基督教，一生处于敌视宗教

---

① Richard Lingeman, *Sinclair Lewis: Rebel from Main Street*, New York: Random House. 2002, p. 6. 刘易斯的传记有斯图尔特·谢尔曼 (Stuart Sherman) 的《刘易斯的地位》(*The Significance of Sinclair Lewis*)，以及马克·斯高勒 (Mark Schorer) 的《刘易斯: 一个美国人的生平》(*Sinclair Lewis: An American Life*, 1961)，谢尔登·诺曼·格雷布斯坦 (Sheldon Grebstein) 的《辛克莱·刘易斯》(*Sinclair Lewis*, 1962) 等。

② [美] 莫里斯·迪克斯坦:《途中的镜子: 文学与现实世界》，刘玉宇译，上海三联书店 2008 年版，第 62 页。

③ [美] 威尔·杜兰特:《论生命的意义》，褚东伟译，江西人民出版社 2009 年版，第 43—44 页。

的状态。

刘易斯通过《埃尔默·甘特立》这部小说试图描摹他所理解、所经历的神学生活，指出福音布道这一虚构神话的迷惑性，他心目中的宗教在美国已经消亡。众所周知，刘易斯一开始就打算把《埃尔默·甘特立》写成"牧师小说"，他在堪萨斯——美国宗教活动的十字路口，经过较长时间的调查、访谈和阅读文献，收集了写这部宗教小说的一切素材。小说中人物的主要特征并非空穴来风，如捏造自己的生平事迹，到讲道坛上运用商业推销术。尽管他曾经还组织了一个由 15 个到 18 个牧师组成的宗教讨论会，集中讨论一些宗教性问题，但是缺乏深入的思辨和有价值的探讨。后来他曾回忆，"我对埃尔默·甘特立这个人物研究的方法之一便是请那些福音传道者的客，用酒把他们灌醉，然后让他们说出自己的隐私"①。刘易斯对现代传教习俗的态度，对某些牧师的言行的描写，是既尖刻又令人信服，他的传记者曾言，"如果说小说全然抨击了宗教，那也只抨击了 20 年代和更早的原教旨主义和福音派的耶稣教，他将苏克中心（即索克森特镇，笔者注）的平庸的、正统、僵化的宗教以及比利·森代那种歇斯底里式的宗教等崇拜形式同所有的宗教混为一谈"②。在埃尔默轰轰烈烈的事业之外，作品中有一些细节值得注意。

第一，作者信仰现代人本主义，认为人要以自身的努力去追求"不可知的向善力量"。在刘易斯看来，美国的宗教只是服务于小镇居民虚假的精神慰藉、城市巴比特的精神控制。通过小说中现代主义倾向以及另一部小说《艾罗史密斯》来看，刘易斯对现代科学真理怀有更浓厚的兴趣，所以他对美国宗教的现实没有任何灾难之感，对弗兰克的命运

---

① ［美］马克·肖勒：《灵与欲·跋》，陈乐译，湖南人民出版社 1988 年版，第 732 页。
② ［美］谢尔登·诺曼·格雷布斯坦：《辛克莱·刘易斯》，张禹九译，春风文艺出版社 1994 年版，第 102 页。

也只是怜悯而不是悲痛。当然刘易斯也没有能够对基督教整体有个系统的了解——刘易斯在创作之前阅读过许多现代的著作，詹姆斯的《宗教经验的类型》，雷纳的《耶稣》，德汶波特的《宗教复兴的原始特色》，怀特的《科学神学斗争史》等，这些在小说里多少也列出来了一部分，其中相对有影响的著作仍然是有神论甚至是虔信论的立场，只不过作为现代主义者以一种更为历史、考据、哲学、心理学的眼光审视既有神学的阐释，"大多是'现代主义者'对宗教的探讨，视圣经为寓言，视宗教为一种生活方式而非一套仪式和既定的教派"①。刘易斯受自身和时代情绪的感染，对某些牧师的虚伪、自负和浮夸、商业化的振兴布道，以及原教旨主义的恶行感到愤怒不已，所以将宗教视为一种罪恶的谬论与抑制相混杂的东西，力图捣毁它们赖以生存的虚假与狂妄。刘易斯没有刻意去辨识原教旨主义，只不过是固守某些没有充足历史依据的仪式或信条，宗教复兴中的病态兴奋也不是真正的宗教性情感。尽管刘易斯拒绝人的经验能够精神化的可能性，他还是潜在地渴望一种能够发挥个人自由、保证社会公平和公正秩序的信仰，尽管其呈现得非常孱弱。可以举两个例子来说明，较小的例子是埃尔默第一次抵达班久镇，见到房东家的小姑娘珍妮，立即蠢蠢欲动："几乎是渴望地，因为他已经精疲力尽，他太需要安宁和正直了——他恳求自己：'不！别这样！再也别这样了！就放了这个孩子吧！求你正经一次吧！上帝啊，让我正经、让我善良吧！'"（448）。更大的例子是作为插曲的第 28 章，一位不可知论者和一位自由人文主义者弗兰克与麦克加利对话，其聪明而又诚实的形象与埃尔默这个伪君子形成了鲜明的对照。

第二，渴望一种回归自然的、"神秘的崇拜需要"。巴比特曾逃避到缅因州的丛林中，以使自己在大自然的怀抱里觅得片刻的抚慰。而埃尔

---

① ［美］谢尔登·诺曼·格雷布斯坦：《辛克莱·刘易斯》，张禹九译，春风文艺出版社 1994 年版，第 101 页。

默在莎龙的庄园，极目远眺那牧场和树林的尽头，蜿蜒多姿的谢南多亚河在下午的阳光照耀下金波粼粼、浩浩荡荡，这番景象使得埃尔默轻轻地哼起了一支软曲，突然扑通一声跪倒在窗前，自从背弃了老朋友吉姆·莱弗尔茨以及那些快活的下流勾当以来，他的灵魂第一次摆脱了所有那些充斥其中的邪恶——"做演说家的勃勃野心、兽性的熊熊欲火、那些愚蠢的先知们的陈词滥调、基督教教条，以及对上帝的一片虔诚"（308）。那条蜿蜒的金河在召唤着他，辽阔的天空使他精神焕发、意气昂扬，为了今后永不再做祈祷，他伸出双臂，奋力地进行了最后一次祈祷。然而，一通祈祷做到这里，埃尔默昙花一现的抗争也就告终了。埃尔默和刘易斯一样，对工业与商业文明怀着复杂的心态，人人都想成为实利主义的巴比特，享受工业与商业带来的便利与舒适，对因利润和规模目标而形成的社会体制和价值观念兴奋不已，根本没有顾及将商业与宗教混为一谈的做法，败坏了宗教的神秘主义性质。与埃尔默极为短暂的感触相比，巴比特和马丁·艾罗史密斯梦想自然、浪漫、开拓神话要更深入一些，只不过巴比特将希望寄托在儿子身上，而马丁却放弃了荣华富贵、富有的新婚妻子乔伊斯·兰杨，隐居山林，在一间简陋的实验室中继续拓荒。科学未必是最为理想的追求，毕竟隐居荒野的做法倒更像经典的西部开拓。《埃尔默·甘特立》一书所表现的社会的善与启蒙教化，与《大街》《巴比特》和《艾罗史密斯》一样不够强大，根本无法有效地抵制社会的恶与庸俗陈腐的力量，正如希克斯所认为的，刘易斯作为一个小说家和思想家，最大的问题在于，他"了解如何在小说中去摧毁美国社会中的种种弊端，如地方主义、自满、虚伪，知性的胆怯或类似的缺陷，却对美国社会的理想只有十分模糊的想法"①。

刘易斯的这一思想在安德鲁·彭吉利牧师身上得到很好的体现。彭

---

① Robert E. Fleming & Esther Fleming, *Sinclair Lewis: A Reference Guide*, Boston: G K. Hall, 1980, p. 65.

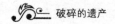

吉利是一位从里到外都纯洁无瑕的人，热衷于虔诚的想象，即便妻子婚后不久就难产去世，在他的教区里最爱飞短流长的妇女也从来没有暗示过他曾沮丧地看过一眼教民中的寡妇。彭吉利没读过什么书，对《圣经》批评、宗教起源和社会学一无所知，却对《圣经》的冥思默想有着自然性的理解。正是因为他浑身散发着诚实、博爱，温暖了弗兰克孤独的心灵——就像他和他的教民之间一样，后者虽然经常对前者颐指气使，却又争着给他扫地、擦灰，决定他的穿着、强制他轮流去各家吃客饭，作者给出一个形象的比喻"在他家里还有一只老狗和一只老猫，它们互相嫌恶，没完没了地相互嚎叫，可是到了晚上它们却又蜷缩在一起睡觉"（412），也许也是预示他和教民之间的微妙关系。老牧师的正直使他常要插手制止镇上的一些歪风邪气，但对于无神论之类的激进想法，彭吉利也能友好地宽容相处。当弗兰克对镇民不信教感到担忧时，彭吉利牧师却心平气和地告诉他："如果整个世界都已得救，还要你这个牧师干什么呢。"彭吉利牧师告诉弗兰克，不要通过读批评《圣经》的哗众取宠的书来寻求精神的归宿，人们应该用自己的心灵来感受上帝对我们生活的影响，"彭吉利神父不仅在自家的花园里，而且在树林里、在河边，他都发现了自然中的上帝"（416）。对他来说，生活中的上帝比书本中的上帝更加真实。老牧师对钓鱼有狂热的嗜好——虽然他对实际结果并不在乎，正如他对神学的信仰，他和教民们处于一种钓鱼者和鱼的关系之中。他的薪俸从来没有给足过，对此，也不见老牧师有任何的埋怨，这与埃尔默的利欲熏心也构成了鲜明的对比。

总而言之，小说攻击的显然不是整个基督教传统，而是美国宗教的原教旨主义危害，实业化、实用主义化的宗教形态，以及宗教界堕落与伪善的现象，并对美国既有的意识形态信仰体系中虚假部分做了深刻的披露与反思。刘易斯首创了美国民族性的第一个反英雄原型，他凭借几分美国式的揶揄、滑稽性的模仿、辛辣的讽刺与欲言又止的夸张把美国这一时代的宗教生活叙述得栩栩如生。聪明、勇敢而有魄力的埃尔默，成了"顺应时势"的、自我形塑的"英雄"，被性欲、权势、名声的欲望所驱使，却要"发动一场轰轰烈烈的圣战使我们美国的道德完美无瑕"，成为一个成功的，并不努力自我改造的"不道德者"，也表明了作者与主流意识形态间的协调和颠覆的暧昧关系。刘易斯这种在"讽刺与情感"间不停摇摆的矛盾心态集中在以下的段落中：

> 埃尔默陪这位威严的女修道院院长朝她家里走去，他们走过榆树林荫道，走过玫瑰花丛，穿过被夕阳染红的灰尘。埃尔默知道，如果这位姑娘做了自己的太太，她一定可以帮助自己爬上主教宝座的。他还使自己相信，尽管这个姑娘纯洁无瑕，但她终究还是会对接吻感兴趣的。他还注意到了他们确实是"天生的一对"。他告诉自己这是他所见过的第一个能配得上自己的女人……然而，此刻他又想起了莎龙……可是，在这样一个宁静的小镇上，在克丽欧的那种轻盈流畅的声音里，他的那一阵剧痛仅仅只持续了几秒钟。（455）

# 第二章 1920—1930：分析、迷惘与 焦虑的时代

## 第一节 导论

第一次世界大战之前虽然社会充满着动荡和不安，但许多欧美人乐于相信，西方世界理性主义文化发展得如此成熟，不太可能卷入大规模的战争。即便是战争爆发之后，许多国家民众仍持着功利主义和理想主义的观念参战，1918 年 1 月 8 日伍德罗·威尔逊总统（1856—1924）曾提出了他的"十四点"观点，勾勒了美国参战的目标，"我们之所以参战，是因为正义受到了侵犯，侵犯正义的现实，使我们感到悲痛。只有现实得到纠正并且得到不再重现的保证，我国人民的生活才能维持。……美国人民绝不可能依照其他的原则而行动，而他们为了维护这个原则，愿意奉献出生命、荣誉和一切。这是一个无与伦比的道德考验，争取人类自由的、最具有决定性的战争，已经来临，他们准备将所有的力量，最崇高的理想、坚持和虔诚，付诸考验"[①]。然而这场漫长

---

① Woodrow Wilson, "Fourteen Points", *Congressional Record*, Vol. LVI, part 1 (1918), Washington, D. C.: U. S. Government Printing Office, pp. 680–681.

而又代价惨重的战争经历，结束了欧美乐观、进步、荣耀的意识，令许多人对西方文明产生怀疑，并产生幻灭的情绪，曾经参战的厄内斯特·海明威写道："荣耀、光荣、勇敢或神圣等字眼变得可憎。"尽管美国在战争中得利，并在战后的 20 世纪 20 年代经历了经济的繁荣，但并不意味着美国经济进入了良性发展的轨道，1929 年纽约证券市场的崩溃导致美国经济的大萧条，并且很快波及欧洲。

200 万名参战青年返回祖国，战争创伤的阴影，以及政治与经济的动荡，使得美国弥漫着对现在和未来的不确定感。然而官方的哈定政府借口"战后正常化"，发动"帕尔玛袭击"，大批逮捕驱逐革命人士，并且强行实施"禁酒法案"，整肃道德风尚，一时间原教旨主义猖獗，宗教活动频繁。原教旨运动反对世俗化、自由神学、宗教多元论、社会福音论以及任何具有改革倾向的思想意识，渴望保持禁欲、"节制"的品格——这本是美国新教文化传统道德的核心部分，然而这一生活方式逐渐失去了优势的地位，进而激发害怕变革的保守人士对新生活方式的拒斥，发起对"体面"传统价值观品格的维护，甚至不惜动用法律的形式或极端行动。臭名昭著的三 K 党（Ku Klux Klan）在当时盛极一时，其成员完全是新教徒，坚持"美国是新教国家，因此它必须维持这一现状"，反对进化论讲授，禁止"邪恶的朗姆酒"，抵制外国人、犹太人和天主教徒。

然而现实的不确定性也波及思想领域。有一些重要的思想在美国大行其道，不仅有达尔文进化论讲授对《圣经·创世纪》冲击的微小波澜，更有 19 世纪末 20 世纪初马克思、埃米尔·涂尔干、恩斯特·特勒尔奇（Ernst Troeltsch）和马克斯·韦伯等历史社会学家对历史如何渗透人类生活产生了新的认识，弗洛伊德等心理学的兴起更有利于人们认识文化如何影响经验意识，而经验意识反过来也影响文化。18 世纪启蒙运动以来流行的乐观主义和理性信仰，已经开始正式让位于自然科学和社会科学的相对主义，心理学的弗洛伊德学说、柏格森直觉说和对理性启蒙的怀疑。新的思考模式的转变暗含了一种分析模式，即用技术理性解释个人与社会、历史与自然的关系，使这个时代逐渐变成一个分析的时代。与此同时，现实的不确定性与新的思维模式，也导致了这个时代成为理想和信仰普遍迷失的时代，使得人们尤其是激进的年轻人，越来越清楚地看到自己的欲望被压制在残酷现实和所谓文化传统之中，这使得他们感到沮丧而不是喜悦。

这种状况反作用到文化传统的结果，就是在 20 世纪 20 年代传统的新教伦理价值观受到广泛怀疑和否定。人们开始认为，自欧洲裹挟而来的新教并不是美国民主的福音，而是一种"过时的神权政治（theocracy）的顽固信奉者和拥护者"①，不但没有对自由和民主传统做出过有意义的贡献，更是这些传统的"障碍"。反传统神学得到了亨利·门肯（H. L. Mencken）、辛克莱·刘易斯（Sinclair Lewis）以及范·韦克·布鲁克斯（Van Wyck Brooks）等人的呼应，门肯在 1917 年发表了《作为一种文学力量的清教》（"Puritanism as a Literary Force"）一文，强烈谴责清教徒在文学和艺术作品中对于道德性的强调，将清教描述为"一种在人们脑海中萦绕不去的恐惧感，这种恐惧感会令某个地方的某些人欣喜快乐"②，"清教传统压抑人性、禁酒法案压制社会健康欲望"。1920年乔治·桑塔亚那曾有几分讥讽地称清教是"梦幻中的哲学"，"众所周知，正是那种抽象的激情促使英国的清教徒来到了美洲的海岸，他们来的目的是想过一种精神上感觉更完美的生活"③。帕林顿在经典之作

---

① Ernst Breisach, *Historioggraphy*: *Anicent*, *Medieval & Modern*, Chicago: The U of Chicago P, 1983, p. 364.

② Rovert Middlekauff, "Perry Miller", *Pastmasters*: *Some Essays on American Historians*. Eds. Marcus Cunliffe & Robin W. Winks. Conn: Greenwood Press, 1969, p. 171.

③ ［美］乔治·桑塔亚那：《美国的民族性格与信念》，史津海、徐琳译，中国社会科学出版社 2008 年版，第 5—6 页。

《美国思想史》（*Main Currents American Thought*，1927）中认为，自由主义与清教、保守主义思潮的斗争是早期美国思想发展的主旋律，"美国整整用了 200 年的时间才瓦解了这些教义"①。他们认为清教的核心是与文明相敌对，社会的腐败致使他们寻求早期教会的淳朴，进而以契约控制人的楷模生活、压抑人的冲动，然而伦理观念变成了道德说教，正义感转而成为自以为是，对理想社会生活的信任和渴望，蜕变成社会前途险隘而又乖戾的恐惧。

美国在这一历史时期处于一种典型的"焦虑时代"（Age of Anxiety），源于社会理想的崩溃以及一直以来作为正统遗产的宗教生活方式的毁灭。这个焦虑的时代对年轻人来说，是轻浮的"爵士时代"，在攻击清教传统和乖戾的生活方式时，他们乐于鼓吹享乐主义、放荡不羁的道德观，贝尔将之称为"享乐道德观"（fun morality），像《了不起的盖茨比》（*The Great Gatsby*，1925）里所描写的那样参加声色犬马的社交聚会，沉湎于时髦女郎、寻欢作乐以及非法私酿的仿杜松子酒之中，既纸醉金迷，又冷酷残忍。他们是弗罗伊·德尔定义的"精神漂泊者"（intellectual vagabonds），或 G. 斯泰茵所说的"迷惘的一代"（The Lost Generation）。他们往往生于宗教气氛浓厚的城镇中产家庭，受到良好的教育，在充满幻想、抱负和进步改革思想的时代环境中长大。然而又流连于欧洲沙龙，崇拜庞德和艾略特，集聚于纽约的格林威治村宣扬现代艺术、个性解放和社会革命，叫嚣"所有神统统死光，所有战争都已打完，所有信仰全都完蛋"！

尽管新教传统的思想合法性很容易在大城市消散，但其仍在一些城市社区和小城镇中维持着一定力量，例如《巴比特》（*Babbitt*，1922）所反映的墨守成规。辛克莱·刘易斯笔下的乔治·巴比特发现，一辈子

---

① ［美］沃浓·路易·帕灵顿：《美国思想史：1620—1920》，陈永国等译，吉林人民出版社 2002 年版，第 4 页。

凭着虔信上帝和金钱发财致富，却又精神空虚而怪梦不断，无论是恭顺地站在中产阶级无形的围墙之中，还是站在围墙之外抵抗都是没有出路的，新教伦理规定了人的道德行为和社会责任，然而作为一种社会事实，其仅仅成为苍白无力的意识形态蹒跚拖延，"与其说它是现实的行为规范，不如说是道德家用来劝世喻人，或是社会学家用来编织神话的材料"①。他们在为自己的生计而奔波——他们害怕这个社会的操控力量，这个守旧的社会会奖赏遵循它的原则的人——通过提供工作机会、俱乐部的位置甚至一些奖赏，给予他们生存的安全感和地位，并威胁和惩罚那些企图反抗的人——比如从"好伙伴一族"中剔除出去的人，作品中写道："他的独立不羁精神，早已烟消云散了。他独自一人在街头徘徊，害怕人们投来的讥讽的目光和没完没了的窃窃私语声。"② 当最终排除"最近的不满情绪"之后，开始拙劣地模仿"好伙伴"，对工会的罪行、移民的危险以及打高尔夫球、道德和银行存款带来的乐趣表示"愤慨"，在恢复"俱乐部"最受欢迎者的地位之后，他承认自己被彻底地打败了。凯瑟的《大主教之死》（Death Come for the Archibishop，1927）也回顾了早期的教徒如何在遥远而又陌生的新世界为弘扬宗教而遭受苦难，"他吃的是牛肉干和辣椒菜豆泥，能有水喝就该谢天谢地了。他的生活中没有舒适可言，那个地方会把他的青春和精力像雨水一样吸得一干二净，他要准备做出各种牺牲，包括自己的生命"③。然而主教在将蛮荒之地建成乐园之后，转而关注个人得失和世俗的功利，实际上正是影射美国中产阶级自我现实的精神实质。有些批评将迷惘文学与刘

---

① ［美］丹尼尔·贝尔：《资本主义文化矛盾》，赵一凡等译，生活·读书·新知三联书店1989年版，第102页。

② ［美］辛克莱·刘易斯：《巴比特》，潘庆龄、姚祖培译，外国文学出版社2002年版，第443页。

③ ［美］薇拉·凯瑟：《大主教之死》，周玉军译，上海文艺出版社2011年版，第6页。

易斯的作品一道视为门肯等人发起的新文化运动的组成部分，1930 年，瑞典皇家科学院在授予刘易斯诺贝尔奖时特别指出："巴比特也许接近理想中的美国中产阶级里深孚众望的英雄。……这个国家……仍然处在青春期这个狂热的年代。伟大的美国新文学是和民族自我批评一起开始的。它是一种健康的标志。"①

无论如何，对美国文化发展而言，第一次世界大战在时间节点上就像一条历史断沟，进一步加剧了新教文化传统与国家文化的分裂，并成为现代意识和新文化的起点。布鲁克斯和门肯等人选择文化重建的时候，艾略特选择走上亨利·詹姆斯的逃逸之路，去了英国，皈依了圣公会派。他的《荒原》（*The Waste Land*, 1922）的主要内容是干旱之地千里，没有生机，喻示人类旧有的信仰理想、思维结构破碎而新的尚未诞生，精神虚无的状态，世俗社会中的个体生活经验、心灵结构，与基督教超验意义世界的对抗形成的虚无意识显然是荒原的成因。② 艾略特"偶像已经破碎"其实指明了在 19 世纪末 20 世纪初二元失衡，理性的逻格斯再次遭到消解，"个体与其文明的现存联系松弛了。在个体看来，文化过去是为他生产和更新当时流行的价值标准和社会机构的抑制系统……而现在，现实原则的压抑性力量似乎不再为被压抑个体复兴和再生了"。对于艾略特而言，这种现状最终只有依靠他的信仰才能对之加以理解和忍受，"艾略特也许已经背叛了他的现代派的同道者，倒退到人类早年的信仰阶段：皈依天主教，尽管它是现代主义力图摈弃的丑恶旧世界的一部分"③，同时也痛苦地承认了人的自由本能的存在原则，

---

① ［瑞典］卡尔费尔德：《授奖辞》，辛克莱·刘易斯《巴比特》，潘庆舲译，漓江出版社 1985 年版，第 515、521 页。

② 参见袁先来《德里达诗学与西方文化传统》，东北师范大学出版社 2010 年版，第 173 页。

③ Marina MacKay, "Catholicism, Character, and the Invention of the Liberal Novel Tradition", *Twentieth Century Literature*, Vol. 48, No. 2, Summer (2002), p. 223.

这种原则与叔本华、尼采和弗洛伊德为代表的现代思潮用意志和快乐来规定存在——由自己的逻格斯、满足的逻格斯遥相呼应。

伊迪丝·沃顿（Edith Wharton, 1862—1937）在《法国方式及其意义》（*French Ways and Their Meaning*, 1919）中把1914年以后的世界描绘成"一个着火的房子"，房客衣冠不整地站在楼梯上，房门大开，暴露出里面的家具和他们的生活习惯，在自传《回顾》（*A Backwards Glance*：*An Autobiography*, 1934）中声称她写《纯真年代》（*The Age of Innocence*, 1920）是一种"暂时的逃避，是回到……那个已经消逝已久了的美国儿时记忆中去"①。在菲茨杰拉德的作品中，人物都是美貌的年轻人，却又注定苦海沉沦，沉浸在时间流逝所唤起的哀愁中，如《了不起的盖茨比》中的盖茨比将童年记忆编织成了神话，用马尔科姆·考利的话说："他老想着时间，就像他是在一间摆满日历和时钟的房间里写作。"② 究其深层原因，一是商品经济社会时间也变成了一种物质价值的来源，"功率""效率"都是为了克服"缓慢"，节约时间，"时间被赋予价值，这是技术时代固有的本质"；二是技术理性改变了传统物理时间的价值秩序，企图使人能够运用理性的原则"把自己从自然约束和传统的权威中解放出来，使自己成为自然的主人，成为自己的历史的塑造者"，并且消除各种社会不公正和专断统治，"消除管理上的愚昧和无能"，使历史能够在理性的控制下不断进步。

人们深受这些观念的影响，认为时间经过现在，无限向未来延伸，逐渐将目光由静态的永恒世界转向世俗的矢量世界。人们不再是在缓慢静止的"永恒轮回"状态中顿悟世界，而是更快地行动。伊迪丝·沃

---

① ［美］伯克维奇主编：《剑桥美国文学史》第6卷，张宏杰等译，中央编译出版社2009年版，第5页。

② ［美］巫宁神：《前言》，见菲茨杰拉德《了不起的盖茨比》，巫宁坤等译，上海译文出版社2002年版，前言第4页。

顿、舍伍德·安德森、薇拉·凯瑟、西奥多·德莱塞、斯科特·菲茨杰拉德、厄内斯特·海明威和威廉·福克纳作品中的主题，普遍与时间序列的丧失有关，紧接着威胁到叙事的效果。在《喧哗与骚动》里，昆丁和班吉的部分，两兄弟一个是毫无物理时间观念从而获得时间的"静止"，一个是拒绝物理时间观念而渴望"永恒"，而第三部分的杰生，作为一个现实的实用主义者，注重具体的时刻，具有很强的物理时间观念，因为它关涉现实的金钱与权力。在传统的小说里，人们往往有着一种基于共同认识的时间感和顺序感，然而在这一时期的美国小说中，现实的人们生活在日常生活活动构成的时间、技术时代的时间与神话时间并置于同一个空间里的情况，这种情况必然大大增加对作家基督教观念认知的难度。实际上经过启蒙理性甚至高级圣经批评的洗礼，宗教传统中许多得到具体规定的内容都可以被怀疑和无意义所瓦解，但神学叙事模式和思维方式仍然是美国作家不能摆脱的梦魇，要么像菲茨杰拉德，回到过去记忆中的西部，要么像福克纳悬停于时间（萨特语），要么像海明威生活在永恒"现在"的领域，没有过去和未来。作家的困境在于，面临已经被批判得千疮百孔的"坏的现在"和"坏的过去"，"过去"已经没有非同一般的价值和所谓的神圣性，陷入难以脱离传统的生活方式同时又难以接受当代的社会价值的矛盾困惑中，作家们只能寻求更远的神话时间和空间来支撑自己的情绪。这就使得这个时期的美国知名作家，在行文笔调上显得既有文化渎神倾向（profanity），又有价值取向上的理想主义和道德正义感：所谓"文化渎神"，是丹尼尔·贝尔所指的社会世俗化（secularization）之后的文化无政府主义或"文化弑祖"现象；而理想主义和道德正义感，则是通过研究甚至颂扬传统仍旧占有重要地位的失落的世界，把美国的历史和虚幻的现实勾连起来而获得的，这也是为什么美国20世纪20年代小说普遍采取编织神话和有选择地忘却相结合的原因。

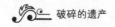

汉娜·阿伦特（Hannah Arendt，1906—1975）在其著作《论革命》（*On Revolution*，1963）中的一篇名为"革命的传统及其失落的珍宝"的文章中认为，美国的革命传统已经消失了，因为美国没有"记忆"这个传统，而美国之所以没有记住这个传统，是因为美国没有去谈论这个传统。她说，其中的一个迹象就是我们害怕别人的革命，如果"一切思想真的都始于记忆的话，那么，除非记忆凝固和蒸馏为概念框架，它在其中可以进一步检验自身，否则任何记忆都会烟消云散"。我们所经历事件的经验和故事之所以没有沦为徒劳，是因为我们"喋喋不休地谈论"，当然"这始终也是徒劳的，除非从中产生一定的概念，一定的路标，以供将来回忆，哪怕只是一个索引也好"。阿伦特断言这个过程既是政治和文化过程，也是文学过程，她在脚注中补充说："这些路标乃是为了供后人参照和回忆而设的，它们究竟是怎样从这种滔滔不绝的言谈中产生的呢？显然不是以什么概念形式，而是以一句句简洁的话，以言简意赅的格言——这可以在威廉·福克纳的小说中体会到。"① 福克纳建立在"滔滔不绝的言谈"之上的"文学手法"，而不是"文学内容"，具有高度的政治性，他和同时代的作家只能把他们内在的矛盾姑且放在一边，共同找回失去的主题和被遗忘的声音。如同哈伊尔·巴赫金所说的，只有彼此交流，才能避免"绝对死亡（非生存）的状态，即一种不闻、不识、不记的状态"，"开放式的对话"最能勾勒出"真正的人类生活"。然而这一时期美国小说具有明显的"泛自传体裁"（auto - novel）特征，他们的孤独与虚无、回避与反抗，并不是传统基督教神学的堕落与救赎，作家们宁愿认为自己是美国进入20世纪以来第一批孤立无援的信徒，他们的"生存境遇及其精神归属与行为选择"，源于现代性对传统意义的摧毁造成的无意义真空，进而威胁精神

---

① ［美］阿伦特：《论革命》，陈周旺译，译林出版社2007年版，第205—206页。

上的自我肯定，极度自我爱怜和夸张的自我意识，使得"反道德说教与反理性的'零式结局'（zero‑ending），以及过分突出个人形象和自我意识所造成的历史感失落与社会背景黯淡模糊"①。海明威所创造的所谓"硬汉"典型形象，道德混沌、感觉细微、自嘲绝望，但又渴望相互理解和交流，几乎是现代美国人的典型原型。

## 第二节　艾略特《四个四重奏》：思维模式的深层转化

《四个四重奏》（*Four Quartets*，1941—1942）是艾略特较为成熟的作品，由于作者的思维方式发生了根本性转变，因此该诗显得格外晦涩难懂。只有清晰地梳理这种思维方式的深层转化，以及由此产生的内涵及意义，才能够真正解读《四个四重奏》的思想核心。

### 一　二元对立思维的颠覆

西方思想强调物质与精神的分离，主客二分、二元对立是西方思维模式的特征所在，并直接导致了西方理性主义的发展。"整个世界呈现出一正一反（A 与 B，即主体与客体、正确与谬误、善与恶等）的二元对立，从而构成了事物的矛盾性存在……在传统的二元对立模式中，对立的双方总是一方统治着另一方。"② 这是一种非此即彼的思维模式，以理性为根基，以条分缕析为手段，以追求本真为目的。然而，在艾略特生活的时代，反理性主义思潮日渐盛行。人们开始认识到，在许多领域里，主体和客体并非是对立的非此即彼的关系，而是紧密相连、互为依存的。受时代思潮的影响，艾略特对非理性的思想有着独特的理解与

---

① 赵一凡：《迷惘的一代文化背景透视》，《美国研究》1987 年第 2 期，第 142 页。
② 刘建军：《基督教文化与西方文学传统》，北京大学出版社 2005 年版，第 292 页。

认识。《荒原》《空心人》等诗歌都在不同程度上描摹了现代世界的混乱无序，凸显了非理性的认知模式。《四个四重奏》作为其晚期的成熟作品，则不再局限于对混乱世界的非理性摹写，而是体现了作者旨在背离理性的二元对立的思维模式，并试图在非理性领域内寻求新型关系，以期建立新型思维模式。

在《四个四重奏》中，诗人彻底颠覆了理性领域中的二元对立模式，展现了非理性世界中的相互转化、相互交融、无从把握的二元对立形式。艾略特在诗中对传统的二元对立思维模式提出了质询与疑问："向日葵是否会转向我们／铁线莲是否会向我们弯身／卷须与枝条紧紧把我们纠缠／冷冰冰的／紫杉手指是否会伸下来抓住我们？"① "是"与"否"的问题正是理性领域中所要回答的问题。凡事都有性质不同的二元对立。而在艾略特的思维逻辑中，这种质询却是没有意义的。世界原本不能截然分开，万事并不一定有最后的结果，理性的追求和质询不会有答案，原来的理性秩序被彻底打破。

艾略特不但一举摧毁了西方传统的二元对立思维模式，并且指出这种思维模式会将人类带入难堪的境地。"让我拿出为老年准备的礼物，酬劳你一生艰苦的努力。"（173）"一生艰苦的努力"直指几千年来西方人通过理性解析、理性分割、理性对立苦苦追求的历程。这种追求到了"老年"得到的"礼物"却是冰冷、僵死、苦涩、无味的，不会给人任何企盼与承诺（173）。如果人类坚持这种追求，总会"发觉过去的事情，全是错，全是害人，而且还当善行"（174）。艾略特毫不留情地指出了理性思维模式的错误结局，人类在本以为会找到光明的行进中"从错误走向错误"（174），最后灵魂不但得不到救赎，寻不到幸福，反而会恼怒无比。通过指出理性思维模式的难堪境地与错误结局，艾略

① ［英］T. S. 艾略特：《艾略特诗选》，赵萝蕤等译，山东大学出版社 1999 年版，第142 页。下文中引用该诗皆在引文后标出页码，不另作注。

特也消解了与之相随的传统的价值取向与参照体系。"《四个四重奏》有
系统地摧毁并颠覆了'正常的'人的价值。智慧成为谦卑而消极的；爱
则是只有在卑微地对死亡表示屈服时才能听到的一个被炮制出的'词'
而已；历史除了记录对圣徒与殉道者的关爱泯灭之外什么都不关心。"①

　　然而艾略特的创作目的绝不止于在颠覆了传统的思维模式后留下一
片狼藉混沌，使人停留在"恼怒"状态。"现代意义上的思维方式和认
知态度使人们认识到，在现有的知识的背后，还有更为真实的本质模式
和认识方式。正是在这种认知方式的作用下，20 世纪的西方文学，总
是力图展示人类共同的命运，挖掘人类共同的本质，要做整个人类的代
言人。"②艾略特揭示弊端的力量尤其显著，其拯救目的也更加突出。
艾略特一向认为"诗人的任务并不是去寻找新的感情，而是应该将普通
的感情综合加工成诗歌，去表达那些并不存在于实际感情中的感
受。……诗不是放纵感情，而是逃避感情，不是表现个性，而是逃避个
性"③。在具体的创作过程中，艾略特秉持这种创作理念，力求去除情
感的个体性，致力于传达一种普遍的、综合的、更接近本质的思想。
《四个四重奏》便是他寻找思想精粹的一种努力。面对一个精神空虚、
价值观变异的世界，艾略特通过追问非理性领域中二元对立的存在与形
态，力图找到救赎人类精神的途径。

## 二　二元平等的思想

　　"20 世纪可以看作一个道德无序的世纪……在这样一个无序的社会
里，英国古老的传统文化在人们的日常生活中逐渐淡化。人们对维多利

---

① David Moody, "Four Quartets: Music, Word, Meaning and Value", *The Cambridge
Companion to T. S. Eliot.* Ed. David Moody. Shanghai: Shanghai Foreign Language Education Press,
2001, p. 87.

② 刘建军：《20 世纪西方文学》，高等教育出版社 2007 年版，第 5 页。

③ T. S. Eliot, "Tradition and Individual Talent", *The Norton Anthology – English
Literature.* Ed. M. H. Abrams. New York: W. W. Norton & Company. 2001, p. 2644.

亚时代建立起来的人生观怀疑日深，对宗教也失去了兴趣。人们悲观、恐惧、伤感，对未来感到迷惘。"① 这种社会混乱令艾略特产生了绝望之感，他开始对"某种文明的有效性产生怀疑"，并且指出："我们不能用信念去对抗信念，我们也没有任何可与那些反对我们的思想相较量或对抗的思想。"② 于是，解构传统理性领域内的二元对立思维模式，并在非理性领域中进行重新建构，使之更适应社会发展，从而实现对现代文明的拯救，最终成为艾略特进行创作的主要任务。担负着拯救功能的新型思维模式具有与二元对立模式完全不同的特点。

第一个特点是二元之间对立关系的终结，即对与错、善与恶、是与非之间的对立关系不复存在。《四个四重奏》几乎是由对立的词汇组成的，像"开端"（beginning）与"终点"（end）、"夜半"（midnight）与"黎明"（dawn）、"内部"（inner）与"外部"（outer）、"过去"（past）与"将来"（future）、"上升"（ascent）与"下降"（decline）等表示对立形态的词汇俯拾皆是。诗人运用这些词汇的目的并不是要强调二元对立，而是对二元对立的特点表示坚决否定，认为这些对立关系早已消失。"过去和将来在这里相聚。即非从哪里来，／也非朝哪里去的运动，／既不上升也不下降。"（139）诗人明确地表明了非理性领域中对立的二元之间的关系——无从区分、无从辨别。然而，这并不意味着无法区分的二元成为混乱与恐慌的源头，而是达成了某种联系。为了突出这种联系，作者多次使用了"静止"一词（still/stillness 共出现22次）。静点绝不等于凝固不动的死水，它标志着原本对立的二元的融合与相遇。"几种存在范畴的难以置信的结合，／在这里过去与未来／得到了克服和统一。"（166）艾略特认为世界不再以各种形式分化，而是实

---

① 聂珍钊：《英语诗歌形式导论》，中国社会科学出版社2007年版，第615页。
② ［英］T. S. 艾略特：《基督教与文化》，杨民生、陈常锦译，四川人民出版社1989年版，第49页。

现了难以置信的结合，形成在"静点"上的舞蹈——在相互联结、相互补充、相互接纳的基础上达到动态和谐。作者在诗中已明确地说明了"静点"的特征："不停止也不移动。别称它是固定。"（139）这个静点是原本对立的二元在关系中达成的和解，这时的二元不再是非此即彼的对抗竞争关系，也不是僵死不动的静止状态，而是以宁静的状态相互联系、相互依存。这种与"固定"迥异的、建立在联系之上的"静点"思想与中国哲学中阴阳相生相克、互为补充的观点异曲同工。其实在艾略特的时代，很多思想者都对古老的东方文化产生了极为浓厚的兴趣，正如查尔斯·约翰所说，东方文化"为我们的人民和我们的时代带来了可以畅饮的源头活水"①。

第二个特点是主、客二分的关系被取消后，二元之间形成平等的关系。当事物的对立性质被颠覆，变成相互依存的关系后，当所谓的中心被取消后，那么力图在关系中达成平衡的各要素之间必然是平等的。西方现代思潮所得出的"多元化""对话""互文性""交往"等思想，无不是以追求平等为核心的。

二元平等的思想蕴含着极为重要的内涵，即在平等中得到圆满与永恒。艾略特在诗中明确地指出了超脱欲望、达到平等的目的："为了超脱——不是爱得不够，而是爱的扩展，超过了欲望，从未来和过去中超脱也是一样。"（175）也就是说，当二元变得平等之后，那么人类所获得的绝不是平等的形式，而是包含在平等之中的真正意义上的幸福。艾略特在诗中说："我们探索的终端／将是我们启程的地点／我们生平第一次知道的地方。"（178）很明显，艾略特将西方千年来树立起来的理性传统拉回到了起点，拉回到了"极其单纯的境界"（179），拉回到了未受理性切割前的"前逻辑思维"状态：拉回到了人类最初没有竞争、没

---

① McNelly Keams, *T. S. Eliot and Indic Tradition：A study in Poetry and Religion*, Cambridge：Cambridge U P, 1987, p. 164.

有制约、没有对立的幸福王国。这种幸福便是艾略特在诗中反复吟唱的、建立在非理性思维模式之上的"平安",即通过重构的二元形态抛掉了原有思维模式中的对立形态,成就了在非理性领域内的终极和解,即诗中所说的"在星空里却得到和解"(138)。"星空"便是单纯境界的象征,取消了理性束缚的广袤的星空,竞争对立的二元不再是非此即彼的关系,而是以平等的姿态达成了安宁。正如艾略特在最后一个重奏"小吉丁"中反复强调的"平安无事"——"当舌绞成火结/烈火与玫瑰合二而为一时/一切都会平安无事/世界万物也会平安无事"(179)。这个结局是二元融合、二元平等的最终结果。艾略特的思想,与中国哲学中"天地之气,莫大于和"(《淮南子·汜论训》)的哲学思想有相通之处。这种哲学认为,对立的二元不能相互压制,优胜劣汰,而应平等共处,这种平等之上便是没有残缺的、更圆满的"一"。这种哲学思想与西方理性传统截然不同,没有将事物放在对立竞争的关系中分出优劣成败,而是希望事物在平等的关系中成就更大程度上的和谐结果。艾略特的思想与中国哲学的契合,表明了西方现代人对自身文化优越性的怀疑,并试图摆脱传统西方文化及思维模式的束缚,以期重建没落欧洲的努力。

第三个特点是强调原本对立的二元之间形成相互转化的关系。《四个四重奏》中重复了两句非常相似的话,"我的开始之日便是我的结束之时"(144),"我的结束之时便是我的开始之日"(155)。作者在这里绝非玩弄文字游戏,而是一针见血地指出,非理性领域中的二元对立在不断地运动、不断地相互转化。这种转化包括两个层面的含义。

一是在非理性领域中,原本对立的两极再也不是泾渭分明、非此即彼的对立关系,而是互为前提。"一座座房屋不断竖起来又倒下去,/化为瓦砾一片,被扩展,/被运走,被毁碎,被复原,/原址成了空地、工厂或僻径。/从旧石块到新楼房,从旧木材到新火焰,/从陈火到灰烬,从灰烬到泥土。"（144—145）房屋倒下去并不意味着结束，而是空地、工厂或是僻径的开始；旧石块不是终结，而是新楼房的开始；旧木材不是结束，而是新火焰的发端；火焰燃尽是灰烬的开始；灰烬消解是泥土的出现……一切无法用传统的理性思维进行清晰的划分，万事万物也没有性质上的对立，而是交融在一起，永远在转化和发展中，没有核心，没有两极，没有善恶对错，没有终极本真。艾略特在这里非常清晰地表明了对理性思辨与理性分析的非难与摒弃。"现在唯有奋斗去挽回得而复失、/失而复得、又得而复失的东西：现在所处的情况/看起来似乎不利。"（154）通过奋斗所得来的东西却不会给人以任何安慰，反而会因此陷入更大的困境，因为只要有奋斗，就永远会有失去，因为竞争之后还是竞争，无法拥有最后的结果。艾略特因此提出了理想方案——无得无失，即取消性质间的对立，不去判断得失对错。

二是这种转化意味着事物向着自己的对立面转化，即这种变化不仅是历时的变化与发展，更是共时的性质变化，既指二元之间的相互转化，又意味着一元本身向其对立面的转化。"那光亮/依然在旋转的世界的静点上"（142），"旋转"就意味着理性领域中二元对立的关系终结后，二元形成相互转化的状态。相互转化的关系模式更为深刻地指出了非理性领域中二元对立形态的核心之处，即非理性由于其不可把握、不可梳理的特性，导致原本对立的二元本质意义的消失、中心内涵的消失。艾略特在诗中明确指出，"你得摆脱理性和观念"（169），并否认了一切理性追求，"希望会是错误的希望"，"爱会是错误的爱，还有信仰"（150）。他进而认为，即使等待信仰、爱和希望，也不能借助理性，而是应该"不假思索地等待"。"黑暗将是光明，静止将是舞动。"（151）可见非理性领域中不仅二元之间相互转化，而且二元中的每一元都在自由转化，甚至是向自己的对立面转化，失去了传统中的清明特点。这种二元间相互转化进而自身也在不断变化的模式与中国传统的辩

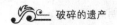 

证哲学在本质上有一定相通之处。

艾略特认为非理性领域的二元关系不再强调对与错、善与恶、地狱与天国、现实与理想的清晰区别，而是使得所有的事物处于瞬息万变的转换中。他希望通过摧毁传统的二元对立关系，在二元之间转化的基础上形成崭新的认识论，因为二元之间倏忽转化的关系使得永恒被瞬间代替，最终导致了传统认识论的坍塌。正如艾略特在诗中所说："你不知是你所知/你所有是你非所有/你所在是你非所在。"（151—152）这样，原本相互对立的事物的分界消失、性质消失，因此意义也随之消失。然而，这种旨在将二元之间的对立关系完全打破，由此将"善恶""优劣""成败"等概念消解，并企图在混沌中重建平安的思想是否合理、是否可以实现，撕裂了理性传统的非理性混沌是否就是幸福的居所，结局堪忧。

### 三　自我分裂后的皈依

新型思维模式的确立隐含着对传统认识论的颠覆，对现代本体论的确认，以及对随之而来的以存在本身为基础的新的价值观的建立。由此，传统意义上截然对立的概念、泾渭分明的范畴融为一体，它们原来所蕴含的价值分野随之消失，背离传统的新价值观出现。

艾略特在开篇时就指出了这种新的认识论与价值观的根本含义："尽管'逻格斯'对每个人来说都是普遍的法则，但多数人似乎按照他们自己独特的法则生活。"（135）由于颠覆了二元对立的思维模式，其思想核心逻格斯中心主义也随之被瓦解。艾略特心中的逻格斯不再是经过理性思辨、逻辑推理后所认知的万事万物背后普遍存在的抽象的、绝对的本质，而是进入了人的内心，成为因人而异的法则。"西方文化批评的学者采用了一个全新的策略：一方面他们用各自的理论，解构了传统的以价值论为内涵的各种所谓的'普适'概念，把这种'意义中心论'送进了历史的垃圾堆，但另外一个方面，他们则在一个全新的关系程序（不是结构主义意义上的关系程序，而是解构主义意义上的关系程序）中，试图确立属于个人的但同时又是人类的普适价值。"① 原本超然的、确定的、普遍认同的逻格斯已经成为每个人的法则，从而失去了确定的中心地位。这样，逻格斯中心从一元走向多元，从固定走向运动，从明确走向变化。质言之，艾略特对世界的剖析已经从知性走向直觉，从形式逻辑走向人的灵魂，从有序的理性世界走进了流动不息、变幻莫测的非理性世界。后现代所推崇的解构主义正是抓住了形式逻辑企图视而不见的异己因素，揭示出形式逻辑的荒谬，最终颠覆形式逻辑。

基于这种认识论思想，艾略特认为人不再是理智与情感、理性与本能欲望、灵与肉、善与恶等对立的二元之间的载体，而是成为意义本身。"你们已不是离开车站时的人，也不是快要到达车站的人"（162），"你们已不是离开海港时的你们，╱也不是快要登岸的人"（163）。时间的消隐意味着外在事物、外在标尺的消失，人只是人本身，人就是本质所在。这就是说，人不再在追寻的路上，不再介于此岸和彼岸之间。这是一种认知模式上的极大变革，是对传统认识世界方式的一场真正的颠覆。正如艾略特所说："所有重要的真理都是个人性的真理。"② 正是这种认识方式上的根本性改变，使得以人的存在为前提，通过对人自身的认知来说明和阐释世界的人的学说，成了真正现代意义上的人本主义。

值得注意的是，艾略特在对非理性领域内二元对立思维模式进行探索时，运用的却是他的诗歌中前所未有的理性模式——规整而和谐的重奏形式。聂珍钊教授认为，"在英语诗歌的形式、技巧和批评理论这三方面的研究中，英语诗歌的形式又是其技巧和批评理论研究的前提"③。

---

① 刘建军：《当代西方文化研究的价值走向》，《南开学报》（哲学社会科学版）2005年第5期，第88—89页。

② T. S. Eliot, *Knowledge and Experience in the Philosophy of F. H. Bradley*, London：Faber & Faber, 1964, p. 165.

③ 聂珍钊：《英语诗歌形式导论》，中国社会科学出版社 2007 年版，第2页。

《四个四重奏》的严整形式一方面体现出艾略特思想的成熟与深刻，同时清晰地表明了对立的二元达成和解的内在主题。另一方面这种充分体现了理性特点的严谨与和谐又表明，现代文学及其所表现出来的思潮挣扎于理性和非理性之间，既表现了不同于传统的崭新的时代特点，又表明了与后现代思想的区别与距离。以艾略特的思维模式来看，是严守宗教戒律，还是沉溺于现实的欲望，是形而上地追求基督教超验意义世界，还是形而下地向往世俗社会中的个体生活经验、心灵结构？就像他在《荒原》的结尾，一连列出"Datta""Dayadhvam"和"Damyata"三个词，"Datta"（舍予）就是献身，接受上帝的引导；"Dayadhvam"（同情）就是沟通，沟通形而上与形而下的彼岸、此岸；"Damyata"（克制）意味着约束自我，恪守传统，"舍予""同情"和"克制"正是对二元对立消解困境的回应。① 正因为"在诗歌表面的紊乱中发现形式上的统一，诗歌最终愿望实际是把诸种个体化经验融合成'神所赐出人意料的平安'"②，艾略特才最终皈依了圣公会国教。

## 第三节 "敢于绝望的勇气"：《老人与海》的 存在论神学阐释

存在主义很容易被解析为"孤独与虚无""失败与死亡""回避与反抗"等主题，关心和研究人的烦恼、死亡、假我、真我。在介入海明威《老人与海》的阐释时，似乎桑地亚哥以硬汉子的名义所探讨和力

---

① 参见袁先来《德里达诗学与西方文化传统》，东北师范大学出版社 2010 年版，第186 页。

② Jo Ellen Green Kaiser, "Disciplining the *Waste Land*, or How to Lead Critics into Temptation", *Twentieth Century Literature*, Vol. 44, No. 1, Spring (1998), p. 23.

图加以解决的，正是人的异化——个体自身、个体与整体、人与世界之间的分裂——与异化的消除这一精神现状。然而欧洲存在主义的命题与尼采颇有关联，认为人将自己当作牺牲，把自己的一切献给神，用自虐行为献给神，这一切都是虚无的，在英美分析哲学传统看来，这种思路是人类精神中虚无的盲目性。我们也必须注意两点思想史上的误区：一是即便在欧洲，存在主义也绝非从对上帝已经遗弃这个世界的绝望中产生的；二是欧洲存在主义的几分无神论倾向与阴郁格调，与美国更为浓郁的神学生活习惯和乐观主义精神风貌相隔阂——想想萨特的主人公与海明威笔下主人公精神风貌的不同，这决定了美国人很难全然接受欧洲的存在主义。然而存在主义的确能够在一定程度上解释现代人包括现代美国人的精神处境。所谓存在（existence 或 existenz），实际上是指人的经历、实践、感受和体验，其独特之处在于，"第一，生存者即人可以意识到自身，就是说人既是主体又是客体，可以超越主客对立；第二，生存者即人永不停留于现在的状态，他总是未完成的，就是说他总面临种种可能性，可以通过不同的选择把自己造成不同的人；第三，生存者乃是不可重复、不可替代的独特个体"[1]。由此出发，称海明威创作的主导思想是"人的生存境遇及其精神归属与行为选择"也不为过，因为他的选择类似于存在主义强调的人能够勇敢地抉择，才能成为本真的自我，避免失去本真的自我，堕入低于生存的存在方式；其他万物存在则永远是客体，是消极被动的对象，不能自我抉择而只能具有固定的性质。

但是海明威在《老人与海》里到底采取了什么样的精神归属方式和行动抉择，以往的美国评论界终未能取得一致看法，争论的焦点之一在于如何解释文本影射《圣经》中的象征和暗示上。如卡洛斯·贝克

---

① 何光沪选编：《蒂里希选集》，上海三联书店 1999 年版，第 112 页。

（Carlos Baker）认为，小说中一些关键场景说明桑地亚哥有意识模仿耶稣，说明桑地亚哥的捕鱼经历是为了印证《圣经》中的救赎，将《圣经》中的救赎作为人的精神归属。[①] 而菲利普·扬（Philip Young）则认为，小说在性质上是古典的悲剧，桑地亚哥是秉持海明威一贯的"斗牛士原则"，以自身力量来对抗命运的悲剧英雄，一个"走得太远的失败者"[②]。还有学者认为，"《老人与海》……吸纳《新约》中有关救赎的教义之后使之'世俗化'的过程，从而阐明桑地亚哥以自身行动完成耶稣基督及其救赎事业对现世人生的启示意义这一主题"[③]。究竟如何辨识作品中隐含的精神人格？不妨将蒂里希的存在神学观念与《老人与海》相映照。从某种程度上看，桑地亚哥的硬汉子的勇气精神，具有伦理学与本体论双重含义，用蒂里希的话说，作为人的行为，作为评价的对象，"勇气"是一个伦理学概念；而作为对人的存在的普遍的、本质性的自我肯定，"勇气"则是一个本体论概念。存在的勇气是这样的伦理行为："人在其中肯定他自己的存在而不顾那些与他的本质性的自我肯定相冲突的存在因素。"[④]

## 一 海明威的病理性焦虑

一般认为，海明威小说创作的基本主题是人生普遍的不幸与虚无，《老人与海》中桑地亚哥连续 84 天没有捕到鱼，连用面粉袋补缀的船帆看上去也像一面"永远失败的旗子"，之后付出三天三夜的辛劳换来的不过是大马林鱼的骨架，如同海明威自己所说："我相信人生就是一部悲剧，也知道人生只能有一个结局。"对于海明威本人来说，这部小说

---

① Carlos Baker, *Hemingway*: *The Writer as Artist*, New Jersey: Princeton U P, 1972, pp. 300–328.

② Philip Young, *Ernest Hemingway*, New York: Rinehart and Co. , 1952, p. 100.

③ 李树欣：《圣经视野中的〈老人与海〉研究》，载梁工主编《圣经文学研究》（第3辑），人民文学出版社 2009 年版，第 279 页。

④ 何光沪编译：《蒂里希选集》，上海三联书店 1999 年版，第 150—151 页。

不过是借用了一个背运的渔夫的故事，然后敷衍成自己的寓言。就桑地亚哥的个体状况来看，他的厄运绝非运气的问题，更重要的是他正处于存在的焦虑之中，蒂里希认为"关于焦虑性质的第一个判言是：焦虑是一种状态，在这种状态中，存在物能意识到它自己可能有的非存在。这句话可以简要表述为：焦虑是从存在的角度对非存在的认识。这句话中的'存在的'，不是指关于那产生焦虑的非存在的抽象知识，而是指对于非存在是人自身存在的一部分的认识"，"焦虑就是有限，它被体验为人自己的有限。……对于非存在的焦虑，是对作为有限的人的有限的意识"①。简而言之，正是"非存在"对"存在"的威胁而造成的人的心理状态，称为"焦虑"（anxiety）。

按照蒂里希的说法，"焦虑"有两种：病理性的和存在性的。每一个存在者都会感到自己是有限的，都有死亡之日，小说暗示桑地亚哥的年龄和落伍的经验是失败的重要原因，就连他身上的处处伤痕也"像无鱼可打的沙漠中被侵蚀的地方一样古老"②，尽管自己仍不断地宣称"你尽可能把他消灭掉，可就是打不败他"。实际上创作《老人与海》时期的海明威已经处于躁狂抑郁症的边缘，作家诺曼·梅勒曾指出这种现象表征就是海明威漂泊不定的生活方式，这种生活方式真正的根源是"他的一生都在跟懦弱和对抗隐匿的自杀渴望作斗争，他的内心世界犹如一场噩梦。他的夜晚是在同诸神（gods）的搏斗中度过的"③。而沃特森则认为这部小说更加清晰、更加戏剧性地表现了人老体衰与即临的死亡。④ 为挣脱出焦虑与忧郁情绪的罗网，海明威一生不断寻求女人与烈

① 何光沪选编：《蒂里希选集》，上海三联书店1999年版，第175—176页。
② ［美］海明威：《老人与海》，吴劳译，上海译文出版社1999年版，第2页。以下为节约篇幅，本节引用一律以括号加页码形式标注。
③ J. Michael Lennon, *Norman Mailer：A Double Life*, London, N. Y.：A CBS Company, 2013, p. 107.
④ William Braasch Watson, "Old Man at the Bridge：The Making of a Short Story", *Hemingway Review*, Vol. 7, No. 2, Spring (1988).

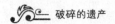

酒的刺激，但仍无济于事，觉得自己就像被猎捕的猎物，被追得走投无路、无处躲匿，所以在作品中屡屡表达学者已有很多论述的"死亡的愿望"。

小说中两次提到老人的眼睛，"除了那双眼睛以外，他身上的一切都是苍老的，而那双眼睛有着和大海一样的颜色，流露出既愉快又不能被打败的神色"，有研究认为这是应和了耶稣的教诲："眼睛就是身上的灯。你的眼睛若了亮，全身就光明；你的眼睛若昏花，全身就黑暗。你里面的光若黑暗了，那黑暗是何等大呢！"（《马太福音》6：22）实际上传记里清楚地记载了海明威在创作《老人与海》时视力严重衰退，"一只眼睛不管用了，幸亏另一只还挺好。无可抱怨。抱怨也没用。我有时晚上工作，这很伤眼睛。很久以前，有个家伙用一根手指戳到我的一只眼睛里，从那以后这只眼睛看出去就模糊不清了"①。《老人与海》发表以后，海明威的精神状况也进一步恶化，幻想出各种"圈套、罗网和诡计"（39），表现得更为自负、好斗、行为乖张。这种危险的病态，与作品中既有深度又有广度的"存在的勇气"之间形成乖谬的张力，令人扼腕的是后者并未能治愈其顽疾。所以，就海明威自身的创作而言，是为了克服反常状态的"病理性焦虑"。蒂里希指出，神经症患者的人格对非存在之威胁更为敏感，忧惧更深，从而固执于一种固定的、有限的、不真实的自我肯定之中，而这种有限而固定的自我肯定，却能产生具有相当强度的创造性，以对抗现实难以忍受的焦虑，或者这能够较好地从精神分析的角度解释海明威"重压下优雅风度"的秘密。而普通的健康者通常意识不到蛰伏于内心深处的人格的非存在和焦虑，故而他也能比神经症患者采取更多的灵活策略来调整他同现实的关系。

---

① ［美］库尔特·辛格：《海明威传》，周国珍译，浙江文艺出版社1983年版，第179页。

## 二 现代人的存在性焦虑

当然，《老人与海》作品本身所思考的"焦虑"不属于心灵的反常状态，而属于人的存在本身，蒂里希称为"存在性焦虑"。恐惧（fear）与焦虑不同，恐惧有确定的对象，这对象可以被直面、被分析、被进攻、被忍受，采取行动以克服它，而"焦虑"则根植于人的存在，它的对象是对对象自身的否定，任何企图克服它的努力都是徒劳的。根据"非存在"威胁"存在"的三种方式，蒂里希将"存在性焦虑"分为三类，"非存在"威胁实体上的（ontic）自我肯定，产生了对命运及死亡的焦虑，亦即死亡可以毁灭人的生存，意味着人随时可能不再是他自身。如果威胁道德上的（moral）自我肯定，则产生内疚与自责的焦虑。如果威胁精神上的（spiritual）自我肯定，则产生对空虚和无意义的焦虑。这三种焦虑涉及人在实体上、道德上和精神上的自我肯定，常常以一种为主而兼有其余，"一种信念在外部事件或内部过程中坍塌，一个人被中止了对某一文化领域的创造性参与，感到在自己热烈肯定的某事上受到挫折，由于信仰的对象丧失意义而变得冷漠"，这些东西造成的对空虚的忧惧，"把人驱往无意义这一深渊"，所造成的极端境遇就是"绝望"（despair）。就像《太阳照常升起》里的杰克·巴恩斯不能和自己所爱的人相爱，只能"这么想想不也挺好吗"。《永别了，武器》里的弗雷德里克·亨利只能像石头一样告别死去的凯瑟琳，"蚂蚁在木头尾端叠得高高的，就掉到火里边去了。有一些逃了出来，身体烧得又焦又扁，乱奔乱跑，不晓得要跑到什么地方去。但是大多数还是朝火里奔跑，接着又往尾端奔走，拥在那还没着火的尾端上，到末了还不是全部跌在火中"。桑地亚哥也是"倒了血霉"，先是同巨大的马林鱼搏斗，然后又与掠夺他的战利品的鲨鱼进行搏斗，最后马林鱼被啃食得只剩下了一副骨架。海明威作品展现的正是第三种焦虑，即对空虚和无意义的焦虑。然而人的存在是不能脱离意义的，用蒂里希的话来说："人的存在包括他与意义的联系。只是根据意义和价值来对实在（包括人的世界和人自身）加以理解和改造，人才成其为人。"①

海明威小说中的主人公几乎都不能摆脱存在性的焦虑，这种焦虑是从没有勇气与绝望中产生的。所谓勇气，才是承担焦虑的能力，斯德哥尔摩安德斯·奥斯特林在颁奖词中说："勇气是海明威的中心主题……是使人敢于经受考验的支柱，勇气能使人坚强起来，迎战缺乏勇气时看来是严酷的现实，敢于喝退大难临头时的死神。"海明威对于这种对他勇气的表彰深感欣慰，并借机阐述了自己的见解：

> 勇气有两种：第一，体力上的勇气，亦即临危不惧的勇气，第二，精神上的勇气，亦即不论受到外界当局的追究还是受到内在的力量即良心的谴责时敢于负责的勇气。这里，我们只讨论第一种勇气。……临危不惧的勇气又分为两种。一种可能是漠视危险，其根源也许出于个人躯体或者蔑视死亡，或者习惯如此。出于这几种根源的任何一种勇气，都应视为永久不变的勇气。……另一种可能来自积极的动机，例如自尊心、爱国心、形形色色的激情。这种勇气不是经常的状况而只是感情冲动……前者使人判断明确，后者有时提高其威力。两者相结合就组成最为完美无缺的一种勇气。②

海明威对所谓"精神上的勇气"避而不谈，一方面与渴望现实的力量有关，如桑地亚哥年轻时与人掰手腕，垂暮之年梦见狮子，然而两者在实质上是重复的，所谓体力上的勇气来自精神上"蔑视死亡"与崇高的"感情冲动"。老人"那双眼睛，他们像海水一般蓝，显得喜洋洋而不服输"。

---

① 何光沪选编：《蒂里希选集》，上海三联书店1999年版，第187页。
② ［美］库尔特·辛格：《海明威传》，周国珍译，浙江文艺出版社1983年版，第191—192页。

的确，桑地亚哥生来就是渔夫而不是别的什么，他不得不继续打鱼，对于他全部的尊严和荣誉在于，他能否有勇气继续自己的工作。不管经历如何难以忍受的失望、苦难和考验，他必须持续地采取行动，认识到焦虑是人生处境的一部分，这种勇气性的行动变成了一种现代人的仪式，否则将会陷入绝对的失望之中。这种勇气就是蒂里希所谓的"存在的勇气"，就是"具有'不顾'（in spite of）性质的自我肯定，它不顾那些有可能妨碍自我肯定（self‐affirmation）的东西"①，或者说不顾非存在的威胁而对存在进行自我肯定，而"自我肯定"就是使每一存在物（人）成为其所是的努力。桑地亚哥也是如此，不持续打鱼，他就不是渔夫，这种持续的勇气消失，意味着存在物（人）不能保其所是而趋于瓦解。鲨鱼、马林鱼与大海并不是桑地亚哥的威胁，真正的威胁来自"非存在"（non‐being），对于老人来说自己的"存在"是肯定自身的不断追求，是克服"非存在"的持续斗争，这样的肯定是一种具有"不顾"性质的肯定，所以说勇气是一种不顾"非存在"威胁的自我肯定。

### 三 存在的勇气

不顾"非存在"之威胁的自我肯定，并不是自我中心或自私自利。在这方面，海明威表现出与萨特判断上的区别，萨特认为人的境遇，是经过了人为精心设置的"地狱"，而在《老人与海》中并非如此。男孩和众人始终同情与关注桑地亚哥，海明威如此处理，其实仍然是强调个人与社会、自我与世界的相互依存性。蒂里希曾总结人对自身的肯定在历史上的两个极端方向：第一种是"作为部分而存在"的勇气（the courage to be as a part），即通过参与行为，把自己当作世界更大的整体（如特殊社会集团）的一部分，从而肯定自身的勇气。这种人为实现某

---

① 何光沪选编：《蒂里希选集》，上海三联书店1999年版，第173页。

种类似于宗教作用的主义的集体利益、运动目标而甘愿牺牲自我，如法西斯主义。第二种是"作为自我而存在"的勇气（the courage to be as oneself），把自我当成一个独特的、自由的、以自我为中心的个体加以肯定；即肯定那可被摧毁却不可分裂、不可重复、不可替代的自我之存在的勇气，如极端个人主义。然而，在人的有限或异化的条件下，前者容易把自己作为一个更大整体的一部分而不是作为独特的自我来加以肯定；后者容易忽视社会的群体性质走向自私自利，这两种勇气拥有各自的局限。无论是作为自我而存在的勇气，还是作为部分而存在的勇气，都不是人应有的最佳抉择，两者都曲解了个体和整体、人和世界的真正关系。

那么人既然生活于难以避免的"焦虑"之中，尤其是现代社会最恐怖的对"无意义"的焦虑，有没有一种勇气能够把两者统一起来而又能避免各自的片面性呢？这就是蒂里希所说的作为"绝对信仰"（the absolute faith）而存在的勇气，他说："只有在与他人不断遭遇的情况下，个人才成为并保持为一个人。"而"绝对信仰"不是对某一具体对象的信仰——因为一切有限物都暴露出其有限性，而是表示勇气与存在根基的一种关系即被"存在—本身"（being – itself）的力量所攫住时的状态。《老人与海》以人的巨大忍耐的勇气精神为重要内容，是因为海明威认为这一精神能够突出地揭示出人类的处境，当他抵达远远的海上去捕鱼，看不到任何其他渔夫的时候，他已经超越了现实的、确定性的界限。说到底，是因为他得到了"存在—本身"之力的肯定，进而主张"不过人不是为失败而生的。一个人可以被毁灭，但不能给打败"（84）。老人通过对自己的肯定，便参与到"存在—本身"所固有的自我肯定之中去了。在这种作为绝对信仰而存在的勇气中，个性化与参与都同时得到实现，这也是小说为什么写道："我选择的是赶到谁也没有到过的地方去找它。到世界上没人去过的地方。"（39）与以往理性主义、浪漫主义以及自然主义不同，存在主义体验到意义的崩溃，人在所创造的客体世界中失去了自我，所以还需要一种敢于把无意义这一最具毁灭性的焦虑纳入自身的勇气，亦可称为"敢于绝望的勇气"（the courage of despair）。敢于绝望，是真正的勇敢；而盲目乐观，实质是生命力孱弱的征兆。这样的言语使得勇气涉及"存在—本身"的结构，使得桑地亚哥的"勇气"超出了伦理学的范畴而进入了本体论的领域，人生是一场孤独的永远也无法获胜的斗争，人应该用勇气、敢于拼搏的意志和永不屈服的精神在不可测度的人生厄运中获得人类尊严的补偿。

## 四  "参与到永恒之中"

那么如何解释桑地亚哥"存在的勇气"与基督宗教之关联呢？许多评论解释过老人与耶稣行为的惊人相似之处，例如老人深夜回港，在背起卷着帆的桅杆爬上岸时一再摔倒在地，老人对孩子提起自己"吐出了一些奇怪的东西，感到胸腔里有什么东西碎了"，还有老人的睡姿以及在渔船上的行为，显然暗示桑地亚哥不是一般的渔夫，至少是"天生"的渔夫（86）。他的名字"Santiago"本身就意味着其身份的"独一无二"①，鱼也不是一种物质的对象，"凭它的举止风度和它的高度尊严来看，谁也不配吃它"（60）。这与基督教的谦卑人格明显不同，某

---

① 国内邹溱的博士论文最先指出"Santiago"一词的来源，他认为这一名字指的就是渔夫圣徒圣·詹姆斯（Saint James）。马尔科姆·考利曾认为海明威作品中的捕鱼是一种具有宗教内涵的仪式，类似于原始民族驱妖除魔的仪式。（参见马尔科姆·考利《海明威作品中的噩梦和宗教仪式》，《海明威研究》）威尔森（G. R. Wilson Jr.）《〈老人与海〉中的道成肉身与救赎》（"Incarnation and Redemption in *The Old Man and the Sea*"，*Studies in Short Fiction*，Vol. 14，No. 4，Fall 1977，pp. 369–373）强调了老渔夫与耶稣基督的相似性，批驳了准则英雄（code hero）的观点，认为前者隐藏着后者的象征性描述。艾格里·克劳皮（Agori Kroupi）《海明威作品中捕鱼与斗牛的宗教含义》（"The Religious Implications of Fishing and Bullfighting in Hemingway's Work"，*The Hemingway Review*，Vol. 28，No. 1，Fall 2008，pp. 107–121）则认为海明威小说中的"渔"与斗牛一样是救赎的隐喻，"渔"是一种捕获灵魂的行为。贝克曼（Melvin Backman）则在《海明威：斗牛士与被钉十字架》中指出，"给读者留下深刻的印象是老人抵着船头的木板……毫无怨言地受苦受难，同时还对自己说：'靠着木头安静地休息吧，什么也别想。'苦难、木头与平和的心境魔术般地组合成基督在十字架上的受难图。"（"Hemingway: The Matador and the Crucified"，*Modern Fiction Studies*. Vol. 1，August 1955，pp. 2–11）

种程度上讲他的举动有几分古希腊英雄的傲慢，"可是我要把它宰了。不管它多么了不起，多么神气"（52），然而随后又陷入歉意的境地，"我不应该把船划到这么远的地方去，鱼啊，既不是为了你，也不是为了我。我很不好受，鱼啊"。接着承认自己亵渎了神圣的法规，"走得太远"，而且"杀死这条鱼也是一桩罪过"（85）。

在蒂里希看来，对宗教召唤所做出的狂热反应是克己的，所激发的勇气不过是"限制人的自身存在的欲望"，进而强化这种限制，保护和助长一种潜在的神经症状态，对罪过和谴责的焦虑也是典型的病理性症状，虽然可以"道德上的完善"，却不能消除"包含在人的存在境遇中的不完善"①，不能消除他与真实存在相疏离的境况。所以桑地亚哥矢口否认自己对上帝的虔信，明确说过"我是不笃信宗教的"。蒂里希的理论也能解释海明威为何有着浓厚的宗教成长环境之后，却对宗教大不敬地说："我的灵魂也许不会得救。谁他妈的关心自己的灵魂是否得救呢？明智地丢掉自己的灵魂，是人的职责。"② 在《太阳照常升起》中，当被问是不是天主教徒时，杰克回答道，"按规定来说，是的"，"我有些害臊，为自己是个糟糕透顶的天主教徒而懊悔，但是，我意识到我自己对此毫无办法……不管怎么说天主教还是一种伟大的宗教，但愿我有虔敬之心"。③ 海明威还曾说过："谁也不能长生不老，但是一个人到了临终，到了必须同上帝进行最后一次战斗时，他总希望世人记得他的为人：一个真正的人。如果你完成一项伟大的事业，那就会使你永生。你

---

① 何光沪选编：《蒂里希选集》，上海三联书店 1999 年版，第 203—204 页。
② ［美］库尔特·辛格：《海明威传》，周国珍译，浙江文艺出版社 1983 年版，第14—15 页。
③ 杰弗里·梅尔斯的《海明威传》详细交代了海明威出生地伊利诺伊州库克县奥克帕克镇的清教文化氛围，以及海明威家庭中强烈的宗教气氛，父母都笃信宗教，他的祖父、外祖父及父母亲都是虔诚的清教徒。梅尔斯也认为海明威总是保持着勤奋、自立、正直、焦虑和常带负罪感的清教徒特点。库尔特·辛格《海明威：一个伟人的生与死》中称海明威是个"在基督教和清教徒的哺育下长大的孩子"，"是靠阅读《圣经》学习写作的"。

只消完成一次，有些人就记得你。如果你年复一年地不断完成，那就会有很多人记得你，而且还会告诉他们的子孙后代；如果你完成的是书，他们就可以读。如果你完成得确实出色，那就会永垂不朽。"①

对于宗教的游离态度和因此而产生的矛盾情绪是海明威矛盾复杂宗教情感的反映，实际上在海明威的绝对信仰中是没有必要一一对应这些特殊内容的，小说中唤起破灭的希望和恐惧的象征只是揭示隐秘世界的艺术技巧，基督教传统中许多得到具体规定的内容都可以被怀疑和无意义所瓦解，而要克服对命运和死亡的忧惧，只有"参与到永恒之中"。小说一开始老人连续84天没有捕到鱼，这在他的自信心上投射了一点怀疑的阴影，"只是我不再有好运了"，但是他很快否定了自己的想法，"可是谁知道呢？也许今天就要走运。每一天是新的一天啊"，"他证明了一千次都落了空。现在他又要去证明了。每一次都是一个新的开端，他也绝不去回想过去他这样做的时候"。正如汉斯·迈耶霍夫所指出的那样，这种追求的特点"使个人生活在永恒'现在'的领域，没有过去或将来"。桑地亚哥在捕鱼的活动中，始终保持一种活力，受到一种狮子般勇气的激励，避免成为"过去的""注定的"牺牲品，摆脱任何宿命论、决定论的感觉，与永恒的"现在"结成一体，"他的可以称为存在主义的时间意识使他免于成为仅仅是过去和注定的牺牲品"②。

## 五  爱的力量

桑地亚哥的勇气实际上得到了众人的认可。小男孩的作用在很多评论文章里已经提及，此处不必多言，从作品内容来看，老人在与马林鱼搏斗时，也至少四次说了"但愿那孩子在这里"。老人三天两夜没回来，小男孩每天焦急地盼望着他的归来，众人也派出了海岸警卫队和飞机搜

---

① ［美］库尔特·辛格：《海明威传》，周国珍译，浙江文艺出版社1983年版，第14页。
② 董衡巽编选：《海明威研究》，中国社会科学出版社1980年版，第297页。

寻过他。许多渔民围观并测量了马林鱼残骸的长度，渔民深知孤身一人在大海里带回这样一条大鱼意味着什么，尽管有些人不理解或不愿意理解老人的所作所为，小说结尾处那位女游客和他的男伴正是如此。另外，老人在无比勇气之余，还有着谦卑和友爱之心。小说一开始，老人就自言"不去琢磨自己什么时候达到这样谦卑的地步……这并不丢脸，所以也无损于真正的自尊心"（5），当男孩马诺林称赞他"顶好的渔夫是你"，桑地亚哥却回答："不。我知道还有比我强的。"（15）在捕鱼时老人也心甘情愿地将自己视为自然中卑微的一分子："人并不比伟大的鸟和野兽高明多少。我还是宁愿做深海黑渊中的一条鱼。"老人对自然充满了谦卑与友爱之心，"没有人在海上是孤单一人的"，飞鱼、绿海龟、海鸟都成了自己的朋友，感叹"既然海洋这样残暴，为什么像海燕那样的鸟儿生来就如此柔弱和纤巧？……生来就柔弱的不适合在海上生活"（20—21）。

　　中国传统文化中的仁爱，或是希腊文化中的爱欲（eros），或是友爱（philia），都是伴随着对于某种具体价值有所诉求的爱，而基督教强调的圣爱（agape），核心要义在于两条戒律："你要尽心、尽性、尽力爱耶和华你的神"（《申命记》6：5）和"爱人如己"（《利未记》19：18），献祭十字架上的耶稣正是以自我牺牲来完成圣爱的典型。尽管桑地亚哥模仿了耶稣的一些言行，但是他的爱并不强调圣爱的这两个方面的特质，而具有鲜明的存在论性质，不仅突破原有的以血缘和道德为基础的爱，也突破了人与自然的界限，如老人不惜一切代价地想要制服马林鱼，他却始终清楚地知道，"这条鱼也是我的朋友"（60），"我爱你，非常尊敬你"（42），"它是我的兄弟"（77），"比我们更高尚，更有能耐"（50），"我从没见过比你更庞大、更美丽、更沉着或更崇高的东西，老弟"（75）。当桑地亚哥最终杀死马林鱼，将它缚在船舷边上一起返航时，"是它在带我回家，还是我在带它回家呢？……让它把我带回家去得了。我不过靠了诡计才比它强的，可它对我并无恶意"（80—81）。

爱不仅表现了人的存在，爱也能改变旧存在，创造新存在。也就是说，存在的勇气还需要通过"爱的力量"表达出来，若没有推动每一件存在的事物趋向另一件存在的事物的爱，存在就变得没有意义。但这种爱，首先告诫人们要为自己的不义感到不安，当杀死雄雌相伴的马林鱼中的一条时，"这情景是我看到的最伤心的了……因此我们请求这条雌鱼的原谅"（38），"也许我不该当渔夫。然而这是我生来该干的行当"（39）。人也正是在对于爱的体验中，生命的本性才变得明显，也才能赢得对"非存在"的挑战。存在之爱不只是一种指向宗教神学、生物学、心理学、社会学的普遍性的原则，还包括个体的人格本身的原则，不是一种索取或沽名钓誉的付出，而是一种返回自身本质的活动，是已经疏远化的自我与真正的本质的自我的再统一，"可以这么说，只要存在着恐惧的对象，那么，在参与的意义上，爱就可以征服它"①。

《老人与海》在短短的篇幅中将现代人精神上的恐惧、焦虑、勇气和爱交织在一起，可以说做到了浑然一体，天衣无缝。作品的命题既不是一般存在意义上的"孤独与虚无""失败与死亡""回避与反抗"，也不是传统基督教神学的堕落与救赎，作品中"人的生存境遇及其精神归属与行为选择"，源于现代性对传统意义的摧毁造成的无意义真空，进而威胁精神上的自我肯定，造成海明威本人反常状态的"病理性焦虑"以及作品中桑地亚哥"存在性焦虑"的双重后果。如前文所述，桑地亚哥"敢于绝望的勇气"使得这种精神超出了伦理学的范畴而进入了本体论的领域，得到了"存在—本身"之力的肯定，避免成为"过去的""注定的"牺牲品，与永恒的"现在"结成一体。或者这能够较好地从存在主义神学分析的角度解释海明威"重压下优雅风度"的秘密，而

---

①　何光沪选编：《蒂里希选集》，上海三联书店 1999 年版，第 176 页。

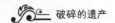

悲剧性恰恰在于，人唯有依靠技巧和本领以一种有节度的、仪式般的勇气，去抗衡时间和空间的束缚。

## 第四节　时间的暴政：福克纳《喧哗与骚动》的历史视野

　　西方文明每一个重要发展阶段都是通过自己独特的艺术、宗教、科学等语言文化系统来理解世界。在语言符号系统中，对时间的阐释和理解是文化发展中社会意识的基本组成部分，其概念和结构反映出文明演进不同阶段的韵律和节奏。对时间的感觉和认知方式，以及与时间密切相关的其他构成世界的要素，如空间、因果、逻格斯、存在、感觉之间一起，可以从特定的角度来揭示不同文化价值观念之下社会组织的构成，以及人的价值取向。

　　从时间的观念来论述福克纳的成果已经蔚为大观，"心理时间""基督教时间""存在论时间"等都有相关的阐释。福克纳自己曾这样说过，孤立地生活在过去之中，把过去和现在割裂开来，是对时间本质的歪曲，他曾坦言，"我无疑受到……柏格森的影响"，"实际上我很同意柏格森关于时间的流动性的理论。只有现在是真实的，而现在包括了过去和未来，那就是永恒。我的观点是，时间是可以由艺术家进行塑造的；不管怎么说，人从来不是时间的奴隶"①。弗雷里克·J. 霍夫曼认为福克纳作品中的几种时间观念与"伊甸园式的过去"有关，是一种"纯粹的停滞，或者一种没有时间的看法，或者存在于并超越人类复杂

---

① Joseph Blotner, *Faulkner: A Biography*, New York: Random House, 1984, p. 141.

情况的一种非历史的状态"①，伊甸园式的停滞不前在许多情况下表现的是一种理想的自然状态。刘建华则认为，福克纳"试图在希腊—罗马，希伯来—基督教因素之大成的人类神话和现代历史之间建立一种普遍性的联系"②。更多的论述源于萨特所说的，"批评家的任务是在评价小说家的技巧之前首先找出他的哲学观点"，而"福克纳的哲学是时间的哲学"，认为昆丁开头部分表明，《喧哗与骚动》真正的主题就是人的存在与时间性之间的悖论关系。人在时间中的存在充满归谬，福克纳时间哲学中只有"现在"的概念，而且这个"现在"是"中顿"（l'en-foncement）的，"并不是在过去和未来之间的一个划定界限或有明确位置的点"，在福克纳的小说里，"从来不存在发展，没有任何来自未来的东西"，只有过去，他们生存在过去的记忆的碎片中③。

威廉·巴特雷对萨特的观点阐释得更为清晰，他认为萨特的观点正是把超越物理时间的心理时间与具有存在论意义和价值的"真正的时间"结合起来，"实在的时间，构成我们生活的戏剧性实体的时间，是一种比表、钟和日历更深层和根本的东西。时间是稠密的媒介，福克纳的人物在其中走动，仿佛拖着他们的双腿涉水似的：一如海德格尔常说的，它是他们的实体或存在……永恒的世界从现代作家的视野里消逝了……时间也就变成了一种更其无情，更其绝对的存在"④。学者勃兰德在分析《八月之光》的宗教主题与时间的关系时，又似乎将存在论中的时间观念与神学的永恒时间观念结合起来，"我确信正是预定论中的宿命观念使得让-保罗·萨特揭示出了其他批评家所没能揭示的福克

---

① ［美］弗雷里克·J.霍夫曼：《威廉·福克纳》，姚乃强译，春风文艺出版社1994年版，第12页。

② 刘建华：《福克纳小说中的神话与历史》，《国外文学》1997年第3期，第63页。

③ 参见［法］萨特《〈喧哗与骚动〉：福克纳小说中的时间》，李文俊编《福克纳的神话》，上海译文出版社2008年版，第112—113页。

④ ［美］巴雷特：《非理性的人：存在主义哲学研究》，段德智译，上海译文出版社2007年版，第56—57页。

纳小说中的现象。……福克纳把时间以不同的方式应用于他自己最喜欢的人物形象,犹如一串水珠,当我们的眼睛看到它时,每一颗水珠都是现在时刻的呈现,都是独一无二的。对于加尔文教的预定论观念来说,过去和未来的一切时间都处于现在的时刻之中,都悬置于上帝思想的永恒之中。先知和预言具有同样神圣的属性,因此所有人类经验在聚焦于神圣视界之中时都变成了静止"①。然而,福克纳的时间哲学究竟如何?

## 一 西方文化进化中的关键时间观念

古希腊文化一开始将时间理解为"物理时间""客观时间""空间时间"或"外在时间",也是今天所说的钟表、日历时间,它是各个时刻依次延伸的、表现宽度的数量概念。亚里士多德在《物理学》里把"时间是什么"的问题看作"时间是运动的什么"的问题,最后把"时间"定义为"就先后而言的运动的数目"②。时间是一种引起万物出现与消失的特殊的物理存在者。人们日常关心的,正是这个作为时序的时间。传统的文学作品,包括欧洲 19 世纪批判现实主义的作品,十分强调与现实世界的联系,也非常注意符合外部的物理时间。如司汤达的《红与黑》,其副题就是"一八三○年纪事",《人间喜剧》按照巴尔扎克自己的理解就是"19 世纪风俗研究",狄更斯的《双城记》更是描写 19 世纪英国广阔的社会背景,这些作品所描写的社会生活一方面沿着一定时间轴和因果之链向前发展,具有明显的开端、发展、高潮和结局的运动变化过程;另一方面也忠实于外部历史的时间进程,作家充任的是现实社会的"书记官"。

然而赫拉克里特"人不能同时踏进同一条河流"却因"既存在又

---

① Alwyn Berland, *Light in August: A Study in Black and White*, New York: Twayne Publishers, 1992, p. 58.

② [古希腊]亚里士多德:《亚里士多德全集》(第Ⅱ卷),徐开来译,中国人民大学出版社 1991 年版,第 117 页。

不存在"表述了时间的不确定性，如此一来，如何获得确定性存在的"始基"、真理或真实呢？用德里达的观念来说，逻格斯（世界本原运动变化规律）的自明还需依赖于"在场"（Presence）观念，这种观念认为现在这一时刻就是正在存在的东西。过去的存在和未来的存在只能借助与现在的在场的关系，才能获得各自的实在，即未来是以后的现在，过去是以前的现在。逻格斯的意义，在我们相互交谈的过程中，是面向言说者意识在场的东西，它可以通过记号或信号表达出来：意义就是言说者在关键时刻的"内心想要的"①。德里达延续索绪尔之思想，实际上批判的是思想史上对时间的第二个理解，即柏拉图确立的"时间是理念（思想）的延展"的观念，他认为现实世界并不真实，而是对理念的模仿，这意味着在物理时间中的世界是一个模仿的世界，反过来说，如果说物理时间中的现象是对理念的模仿的话，那么物理时间也许就是对永恒的模仿，只是理念（思想）的延展，而不是自在的物理之流。

这一思考方式与第三种时间观即基督教的时间观相近，《创世纪》开篇就是无中生（创）有的创世活动。时间只是上帝的语言和意志的呈现形式，世俗的物理时间被描绘为"永恒之阴影"。其特点是，首先，世俗时间被上帝创造以后，便有了开始，以及末日审判的结束，决定人类历史的有限性。从广义的希伯来—基督教时间观念来看，强调上帝创世以及耶稣下凡，实际上希望从世俗物理时间转向永恒的、不受变化制约的天堂，这一复杂的时间观念，又与基督教的历史观念紧密相连。

> 古代以色列民族所具有的悲剧性和戏剧化的历史以及其"末世论"的现世色彩，使它的历史观念最终没能超越一种连续 U 字形的循环逻辑图式，而基督教及其影响下的中世纪西方历史观，却因

---

① ［美］约翰·斯特罗克编：《结构主义以来》，渠东等译，辽宁出版社 1998 年版，第191 页。

其发展出的末世到来时对"新天新地、新耶路撒冷"的盼望，将人类历史的发展看作一个来自神，经过现世的涤罪准备，再归回到神的过程，因此它超越了古代以色列民族的历史观，在本质上呈现出一种线性递进的逻辑发展图式。①

其次，基督教的这种历史时间的"线性递进的逻辑发展图式"，即从上帝创世一直到最后的末日审判的过程，是永恒时间对照的一个时间历程，恩赐和惩罚在尘世生活的尽头等待着人类。它既包含一般意义上的物理时间过程——然而由于这个现象的世界是临时的、微弱的，所以这个物理时间并不重要，也包括具有神学意义的不朽时间过程，加尔文的"预定论"几乎是再次强化了这一观念。最后，正如1990年诺贝尔文学奖的获得者、墨西哥诗人帕斯所言，在传统诗人那里"空间"的概念变得更为主要，比如中世纪但丁的宇宙仅被一种微弱的时间之流所掀动，但丁笔下的那些灵魂，几乎处于一种不变的时间中，末日审判之后就不再流动了，"在但丁中，空间吸收了时间。只有空间，是可见的永恒之形式"②。《神曲》的思想体系显然是基于"永恒"的观念而将世俗时间进行了大幅度的压缩，将经验的、转瞬即逝的世俗生活时间压缩到末日审判得以实现的空间。虽然在物理时间内人注定死亡，但人类可以在主观时间内使自己的意识活动无限延展或凝固在"永恒真理"上，在主观世界里创造被救赎的永恒，从而变相地超越物理时间的制约，超越死亡的阴影。

基督教会通过祭祀仪式和教规来实现对时间的具体划分。与体现自然规律的中国农历不同，犹太教和基督教以7天为一周的划分，圣诞节、复活节等节日实际是宗教的强制规定，牧师和教会控制和协调着时

---

① 王立新：《古代以色列历史文献、历史框架、历史观念研究》，北京大学出版社2004年版，第256页。

② ［美］奥克塔维奥·帕斯：《批评的激情：奥·帕斯谈创作》，赵振江译，云南人民出版社1995年版，第252页。

间的进程：人们因做晨祷、弥撒、晚祷等听到教堂钟声而获知时间的推移，而禁止在宗教节日工作实际上是对试图摆脱时间控制者的禁止，对于中世纪的个人来说，时间不属于自己，"教会是社会时间的主人"①，教会对时间体制的垄断，实际垄断的是人与上帝之关系的解释权。但是两者的相似之处在于，都与日常生活息息相关，开始有种固定的节律和时间周期代替时间的无序。整体上讲，中世纪的时间观念是松散的，缺乏速度的，就像美国南方农业社会，动物和植物缓慢生长，太阳和月亮缓慢升起或落下，人类对时间的影响微不足道，反过来人却受时间牢牢的控制——缓慢在传统的社会里意味着可靠和稳定，排斥探索、创造，快速、灵活和易变会被认为不可靠——这也是南方衰败的内在节律因素。在教堂里雄壮、悠长的管风琴的回音，使得圣歌和讲道的速度大大减慢，"缓慢"也是神圣庄严的重要特征。正因为"现在"时间观念的淡漠，才使得基督教文化语境中的人认为时间是联系过去和未来的纽带，过去和未来在一个永恒瞬间消失于现在之中。如奥古斯丁所言，不应将时间人为地分割为过去、现在、将来三段线性递进之流，而应统一于现在的视野之中，整个人类的历史几乎就是共时性的，"说时间分过去、现在和将来三类是不确当的。或许说：时间分过去的现在、现在的现在和将来的现在三类，比较确当。这三类存在我们心中，别处找不到：过去事物的现在便是记忆，现在事物的现在便是直接感觉，将来事物的现在便是期望"②。

中世纪晚期人们发明了摆钟，可以精确地把时间均匀地分成静止的时间段，这为第四种时间观念准备了必要条件。自此以后，人类的生活和工作节奏越来越快，越来越精确，节律感也越来越强。摆钟自身当然

---

① ［苏］A. J. 古列维奇：《时间：一个文化史的课题》，载［法］路易·加迪等《文化与时间》，郑乐平、胡建平译，浙江人民出版社1988年版，第330页。

② ［古罗马］奥古斯丁：《忏悔录》，周士良译，商务印书馆1996年版，第247页。

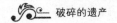

不是新的时间观念产生的原因和动力，但的确是商品经济社会观念的核心表现形式：更加合理地利用、控制和管理时间的运作。为了达到更好的竞争目标，商业需要更好的生产技术、更好的组织经验、更灵活的投资方式——例如股票投机，一种实用主义的时间观念必然产生了，时间也变成了一种物质价值的来源。"功率""效率"都是为了克服"缓慢"，节约时间，时间被赋予价值，这是技术时代固有的本质。不仅自然界逐渐丧失了对时间的控制权——南方种植棉花是否获利，而且社会中的任何组织集团都失去了对时间的控制权。时间成为一个异化的力量，看起来是一些人在支配时间，实际上支配者也在受时间的支配，时间开始了它的暴政。由于将时间准确地划分，也意味着时间观念发生了根本变化，欧洲人不仅采取实用主义的态度积极地观察时间，而且深受进化论影响，认为时间经过现在，无限向未来延伸，逐渐将目光由静态的永恒世界转向世俗的矢量世界。人们不再是在缓慢静止的"永恒轮回"状态中顿悟世界，而是更快地行动，不要让时间溜走。

## 二　康普生家族的复调时间观

《喧哗与骚动》使用故事发生的时间（年、月、日）作为各个部分的标题，并且以基督受难周事件为原型。小说中 1928 年的三个日期正是那年的基督受难日（Good Friday）、复活节前夕（Holy Saturday）和复活节（Eastern Sunday），昆丁自杀的 1910 年的那个日期正是基督教"圣体节"的第八天。西方基督教文化传统中最为重要的历史事件，显然是耶稣的出现，今天的"公元"就是公历纪元，是因为东罗马皇帝迪奥（Dionysius Exiguus）为了能够方便计算耶稣的复活日，将耶稣诞生那一年定为公元元年，以"A. D."标识，源于拉丁文 Anno Domini，其意义是"主的那一年"，而用"B. C."表示耶稣诞生之前（Before Christ）。这意味着在基督教文化语境中，耶稣的生死为历史提供了一个时间原点，"由于耶稣基督本身在死而复生中所承载的拯救的超越性，世人得以在基督的再临中一窥从'此处'向'彼处'、从有限的特定时间向永恒的无限时间的转化"①。小说中描述了前后历时仅 11 天的杰弗逊镇社会生活，但由于小说多半的篇幅是过去的回忆，纵向延伸的回溯涉及 5 个主要人物的一生，故事的辐射显然又超出其所在的时间维度，表现了萨特所说的"人的不幸在于他被框在时间里面"。

　　第一部分叙述的时间也正是班吉 33 岁生日的时候。首先，他是个毫无时间观念的白痴，虽年已 33 岁，但智力却停留在 3 岁阶段，十字架上的耶稣基督也是这个年龄。有学者因此认为班吉是一个基督式的人物形象（a Christ figure），他虽然不能说话来表达自己的情感，只能用哭号来表达自己的心情，然而"福克纳说他的哭号是'光天化日之下所有无声苦难低沉而绝望的声音'"②。时间对他来说只有现在，没有过去和将来，也分不清时序的先后，混乱的意识时时"闪回"到过去，同时过去的事件也会使之"闪回"到现在——就如同人生活的当下时间不过是小山的表层，在表层之下还有很多如伍尔夫所说的时间的隧道，连接对过去的记忆，过去的记忆或经历一旦对现实产生重要影响，那么意味着人的生存状态超越当下的时间。传统叙事的时间序列在这里已失去任何意义，班吉意识不到时间的消逝，只能经历情感，在他脑海里一切都发生在现在，这在语法上被称为"历史现在时"，如王长荣先生给出的例子，一般过去时与一般现在时的混搭只在他身上出现：

　　　　Then the dark began to go in smooth, bright shapes like it always
　　　does, even when Caddy says that I have been asleep. ③（接着黑暗又跟

---

　　① 王钢：《福克纳小说的基督教时间观》，《外国文学评论》2012 年第 2 期，第112 页。
　　② 朱炎：《美国文学评论集》，联经出版事业公司（台北）1976 年版，第 103 页。
　　③ William Faukner, *The Sound and the Fury*, Pegnuin Books, 1964, p. 72. 中译本第 79 页，本文主要采用李文俊译本，《喧哗与骚动》，上海译文出版社 2010 年版。本节以括号加页码形式表示。

每天晚上一样，像一团团滑溜、明亮的东西那样退了开去，这时候凯蒂说我已经睡着了）

其次，班吉无法理解事物的概念，如"死亡"，将昆丁的自杀、大姆娣的去世、父亲的去世和罗斯库斯的去世混为一谈，在意识中反复显现。但正是由于缺乏时间感，才能使得二三十年前的事件与当前的事一样历历在目，将过去和现实糅合在一起，也才可以为涵盖多个物理时序跨度的、跳跃的、重叠的、并列的联想提供合理性。最后，由于班吉不能改变或润色自己的记忆，却对现实有着极为敏锐的感觉，闻到"耀眼的冷的气味"，死的气味，听见黑夜的声音（"We could hear the dark"）(79)，"这种来自现实时空中的诸感觉（视觉、触觉、嗅觉等）不仅不能强化其'处境'的现实感，反而因其引领着'既往'而扬弃自身，或者说'过去'挪用了现在，并在其中获得了具象性表现。同时，具象性则因其在现实空间场所的瞬间性与变换性，而使'现在'变得模糊和不稳定，从而导致人物在模糊而朦胧的'既往'中去索取存在的意义"①。正因为以上几种因素的存在，班吉的意识中只存在几个中心性的冲动和感情，凯蒂的怀孕、自己的被阉、昆丁的自杀，"于是产生时序的荒谬，'时钟兜着圈子愚蠢地报时'的谬论。过去的次序是心的次序……唯有它本身内在的价值和它对我们生活的关系才能确定它沉浮的水平"②。所以，他能够凭借着本能的嗅觉、视觉和触觉，总是以一种微妙的方式充当着凯蒂道德监护人的角色，竭力阻止凯蒂在性生活上的堕落。班吉的"现在"是一种被剥夺了存在的"现在"，"班吉在丧失其现在的存在之同时，却维护了其自身存在的零度社会角色，其存在具

---

① 冯文坤：《论福克纳〈喧哗与骚动〉之时间主题》，《外国文学研究》2007年第5期，第131—132页。

② ［法］萨特：《〈喧哗与骚动〉：福克纳小说中的时间》，李文俊编：《福克纳的神话》，上海译文出版社2008年版，第115页。

有浑圆性、整体性与虚无性"，"作为前事的再现，只有班吉，在痴呆中能够真正重新进入它的历史的现实"①。

第二部分昆丁叙述的时间段是 1910 年 6 月 2 日，其中描写昆丁在哈佛大学自杀前的意识活动。昆丁的一生是把自己的时间与家族的历史紧密联系，父亲甚至卖掉班吉名下的草场让他读哈佛，使得他感到自己应成为家族荣誉的捍卫者，然而身处南方衰败家庭的生活环境，铸就了他软弱的性格和虚无主义的思想。昆丁的表是祖父传给他父亲，父亲又传给他的，它是"一切希望与愿望的归宿"。昆丁得到祖传的表以后十分珍惜，在大学的生活每天听着它"嗒嗒"作响。昆丁对物理时间的观念与班吉对时间的记忆形成鲜明的对照。然而凯蒂与锡德尼·赫伯特·赫德结婚时，昆丁正因为确切地铭记着这一家庭耻辱的重要时刻，所以开始对物理时间进行反抗，并迁怒于祖传的手表，"窗框的影子显现在窗帘上，时间是七点到八点之间，我又回到时间里来了，听见表在'嘀嗒嘀嗒'地响"，"我来到梳妆台前拿起那只表面朝下的表。我把玻璃蒙子往台角上一磕，用手把碎玻璃渣接住，把它们放在烟灰缸里，把表针拧下来也扔进了烟灰缸。表还在'嘀嗒嘀嗒'地走。我把表翻过来，空白表面后面那些小齿轮还在'咔嗒咔嗒'地转，不知道发生了什么变化"。

对昆丁来说，企图中止的是物理的时间，而"嘀嗒嘀嗒"声的不可抗拒的存在，意味着时间不再是一个可以计算的序列，而是一个没有穷尽、无法逃避的存在。昆丁的父亲告诉昆丁，人类也许可以征服一切，但却无法征服时间，"这只表是一切希望与愿望的陵墓（mausoleum）"，"你靠了它，很容易掌握证明所有人类经验都是谬误的 reducto absurdum（归谬法），这些人类的所有经验对你祖父或曾祖父不见得有用，对你

---

① ［美］埃默里·埃利奥特主编：《哥伦比亚美国文学史》，朱通伯等译，四川辞书出版社 1994 年版，第 748 页。

个人也未必有用"（80）。人的一切欲望、希望与奋斗，都会被时间消解掉，时间是征服不了的，"根本没有人跟时间较量过。这个战场不过向人显示了他自己的愚蠢与失望，而胜利，也仅仅是哲人与傻子的一种幻想而已"，可是昆丁还是在与时间之间进行滑稽而又具有表演性的斗争，把现实的生活变作历史的舞台，以躬行旧礼的表演方式去重新获得他视为家族荣耀的东西，尤其是贵族味十足地将凯蒂的贞洁象征家族的荣辱，将之视为"他能够存活在过去之中并占有过去、葆有永恒的一个重要标志，因此他对凯蒂贞操的保护本质上是维护自我的骑士英雄形象和对静止与永恒性的时间体验"①。

在前两个昆丁和班吉的部分里，两兄弟一个是毫无物理时间观念从而获得时间的"中顿"，一个是拒绝物理时间观念而渴望"永恒"，而第三部分的杰生，作为一个现实的实用主义者，注重具体的时刻，具有很强的物理时间观念，因为它关涉现实的金钱与权力。杰生作为家族中唯一生活在"现在"的人，对家族的荣誉、礼仪和地位的重负不屑一顾，投身商业以维持家计。他对时间格外的敏感，因为凯蒂的私生活不检点而失去了在报行供职的机会，于是迁怒于她的女儿，作为一种报复，他要求昆丁在十秒钟内将杯子放好（178）；他私自截留凯蒂给女儿寄来的抚养费，还对凯蒂这个月又晚六天寄钱耿耿于怀（184）。看到院子里干活的约伯拆板条箱，用的是"一小时拧三个螺栓的速度"（184），整个章节的物理时序十分清楚，一天的活动场景的转换经常都有准确的时间标志：饭厅（厨房）→送小昆丁上学→邮局取信→店堂→电报局→回店堂→到印刷店→回到店堂→回家吃饭→回到店堂→镇上→回店→回家→追赶昆丁→回店→回家，只偶尔穿插对往事的追忆，但没有班吉时间上的并列和重叠，只有一小段没有标点的意识流，那是

---

① 王钢：《福克纳小说的基督教时间观》，《外国文学评论》2012年第2期，第116页。

杰生回忆全家人中只有自己在惨淡经营独立支撑家庭，对于父亲事业上不成功、酗酒浇愁抱怨不已。股票交易的失利，意味着昆丁也无法适应北方工业机械化与商业投机化的经济结构，埃德蒙·沃尔普认为："第三部分是对现代社会的臭骂，骂它的商业主义，没有人情味，肤浅的社会和道德律，以及其对机械器物的崇拜。这一部分代表现代人，过着充满喧哗与骚动而又毫无意义的生活。"① 工业资本主义的缩影是时钟而非蒸汽机，"工作不再是精神、道德的培育和实践，而是赚钱的劳作、任务，不再是感召、托付和服务他人，也不再意味献身神圣的自我提升"② 。然而从时间角度来看，杰生是被技术时代的时间牢牢地控制，被强大的异化力量所奴役和控制。

小说的书名《喧哗与骚动》取自莎士比亚的悲剧《麦克白》第5幕第6场麦克白的台词："生活只不过是走动中的影子，一直到有记载时间的最后一节。人生就像一个由白痴讲的故事，充满了喧哗与骚动，毫无意义。"历史时间恰恰是人们寻求社会价值或历史意义的框架，欧文·豪在评论《喧哗与骚动》时说，小说"不是通过时间的顺利推移来展现行动，它是通过悬念，通过时间的多层次悬念来再现历史"③ 。正如海德格尔所指出的，"历史本质上是精神的历史，这一历史在'时间'中演进"，"历史性作为生存的存在机制归根到底是时间性"④ 。一个失去了未来的家族，只有历史可以记取，必然强调打破叙述的时间流，向空间演进。在《创世记》里，伊甸园有四条河流，世界

① Edmond L. Volpe, *A Reader's Guide to William Faulker*, New York：Farrar, Straus and Company, 1964, p. 124.

② A. Drengson, *The Practice of Technology*, Albany：State University of New York Press, 1995, p. 189.

③ Irving Howe, *A Critical Study of William Faulker*, A Vantage Book, 1952, p. 160. 转引自王长荣《〈声音与疯狂〉里的时间与历史》，《外国语》（上海外国语学院学报）1988 年第 2 期，第 46—49 页。

④ ［德］海德格尔：《存在与时间》，陈嘉映、王庆节译，生活·读书·新知三联书店1987 年版，第 440 页。

分四等分，在《新约》里有四福音书，有人认为"4"是产生立体空间的第一个数字，象征稳定和宇宙和谐。小说四个部分都与耶稣受难的四个主要日子相关，具有明显的确定时间，显然不是空间的并置，而是单一空间的情节并置，或如戈特弗里德·本所说的"桔瓣式"[①]的空间情节并置，这种并置源于不同人物对物理时间的零度、反抗、顺从和忍耐而导致时间流动的停顿、中断。在福克纳看来，日常生活活动构成的时间、技术时代的时间与神话时间可以在同一个空间里并置，致命的是，康普生家族的子孙们存活在几种不同的时间体系中。对不同时间观念的理解，构成了不同人物理解现实的角度，任何一种时间观念都不处于支配地位。

### 三　克服时间的暴政

在谈到史诗时，巴赫金说："绝对开端和绝对终结这些价值兼时间的范畴，对于感受时间和对于过去时代的种种意识形态来说，具有特殊的意义。开端被理想化了，终结被染上了阴暗的色彩（惨变、'上帝的毁灭'）。这样的时间感受，以及由此而来的不同时间的等级之分，渗透了古希腊罗马和中世纪的一切崇高体裁之中。"[②] 历史总是难免被解释为从神圣的、纯粹的本源走向堕落和异化的过程。凯蒂是小说的核心人物，尽管她始终在书中"非在场性"的存在，却构成几个人物的意识中心，因为一切人物的所作所为都与她息息相关。她是康普生家族荣誉变化的"晴雨表"，凯蒂被三兄弟的自我意识所规范与锁定。对于班吉，她是爱的象征，是伴随白痴班吉一生的意识活动中心；对于昆丁，她是家庭荣誉的象征，在昆丁的意识流中多次出现这样的诗句"那声音响彻

---

① ［美］约瑟夫·弗兰克：《现代小说中的空间形式》，秦林芬编译，北京大学出版社1991年版，第142页。

② ［苏］巴赫金：《巴赫金全集》第三卷，白春仁、晓河译，河北教育出版社1998年版，第523页。

伊甸园上空，人间的第一次婚礼"，他把妹妹看成夏娃，也把自己变成"过去的无能为力的继承者……一个往事的材料来源和它们的命名者，同时也是它们的可怕后果的继承者"①；对于杰生，她是厄运的象征。

　　然而在小说里，以流浪汉艾米斯·戴尔顿和戴红领结的无名演员为代表的穷白人引诱贵族小姐凯蒂和小昆丁都如愿以偿，凯蒂的堕落造成了康普生家灾难性的后果。夏娃是使整个人类堕落的祸首，尤其是凯蒂则是使康普生家堕落的祸首，康普生先生断言，女人"对罪恶自有一种亲和力。罪恶短缺什么，她们就提供什么，她们本能地把罪恶往自己身上拉，就像你熟睡时把被子往身上拉一样。她们给头脑施肥，让头脑里的犯罪意识浓浓的，一直到罪恶达到目的，不管罪恶到底存在还是不存在"（103）。从表面上看，凯蒂的堕落是心理上、美学上、道德上的失落，厄休拉·布鲁姆写道："她在各兄弟的章节里以一个动人、可爱和哀怜的形象出现，是一位在传统和自由中间迷失的20世纪女孩的形象。南方传统的祭坛上供奉的是纯洁女性，这一传统已经太虚弱、太空洞，所以支撑不住她；而现代自由，她又太虚弱或是太性感而不能维持。福克纳把爱的错位的主题集中在她们母女俩的命运之上，这是整部小说的关键所在。两个女人的'迷失'是因为她们既不能把爱汇集在一处，又说不清楚自己的爱。这是失去平衡或者是不成比例的爱，不能够去爱，也不能接受爱，这就是整个家庭衰败的根源。"② 似乎还不仅仅是家庭的衰落，更是一个失落的世界时间秩序的崩溃，以及南方人格和南方戏剧的统一性的失落，然而具有讽刺意味的是，卑微的个人何以要承担什么堕落和终结的历史重任呢？

---

　　① ［美］埃默里·埃利奥特：《哥伦比亚美国文学史》，朱通伯等译，四川辞书出版社1994年版，第753页。

　　② Marcus Cunliffe, *American Literature Since 1900*, New York: Peter Bedrick Books, 1987, p. 190.

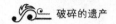

在现实存在中，过去的南方文明被时间这一"杀手"无情地以摧枯拉朽的力量毁弃了一切，只残留下空洞的躯壳和教条沉淀在记忆里。当昆丁意欲切断时间，抗拒物理现实时间的时候，实际上正经历着与"原初的看护者"分离的恐惧，对南方传统过去的一切所谓神圣价值的怀念，实际上就是一种自恋，也是对现实的一种不信任，"现代社会的怀旧又立足于现代人对'现在'的集体不信任"，而这一现在的时间，正是现代社会的高速度、高节奏和密集的信息使得"现在"变得愈加不稳定，潜伏着重重危机，"它喻示着竞争、变化、动荡、危险和隐没消失，唯有'过去'才是确定的、可靠的，怀旧让人重返过去，以此获得精神上的安定感和安全感"①。这就是萨特为什么说"福克纳看到的世界似乎可以用一个坐在敞篷车里朝后看的人看到的东西来比拟"。昆丁是一个沉思冥想者，和哈姆雷特一样是一个善于辞令的独白者，而不是一个果敢的行动者，一开始试图与抛弃妹妹的达尔顿·埃密司决一雌雄，却陷入行动上的软弱无能，不得不诉诸言辞的表述，甚至说自己与妹妹乱伦，最终又幻想通过死亡，为妹妹犯下的罪救赎，把无意义的堕落变成有价值的毁灭，愿意在地狱的烈火里受煎熬，以涤尽世界上的罪恶和新世界给他们蒙上的耻辱。

在昆丁自杀之前的意识中一再出现耶稣的形象，"在长长的、孤独的光线里，你可以看见耶稣在彳亍地前进"，耶稣也曾经说"复活在我，信我的人，虽死了也必复活"——这样怀旧的再现不过是利用经典文本和套语来建构和自欺，为旧的传统价值观念殉葬。昆丁也终于在"于是"中让时间自身成为"过去"——"于是他说每一个人是他自己的于是他说这是世界上最悲哀的一个词了于是世界上别的什么也没有这不是绝望知道时间还不仅仅是时间直到它成为过去"（182）。临死之前，

---

① 马大康：《反抗时间：文学与怀旧》，《文学评论》2009年第1期，第94页。

就像一个人为演讲准备一篇手稿那样，昆丁筹划着他的死亡：仔细留好字条，收拾好个人用品，好像这一行为的含义不是去死亡，而是去完成它传统的繁文缛节。他清醒地喊道，"我过去是，我现在不是"，"我现在是，我过去不是"（182），意味着"我现在不存在，我过去存在"，"昆丁的行动纯粹是一种表演，是要抽掉行动的生命意识以获得一种美学永恒的表演"①，如同数十年足不出户、与世隔绝的艾米丽，把自己的爱情献给了一具死尸，力图战胜时间和空间的束缚，赢得一朵玫瑰的纪念。昆丁也以自身被动肉身死亡的形式，关闭了时间和历史的真实架构，封锁了希望、欲望、期待和许诺，封锁了未来的结构，与耶稣主动受难、追求永恒的精神题旨恰成反讽对照。

工业化的文明进程强调因果律、科学时间观念，也否定了真实绵延的生命时间、精神进程。现代启蒙改变了传统物理时间的价值秩序，企图使人能够运用理性的原则"把自己从自然约束和传统的权威中解放出来，使自己成为自然的主人，成为自己的历史的塑造者"，并且消除各种社会不公正和专断统治，"消除管理上的愚昧和无能，使历史能够在理性的控制下不断进步"②。然而对启蒙中某些要素的片面扩张导致很多弊端，从而使得浪漫主义在"坏的现在"和"好的过去"之间保持心理距离，激发怀旧情绪。然而对福克纳来说，却面临"坏的现在"和"坏的过去"，"过去"已经没有非同一般的价值和所谓的神圣性，陷入难以脱离传统的生活方式又难以接受当代的社会价值的矛盾困惑中，只能寻求更远的神话时间和空间来支撑自己的情绪。小说中将主要事件的发生时间与耶稣受难前后的重要时间相连，是因为神话

---

① ［美］埃默里·埃利奥特：《哥伦比亚美国文学史》，朱通伯等译，四川辞书出版社1994年版，第748页。

② ［德］鲁道夫·菲尔豪斯：《进步：观念、怀疑论和批判——启蒙运动的遗产》，载［美］詹姆斯·施密特编《启蒙运动与现代性：18世纪与20世纪的对话》，徐向东，卢华萍译，上海人民出版社2005年版，第344—346页。

"提供了一种新的方法实施控制，建立秩序，使处于全无益处的、无政府状态的、荒谬的现代历史得到某种形式和意义"①，"艺术家以不倦的努力回溯于无意识的原始意象，这恰恰为现代的畸形化和片面化提供了最好的补偿"②，通过个人史—家族史—社会史的时间重叠，使得历史更有纵深感。

第四部分迪尔西的时间是 1928 年 4 月 8 日，纯粹写当前的事，遵循展示事实的时间原则叙述小昆丁的出走，杰生的狂怒与追寻，以及教堂里的活动。福克纳细致入微地描绘了迪尔西和班吉在教堂里的活动，"迪尔西背脊挺得笔直地坐着，一只手按在班的膝盖上。两颗泪珠顺着凹陷的脸颊往下流，在牺牲、克己和时光所造成的千百个反光的皱折里进进出出"（297），"在会众的声浪与举起的手的树林当中，班吉坐着，心醉神迷地瞪大着他那双温柔的蓝眼睛。迪尔西在他旁边坐得笔直，呆呆地安静地哭泣着，心里还在为人们记忆中的羔羊的受难与鲜血难过"（299）。严格意义上讲，迪尔西充满基督徒的幻想和忍耐的一生，显然无法与康普生一家任何人的观念融为一体。然而在福克纳看来，迪尔西却足以成为康普生一家乃至南方贵族精神方面依赖的中心，福克纳后来在增补的康普生家谱中，在迪尔西的名下有这么一个简单的评语："他们在苦熬（They endured）。"（340）这也是福克纳在接受诺贝尔文学奖时讲话的主旨，"仁爱、荣誉、怜悯、自豪、同情、牺牲的精神"。迪尔西并不代表任何体系抑或行为或信仰的准则，之所以如此，是因为"永久的伦理中心应在对人的努力和人的忍耐精神的赞美中去寻求；人的努力和人的忍耐精神不是时间上的，即使在现代它们也似乎在被蔑视和抛

---

① 〔瑞士〕荣格：《心灵与象征》，载赖干坚编《西方文学批评方法评介》，厦门大学出版社 1986 年版，第 120 页。

② 〔瑞士〕C. G. 容格：《论分析心理学和诗的关系》，朱国屏、叶舒宪译，载叶舒宪选编《神话——原型批评》，陕西师范大学出版社 1987 年版，第 102 页。

弃的人们中间最为明显"①。

对于福克纳来说，克服时间暴政的主要艺术手段，就是强化现代心理学意义上的"心理时间"的深度和广度。"心理时间"起源于美国心理学家威廉·詹姆斯对人意识的研究，在奥地利心理学家弗洛伊德的精神分析学和法国哲学家亨利·柏格森的"直觉"理论中得到了最充分的发展。柏格森认为，我们越是进入意识深处，"空间化的时间"概念越不适用，现在与过去都是时间连续体的一部分，这种认识被柏格森称为"绵延"。威廉·詹姆斯认为，某些强烈的印象被储存在记忆之中，有时它们在头脑里重新浮现出来，产生了把时间重叠在一起当作现在的整体来把握的感觉，他称为"感觉中的现在"，"感觉中的现在"是"在直觉中的一段持续的时间"，它"再现时还保持着原来那段时间和当时一起发生的事件"②，简单地说，就是意识流。所谓意识流的时间观念有三个方面值得注意：一是强调"此在"时间的强度。福斯特曾经将日常生活划分为时间生活与价值生活，"价值不用几分几小时计算，而是用强度来衡量"③，没有价值的生活是不值得写的生活，而现代小说的内部时间，不是靠历史的历时丰厚度，而是靠共时性现实的价值来充填的，所以现代作家谴责19世纪现实主义创作过于拘谨，不足以表现现代社会错综复杂的社会矛盾，尤其不适合表现现代人纷乱复杂的潜意识和无意识精神世界。

二是以事态时序呈现，"叙事时序是小说叙述者对内容各部分在交代时作先后次序上的安排，而事态时序则是事物存在于客观世界中的固

---

① ［美］罗伯特·潘·沃伦：《威廉·福克纳》，薛诗绮译，载李文俊编《福克纳的神话》，上海译文出版社2008年版，第59页。

② 瞿世镜：《意识流文学中的时间问题》，《外国文学研究》1982年第4期，第35页。

③ ［英］E. M. 福斯特：《小说面面观》，冯涛译，人民文学出版社2009年版，第24页。

有状态的序列，它往往通过因果联结标识出来"①。前者局限于时间线性发展、因果次序，容易平铺直叙，后者往往以心理线索为依据，而主观时间序列中的意识流，仅遵从事物间的相似、相合、相反、相离、相嵌的时序，如罗森塔尔在《弗吉尼亚·伍尔芙》一书中指出的"《达洛卫夫人》使用了四种连接方式，即通过人物在空间具体的接触为线索的连接、以不同人物对某个中心刺激物（central stimulus）做出的反应为线索的连接、以不同人物共同关心的主题（subject）为线索的连接和以过去和现在在时间隧道（cave）内的穿梭为线索的连接"②，从而使得时间呈现交叠式、复合式、放射式等多元形式，也使得小说的叙事由时间的转承向空间的并列转移，以挣脱物理时间的束缚。作品中人物超越物理时间的主要策略就是回忆，使得思考存在于物理时间之外，过去的时光与现实、未来的想象的叠合，使得主观时间的范畴被扩容。在意识流小说中，或现代心理小说中，意义产生的时刻往往是突如其来、无法预料的，是一种"瞬间"的顿悟，这种顿悟恰恰是在无限被扩展内容的主观时间序列中凝固而成。

三是分裂意识。与过去永恒时间不同的是，对线性连贯性的否定，固然突破了物理时间的束缚，必然是以对传统价值观念的否定为代价的，必然使得现代人成为思想的流浪者，同时造成绝对意义的延异，稳定空间的分裂。小说四个部分是由不同叙述者对同一事件或人物"重复"讲述同一个故事，因为自身时间观念的不同，造成叙述细节、叙述方式、价值判断互相矛盾冲突，不同的叙述部分之间却没有情节发展的连续性，故事情节并没有向前运动，目的是创造一种时间观念并置的空间世界。这个空间实际是延异的——"延异"是德里达的重要概念——延是时间上的延伸，异是空间上的拓展，南方是农业的南方、中

---

① 金健人：《小说的时间观念》，《文学评论》1985 年第 2 期，第 15 页。
② Michael Rosenthal, *Virginia Woolf*, London：Routledge & Kegan Paul, 1979, pp. 88 - 89.

世纪的南方，又是现代工业化背景中的南方、宗教世俗化甚至无神论化的南方，根本没某种与世隔绝、永恒不变的南方理想状态，时间的绵延、空间的并置造成南方现实生活中的意义形成矛盾和冲突，这些矛盾和冲突才是《喧哗与骚动》"时间哲学"的历史视野。

# 第三章　1930—1960：抨击与保守的神学叙事

## 第一节　导论

在《丧钟为谁而鸣》里罗伯特·乔丹曾说："我为自己信仰的事业至今已战斗了一年。我们如果在这里获胜，在每个地方就都能获胜。世界是个美好的地方，值得为之战斗，我多么不愿意离开这个世界啊……你度过的一生和你祖父的一样美好，尽管时间没有他的那么长……然而但愿有什么办法能把我所学到的东西传给后人。基督啊，我在这最后阶段中学得好快。"[①] 乔丹这番话不仅是海明威的信念，更是美国 20 世纪 20 年代信念的一个缩影，虽然迷惘一代的小说基调是怀疑、迷惘、悲观、意志消沉甚至离经叛道，但是他们是自愿选择自我放逐，离开家园去进行精神的流浪与冒险。1929 年 10 月的股市崩盘，使得美国陷入残酷的经济困顿之中，随之而来的经济大萧条，不仅使失业者丧失自尊，更使得人们普遍丧失自独立战争以来一直激励美国人的那种热情奔放的信心。自动进步的信仰烟消云散，普通民众开始担心经济的崩溃，更激

---

①　［美］海明威：《丧钟为谁而鸣》，程中瑞译，上海译文出版社 2004 年版，第579 页。

进者甚至怀疑国家政治与文化方式的根本性错误。这一现实也使得 20
世纪 30 年代的作家放弃了 20 年代的精神优越感、颓废感和幻灭感，更
有一种现实的危机感，心情沉重地转向美国的前途和生活现实之间令人
不安的矛盾。

20 世纪 30 年代的美国文学充满了愤怒与怜悯、抗议与改革——他
们笔下的主人公和主动地迁徙、流动的嘉莉妹妹（Sister Carrie）、吉
姆·伯登（Jim Burden）、乔治·威拉德（George Willard）、杰伊·盖茨
比（Jay Gatsby）和尼克·卡洛威（Nick Carraway）等人不同，他们或
是生活在福克纳笔下濒临破产或已经破产的种植园中，或是生活在斯坦
贝克（John Steinbeck，1902—1968）笔下农业机械化的俄克拉荷马，或
是生活于多斯·帕索斯（John Dos Passos，1896—1970）对整个美国的
梦魇般观察、沃尔夫（Thomas Wolfe，1900—1938）对精神避难所的拼
命寻求中。他们笔下的主人公因穷困、愤怒和绝望而被迫迁徙，他们愤
怒的是饕餮般追求更大经济利润、剥夺普通民众生存权利、腐化人民心
灵的经济，他们怜悯的则是这一经济制度下的牺牲者。抗议和渴望改革
因而成为 30 年代文学的基调，这也使得 30 年代产生了一批很有影响的
左翼小说家，如约翰·斯坦贝克、约翰·多斯·帕索斯、詹姆斯·法雷
尔（James Farrell，1904—1979）和厄斯金·考德威尔（Erskine Cald-
well，1903—1987）等人，他们把目光由欢乐和繁荣之下的寻欢作乐，
转向热情地研究现实和改革运动，借用奥威尔（George Orwell，1903—
1949）的一句话说："如果 20 年代作家的主旋律是'生活的悲剧性意
义'，那么新时代作家的主旋律就是'严肃的目标'。"① 作家开始格外
关注那些社会危机中没有地位、最容易受到伤害的人，他们的探索也在
很大程度上促进了现实的改革。经济大萧条结束不久，美国文学一度短

① ［美］伯克维奇主编：《剑桥美国文学史》第 6 卷，张宏杰等译，中央编译出版社
2009 年版，第 196 页。

暂地不再热衷于社会现实中的利害关系，然而第二次世界大战之后一直到 20 世纪 50 年代末，奥斯维辛集中营的苦难，广岛原子弹的投掷，自然环境的严重污染，麦卡锡主义的猖獗，种族歧视和性别歧视，经济危机和失业的威胁，所有这一切使一种危机感持续下来。

雷因霍尔德·尼布尔在 20 世纪 60 年代回顾和总结现代社会的危机时曾说过，解决社会问题和消除社会不公正的主要资源有三种：宗教信仰、人类理性和社会强制[1]，重新审视美国乃至欧洲 20 世纪 30 年代至 50 年代的现实危机，不难看出尼布尔思想的参考价值。宗教观念的绝对化性质以及对绝对理想的追求，自启蒙时代以后不断地受到挤压和排斥，取而代之的是以启蒙理性伦理追求社会的公正，促进人的道德教化。然而理性也有明显的不足，用尼布尔的话来说："当个体将自己的利己冲动与社会群体的冲动混在一起，或竭力证明自己的利己冲动是社会和谐的不可或缺的部分时，理性往往显得软弱无力，有时甚至为其提供道德的合法性支持。"理性主义者所相信的只要增强人类的理性就能消除不公正想法过于乐观，理性在社会中往往深受利益的支配，社会不公正无法简单地依靠道德与理性的劝告就能解决，欧洲的第二次世界大战和美国的经济大萧条自身在很大程度上就是人类私利冲突的结果。对理性的质疑，显然容易让民众思想滑向对宗教的依赖，或者至少是两者的结合。

所以不难理解，为什么对社会现实的研究、存在主义的感悟方式和宗教观念的复兴成为 20 世纪四五十年代美国世俗神学领域的主要倾向。尼古拉斯·别尔嘉耶夫（1874—1948）、马丁·布伯（Martin Buber，1878—1965）和卡尔·雅斯贝尔斯（Karl Theodor Jaspers，1883—1969）的思想在这一时期广泛流行，迎合了这一时期美国人寻找自我、超越自

---

① 参见［美］尼布尔《道德的人与不道德的社会》，蒋庆等译，贵州人民出版社 2009 年版，第 6 页。

我的想法，与此同时，美国本土的保罗·蒂里希（Paul Tillich, 1886—1965）的《存在的勇气》（*The Courage to Be*, 1952），或多或少地将存在主义与宗教神学予以勾连；而雷因霍尔德·尼布尔（Reinhold Niebuhr, 1892—1971）《基督教现实主义和政治问题》（*Christian Realism and Political Problems*, 1953）、《自我和历史的戏剧》（*The Self and the Dramas of History*, 1955）和瑞士的卡尔·巴思（Karl Barth, 1886—1968）则从新正统神学角度，讨论正规的神学再创造新教的基本问题。

经济大萧条、欧洲秩序的崩溃、美军在第二次世界大战中的伤亡，也使得美国民众重新开始关注包括宗教传统在内的国民遗产。有数据表明，这一历史时期美国信奉宗教的人大规模增加，"教徒总人数从 1940 年的 6450 万人，或占总人口的 49%，增加到 1960 年的 11450 万人，或占总人口的 63%；几乎每个宗教团体的成员，都有大幅度的增加。三大犹太教团体的成员，从 1940 年估计的 300 万人，增加到 1960 年的 536.7 万人。新教派成员从 1951 年的 5216 万人，增加到 1961 年的 6443 万人，约增长 24%。罗马天主教徒增长更快，从 1951 年的 2924 万人，扩大到 1961 年的 4288 万人"[①]。电视、电影、广播开始大规模宣传宗教，在大学的课堂上，在私人的交流中，始终弥漫着宗教的气氛。群众宗教的复兴，多少都与寻求精神寄托和灵魂平静有关，也导致几次大规模的教会合并，如南北卫理公会。由于认识到整个国家处于困境之中，美国人获得一种新的自我觉醒意识和团结意识，并希望采取某种积极的行动，这种新的行动激情不可避免地带有宗教色彩。

然而这种繁荣昌盛的背后，却是正统神学在美国的影响进一步褪色。美国自建国以来就早早结束神学教派的纷争和教义的辩论，其教派的不断分裂并不促成任何哲学意义上的新探索，多数教派遵循的教义与

---

① 刘绪贻等：《美国通史》第 6 卷，人民出版社 2008 年版，第 637 页。

其说是推行教义不如说是逃避理论探讨。更为重要的是，美国的宗教具有极强的现实感，20 世纪三四十年代的失业与饥饿、伤亡与苦难进一步减少了传统宗教生活的肤浅性和自我矜持的部分，甚至对教义也漠不关心，然而奇怪的是，美国人始终宁愿自称信教。当然，理想主义与现实机遇的冲突仍是这一时期美国文化与文学冲突的核心议题，这一问题可以从以下几个方面来理解。

一是传统神学在丧失形而上学论证能力的同时，仍保持着重要的道德和政治思想方面的影响。在美国早期占据主导地位的传统新教观念，显然愿意将美国全部的建立和发展史，视为时代精神和神学精神的力量在北美时间、空间上逐渐发展的结果。尽管"世界的灯塔"在日常经验中以各种扑朔迷离的形式表现出来，但它的展开却井井有条，与"美利坚精神"本身保持一致。

然而，北美传统新教观念最大的误区之一，就是企图用神学逻辑来阐释和演绎美国文化发展的经验——事实上，追求绝对理性的神学逻辑并不会产生具体的任何东西，甚至具体东西的对应往往会导致神学逻辑的作茧自缚。美国人在神学逻辑基础上演绎出的"美国梦"的实质，究其本质而言，是将人视为戏剧中的一个角色，这场戏剧不仅超越了个人的存在，而且为个人的存在提供了理由，然而这种幻想用培根"剧场假象"的观念来解释再准确不过，"为舞台演出而编制的故事要比历史上的真实故事更为紧凑，更为雅致，和更为合于人们所愿有的样子"①，美国梦的不断破灭揭示了舞台上的演出和现实显然有着巨大的差异。随着 19 世纪末昂扬的边疆开拓时代结束，随之而来的种种冲击神学信仰的哲学思潮、世界大战、经济困顿，甚至是门肯等人发起文学革命对新教神学的直接攻击，导致新教神学完全丧失神学形而上学的论证能力，

---

① ［英］培根：《新工具》，许宝骙译，商务印书馆 1984 年版，第 34 页。

更丧失了直接干涉社会事务的可能性。然而美国新教神学传统自身根深蒂固的道德目标、梦魇般的精神追求、对主义和正义的热情以及摆脱物质欲望的渴求，使得其在当代的世俗世界中，仍然发挥道德追求和政治思想方面的价值。

二是对美国新教伦理观念关联下经济实利主义结果的反思，导致现代美国人的神学观念具有悖论性的"反理性主义"色彩。桑塔亚那曾言，美国的宗教"应该尽量与历史、与权势、与玄学脱离，应该真正落在人们美好的情感上、落在人们不屈不挠的乐观精神和对生活的信仰上"①。对于美国人来说，他们需要一个讲求实际、满足物质进步的宗教，富有效率，可以计算成就得失的宗教，力图改革、改善道德而不是玄学的宗教，他们对牧师不断地诉说人的罪恶不幸，以及有关人的傲慢自大、贪得无厌的罪恶的警告几乎是漫不经心的，他们在新教伦理观念的支持下发展物质进程，导致暴力征服、无休止的帝国主义、伪善和自恋的民族主义，却又不得不吞下由此产生的恶果。

三是美国的宗教与现实的冲突是一种辩证机制的过程，在每个存在状态与其产生的对立面之间的冲突得到解决之后，一个崭新的神学态度的历史阶段便开始出现，具体表现为一次又一次的宗教复兴运动。这一时期美国加入教会的人数稳步增加，而且迅速分化出许多原教旨主义的宗教组织，这标志着理想主义再次抬头。对当时大众的宗教情感进行评估是极为困难的，也没有多少证据表明，这一时期作家的创作如何受到公众中重新兴起的宗教热的影响，然而这一时期在文学创作上，由于受批评界对神话、宗教仪式和原型重视的刺激，对神学观念的认识变得更敏锐了。笼统而言，这个时期作家对神学的态度是，面对残酷的社会现实，不是遵从社会道德的指使，机械地接受生活的苦难和不幸，而是强

---

① ［美］乔治·桑塔亚那：《美国的民族性格与信念》，史津海、徐琳译，中国社会科学出版社2008年版，第14页。

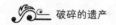

调每个人应通过独自面对上帝来找出有关自己生存的真理。由于作家们缺乏明确的变革使命或具体的政治策略，在神学观念上表现出既抨击又保守的态度。

我们可以看到这一时期的一些主流文学作品，《愤怒的葡萄》（*The Grapes of Wrath*，1939），《欲望号街车》（*A Street Car Named Desire*，1947），《国王的人马》（*All The King' s Men*，1946），《好人难寻》（*A Good Man Is Hard to Find*，1955），《第二十二条军规》（*Catch - 22*，1961）等，多少都带有明显的政治性，符合"美国作品中具有革命性但又具有彻底文学性的传统"。《愤怒的葡萄》描绘了一幅残酷和贫困的可怕图画，理性主义与资本主义竞争体系之下的社会，竟然将保护私人财产和获得利益最大化置于人的生存价值之上，高效的生产体系按照"效益原则"和社会进步的"荣耀感"运转，最终却从土地耕作者手里夺走了土地，以法律的名义干着无法无天的勾当。用贝尔的话来说，就是尊崇"自我约束、节制和满足的延缓"的伦理观念，却又身受非人化、"贪婪攫取性"罪恶的威胁。斯坦贝克的作品对现实的感伤和对道德进步的热情，暗含随之而来的反抗气氛。

斯坦贝克的主要目的显然不是如使徒行传那样去见证福音、宣教——乡村牧师吉姆·凯西作为复兴运动的信徒——实际并非重申教义和神学，而是强调牧师个人对现实的属灵体验；也不是公然对抗不公正的社会制度，而是借助20世纪30年代从俄克拉荷马的达斯特盆地向加利福尼亚河谷地带迁移的经典故事，来指出威胁着美国社会的稳定和价值观安全的因素。然而我们又必须认识到，斯坦贝克将基督宗教爱的伦理作为道德生活的规范和理想，又将小说的核心比拟作《出埃及记》式的旅程，宣扬了信心、希望和仁慈的道德，其导致的结果是减弱和压制了作品的抗议性。从根本原因上讲，绝对的宗教意识将超越性的价值赋予生活，使人达到更高层次的自我要求，这无疑是一种道德上的成就，是对道德生活的永恒贡献，但是其缺陷在于，宗教道德激励的是个人，而不是促进社会与政治政策的进步，也不能仅仅靠超然的爱来建立符合公共利益的社会群体，这就是为什么整部作品犹豫不决的原因。斯坦贝克笔下的男主人公缺乏明确的掌控感而充满迷惘困惑，反倒是女性在面临挑战时更为果断，也更令人印象深刻。也许斯坦贝克认为，吸引和驱动人们信仰的，不再是男性主导的神秘和灵魂的拯救，而是母性般的宽容、节制和仁爱，以及民众群体的凝聚和博爱，只有这样才能找到美国物质和精神共同发展的出路，也才有种种生存权利的尊重，人们才得以安全。

20 世纪 30 年代的美国南方经历了更为严重的大萧条危机。1927 年的洪涝灾害以及随后而来的三年干旱，与经济危机一起加剧了南方前所未有的贫穷、破败和困境。不过罗斯福新政还是逐步促进南方从分散经营的、以农业商品经济为基础的经济结构，逐渐过渡到工业化、商业化、集约化的经济形态。面对这种急剧的变革，南方人既充满希望，又产生了因难以舍弃过去而产生的背叛感，这种纠葛情绪促进了南方文学观念的更新与繁荣，也成为南方反思历史、分析历史的转折点。从宗教根源来看，南方与北方有相似的宗教传统。整体上讲，在北方，原教旨主义倾向的公理教会更具影响力，而南方北卡罗来纳、南卡罗来纳、佐治亚，尤其是弗吉尼亚大体上信奉圣公会，思想观点比较正统，也比较保守，在殖民地时期被定位为官方的正统教派，但一直是没有主教的圣公会。然南方的政治人物在宗教观念上多采取宗教宽容的态度，弗吉尼亚也是全美最早通过"宗教自由法案"（1786）的地区。尽管在南部地区英国国教占据主导地位，但其中也有长老会信徒等其他派别的新教徒，在 20 世纪中期有些地区天主教的势力范围也获得快速发展。宗教派别的差异并没有从根本上影响南北方最初的神学信念，如果说殖民地时期北方殖民者将新英格兰视为待开辟的"荒野"的话，南方殖民者的叙事干脆将某些地区直接塑造成"伊甸园",以实现《圣经》共同体的理想,也更符合发展商品经济和帝国主义的利益。然而南北战争的失败,使得南北方之间有了一个假定:南方的失败击碎了"伊甸园"的纯真梦和商品经济的发财梦,而且预示着南方的道德败坏。理想的破灭带来了南方作家强烈的自我怀疑之感,这种怀疑不仅是对南方的怀疑,也包括对是否追随工业的、粗俗的、追求利润的北方怀有矛盾心态。边缘性、失败、内疚和耻辱等在道德上以及艺术上的影响力,带来令人印象深刻的"关于对上天眷顾的渴望和遭遇排斥的痛苦的作品"①,并使得大萧条时期的南方文学第一次进入主流文学视野。

美国内战的结果是南方被迫要重新建构它们的思想秩序。然而直到20世纪20年代,南方作家才开始着力于创造一种他们眼里典型的南北社会价值冲突的寓言,这个冲突既包括南方地域在面对现代化日益逼近的情形时,人们那种矛盾的情感,也包括现代性和宗教观念之间的冲突,还包括民主的新旧理解之间的冲突。在背负历史讽刺感和道德自卑感之余,南方文学更有一种文化反思上的审慎感。在田纳西·威廉斯(Tennesse Williams, 1911—1983)《欲望号街车》里,杜波伊斯家族最终在经济动荡中失去了自己的美梦庄园(Belle Reve),在家乡无立足之地的布兰奇·杜波伊斯(Blanche Dubois,白色的森林之意)从家乡来到密西西比州最大的城市新奥尔良,搭乘"欲望号"街车,再转"墓地号"(Streetcar Named Cemetery),最后在天堂路(Elysian Fields)下车投奔妹妹斯黛拉。与穿着蓝色工装、肩上搭着保龄球衣、手里拿着锈迹斑斑纸袋、满嘴俚语的斯坦利相比,布兰奇身穿一身洁净的白衣裙,显得格格不入,然而布兰奇自己酗酒、放纵,正如斯坦利一针见血地指出:"你以为你是哪门子的女王?……你跑到这里面来,又是撒香粉又

---

① 〔美〕伯克维奇主编:《剑桥美国文学史》第6卷,张宏杰等译,中央编译出版社2009年版,第263页。

是喷香水的，还给那个电灯泡罩上个纸灯笼罩儿，嘿，你瞧！这么一来你就把这地方变成埃及了，你就成了尼罗河女王了！坐在你的宝座上大口偷我的酒喝！"① 新奥尔良的天堂路是个污秽的、贫穷的地方，也是嘈杂的、机械的、骚动的、原始洞穴的世界。布兰奇自己代表的不过是"剧场假象"中的文明目标和价值观，造成她悲剧命运的全部症结在于虚伪掩饰之下的梦想与放荡，神圣与腐败，空虚与自毁的冲突。相比之下，斯坦利是一个聪明能干、充满信心的推销员，虽然粗俗不堪、自私自利、满足现状，但与华而不实、衰败没落的庄园主相比，更能适应社会残酷发展的力量。威廉斯自己避免在自然与文明、事实与幻想的极端冲突中偏袒一方，尽管斯坦利的胜利容易让人怀疑高尚感情与文明的价值。威廉斯自称是一个叛逆的新教徒，他的叛逆也许在于在生存的无意义的心灵中深感恐惧。

弗兰纳里·奥康纳（Mary Flannery O'Connor, 1925—1964）的故乡佐治亚是一个天主教占主导地位的地区，作为一个生活在南方和天主教双重生活环境之下的作家，她既看到南方圣经地带新教徒原教旨主义的狭隘与野蛮，也看到北方经济繁荣之下，过度追求自由的人们忽略了人类更深刻的痛苦。伴随着南方地域特色和小说家的独有情感体验，她的思维方式具有一定的复杂性，这其中也隐含着一种"南方个性"。奥康纳的作品里人物多是丑陋畸形、智力迟钝、行为怪癖的人，使得小说笼罩于怪诞氛围中，一方面固然是为了削弱小说的历史性，强调物质社会的道德混乱、暴力充斥，另一方面显然也与信仰沦丧有关。对于没有信仰的人，奥康纳在《好人难寻》这部小说集里将之比喻为"捉自己身上美味可口的跳蚤"的林中之猴子，或《启示》里"可鄙的丑陋的猪猡"。而作家非常重视世界与基督赎罪的关系，认为"存在的核心便是

---

① ［美］田纳西·威廉斯：《欲望号街车》，冯涛译，上海译文出版社 2010 年版，第187—188 页。

圣灵"。奥康纳的主要创作信念可见之于她逝世后出版的《神秘和风俗》(*Mystery and Manner*，1969)一书中，她将自己创作的主题确定为"在大部分被魔鬼掌握着的领域里的善意的行动"①。也就是说，如果人类的精神如果不以爱和善去调和社会生活，只是对恶无动于衷的话，纯粹的野蛮冲动、孤独和傲慢就会像恶魔一样涌现。

这种信仰也是读她的第一部小说《智慧的血》(*Wise Blood*，1952)的关键所在。这是关于一个年轻的信仰复兴精神的传教士在宗教信仰和现代性怀疑精神之间激烈争斗的故事，黑兹尔叫喊："世界上根本就没有所谓的真理。"在他疯狂地寻找"无上帝"，随心所欲、自由选择的过程中，却又揭露了在现代精神荒漠里的罪恶：贪婪、伪善、无情，他没有所谓"智慧的血"，充其量也就是人的本能、直觉或自我意志而已。奥康纳小说似乎在证实人的原始堕落，召唤某些试图抗拒"得救"的人赎罪，而在面对着人类邪恶的激情和精神的混乱时，她又以现实主义创造的深度和广度，有力地呈现了禁欲主义克制的必要性。她的作品对于我们国内大多数非宗教背景并习惯非理性思辨的读者来说，尽显怪诞离奇，这种怪诞的根源在于思考问题方式的巨大差异。奥康纳的思维方式是一种"圣经启示"的思维模式，这种思维方式体现在其小说人物寻找启示之路的过程中，这是一种在恐惧与战栗之中的"信仰的跳跃"之路，召唤自我的"无限性"和自我定义，进而关注每一个个体的生存困境和救赎途径。在现代无神论者那里，世界是荒诞的；但是对于基督教信徒来说，这种"荒诞"，仅仅是由于人用狭隘的眼光看待世界的结果，没有容纳所有界限、时间、空间的心智能力，因而无法理解自己的世界。

虽然多半以南方为背景，但罗伯特·佩恩·沃伦(Robert Penn

---

① Flannery O'Connor, *Mystery and Manner*: *Occasional Prose*, Ed. Sally Fitzgerald and Robert Fitzgerald. New York: Farrar, 1969, p. 118.

Warren，1905—1989）和前两个南方作家一样，总能超越地区和现实的限制，从而表现美国社会的共性问题：怀疑理智、科学和工业化，从宗教的神话和基督教的隐喻中去寻找人类社会的复杂性、现代人的分裂性以及理想与行动分裂造成的悲剧。他的小说《国王的人马》，虽然被强加上更复杂、更持久的政治真实性的框框，但仍是围绕"罪恶与责任"的传统主题，着意于创造一个致力于改革但又为权力所腐蚀的人物。威利一开始充满清正廉洁的伦理道德思想，但很快就在现实的磨砺中接受实用主义的政治原则的利诱，多次宣称"人是罪恶的结晶，在血污中诞生。人的一生从臭尿布开始，以臭尸衣告终"①。威利内心深处仍是一个理想主义者，一心改革世界，也有能力替周围人实现内心深处隐秘的愿望，自己却感到空虚和孤独，却又过于自负，相信恶能够创造善。最终是杰克认识到人只有承认本性中恶的一面才能充分认识到善，人如果能承认自己的罪，并勇敢地承担责任，他就能成为"完整的人"，摆脱虚无主义的宿命论。沃伦借用民间儿童歌谣点明，人都是上帝的臣仆，认识自己的罪孽，不可狂妄自大。作者力图对于赎罪有一个戏剧性的认识，无形当中提高了他作为一个小说家的地位。

当然像新崛起的韦尔蒂（Eudora Welty，1909—2001）、奥康纳、凯瑟琳·安·波特（Katherine Anne Poter，1890—1980）、麦卡勒斯（Carson McCullers，1917—1967）这样有抱负的南方女作家更倾向于更强的地域性，取材于南部各州，着眼于平民、小人物的生活，而不是像福克纳笔下那些为贵族身份所累的旧式家族，不过往往笃信宗教。波特出生于信仰天主教的家庭里，她的几部优秀的作品，如《开花的犹太树和其他的故事》（*Flowering Judas and Other Stories*，1930）和《中午酒》（*Noon Wine*，1937），探讨了人们在放纵情欲、搞经济投机中如何堕落

_____

① ［美］沃伦：《国王的人马》，陶洁译，上海译文出版社 2006 年版，第 56 页。

的过程，影响稍逊的《愚人船》（*Ship of Fools*，1961）则在"真理号"的船上会集了形形色色不同信仰、不同政治主张的人物相互之间复杂的关系，以南方特有的问题和荒诞笔调勾画了一个小小的社会。书名"愚人船"与"真理号"构成了对比，其含义是指与上帝的智慧（神意）相比，世间芸芸众生都是愚人。麦卡勒斯坚持自己的第一浸礼教教徒身份，其作品既是对美国社会中建构"个体化上帝"文学现象的批判，又体现了"爱一切人"这一古老的宗教伦理学命题。

犹太文学本不应纳入基督教的主题范围，但是在共同的美国文化背景之下，犹太教与基督教之间也有着相似的境遇和问题，更何况第二次世界大战以后美国大量一流的作家或是犹太人，或是犹太后裔。犹太作家在 20 世纪早期就已登上美国文坛，但产生巨大影响则是在第二次世界大战之后。而在题材上，既有诺曼·梅勒（Norman Mailer，1923—2007）、索尔·贝娄（Saul Bellow，1915—2005）和塞林格（J. D. Salinger，1919—2010）这样不太关注"犹太人的经验"的作家，也有像艾萨克·巴什维斯·辛格（Isaac Bashevis Singer，1904—1991）、伯纳德·马拉默德（Bernard Malamud，1914—1986）这样主要写犹太人的作家，他们既继承了从欧洲带来的特殊的信仰与历史，又受到美国文学传统的影响，他们的作品经常以复杂的形式表现怀疑和信仰，从而呈现特有的低沉而消极的格调。

## 第二节　斯坦贝克《愤怒的葡萄》的使徒叙事

在评价斯坦贝克（John Steinbeck，1902—1968）其人或其作《愤怒的葡萄》时，有些看法有所共识，一是认识到《圣经》对其创作的深刻影响，作品中不仅频频出现《圣经》里的字句、典故、意象等内容，更是在小说表现的主题、框架结构、人物形象塑造方面广泛借用《圣经》的内容。一些传记表明，斯坦贝克的外祖父、外祖母是从耶路撒冷来到美国的，沃伦·弗伦奇在《约翰·斯坦贝克》中写道，"斯坦贝克富于灵感的洞察力一个强有力的来源系根植于圣地巴勒斯坦，这对一位如此有效地使用了基督教典故的作家来说是恰到好处。斯坦贝克直接背景中那个预言式人物就是他的外曾祖父"①，他于 19 世纪 40 年代把他的家人从圣地巴勒斯坦带到了马萨诸塞州的莱明斯特。二是认为其创作表达了"对美国社会中罪恶与偏见的极大愤怒，鞭挞了社会上的丑恶现象"。然而似乎没有解释清楚，为什么这本左翼倾向的书很快位居畅销书行列，并符合美式的价值观获得了普利策奖，诺贝尔文学奖姑且不论。

根据亚里士多德的理论，一则完整的故事包含三部分：怎样开始、中间如何发展与如何结束。如果说斯坦贝克重复了《圣经》的故事，那么《圣经》开始是神对世界的创造以及对人的计划；中间则是神对堕落人类的救赎史；最后是神对人类的审判。亚里士多德又说，"故事的灵魂在于结构布局（plot）"，《圣经》结构布局的核心，乃是善与恶的不断冲突。所有的《圣经》故事文体，必须借助具体的生活场景、角色描写和结构布局，让意义"道成肉身"。从表面上看，似乎《愤怒的葡萄》很符合摩西出埃及的故事，斯坦贝克自己在《〈科尔特兹的航海生活〉的航海日志》一书里说过："说来奇怪，我们称为宗教性的大部分情感以及我们人类最为珍惜、使用最多而且最为渴望的反应之一的大部分神秘的强烈呼声，实际上是理解力以及试图去说明人是与整个世界关

---

① ［美］沃伦·弗伦奇：《约翰·斯坦贝克》，王义国译，春风文艺出版社 1995 年版，第 5 页。

联在一起的努力，无论是已知的抑或是未知的。"① 然而，我们必须清楚，这样受到官方高度认可的作品，必然符合美国人的现实价值观念，尤其是美国人的宗教观念。本文只拟就传统的故事三元素："故事场景"（setting）、"角色描写"（characterization）和"结构布局"（plot），分析斯坦贝克如何利用《圣经》叙事，将自己作品扮演成美国文化宣传的使徒行传的角色，作家不过是把宗教情感与美国人的现实生存、发展困境思考紧密联系在一起。

## 一 故事场景：流徙拓殖与商业腐败

为很多美国文选所收录的第一章，塑造了一个序曲，为整个叙事做了铺垫。小说写道："俄克拉荷马的红色原野和一部分灰色原野上，最近不紧不慢地下了几场雨，雨水并未冲裂结了一层硬壳的土地。……地面结了壳，一层薄薄的硬壳天空变成灰白，大地也跟着变成了灰白，红色的原野变成了淡红色，灰色的原野变成了白色。"② 干旱给整个农村带来灾难，大地变成薄薄的硬壳，灰白的颜色给人以非常压抑的画面感，"黎明到来了，白昼却不露面，灰蒙蒙的天空出现了一轮红日，那只是一个朦胧的红色圆盘，放射出微弱的光线，好似黄昏一般，再过些时，阴暗的天色重新变成了一片漆黑，风在伏倒的玉米上呜呜地悲鸣"（2）。乔德一家，还有不知名的男人、女人和孩子站在干旱的尘埃之中不知所措，被动成为一场即将上演的、具有史诗意义的——主要是指经济大萧条时期（1929—1939）与农业完成工商业化背景下——戏剧中的演员。和这样令人绝望的场景相对应的是什么呢？是丰饶与充沛的未来景象，这一景象在《圣经》里最具代表性的象征就是"葡萄"。

---

① 杨彩霞：《20 世纪美国文学与圣经传统》，中国人民大学出版社 2007 年版，第161 页。

② ［美］斯坦贝克：《愤怒的葡萄》，胡仲持译，上海译文出版社 2007 年版，第 1 页。为节约篇幅，以下以括号加页码形式标注。

　　葡萄显然是《圣经》中出现次数最多的植物之一，从《创世记》到《启示录》有五百多次。"挪亚作起农夫来，栽了一个葡萄园。"（《创世记》9：20）摩西认定迦南之地是流着奶和蜜的地方，标志就是有丰沛的葡萄，摩西差派去窥探迦南的人"到了以实各谷，从那里砍了葡萄树的一枝，上头有一挂葡萄，两个人用杠抬着，又带了一些石榴和无花果来"（《民数记》13：23）。葡萄园也象征着犹太人的家园，"万军之耶和华的葡萄园，就是以色列家；他所喜爱的树就是犹太人。他指望的是公平，谁知倒有暴虐；指望的是公义，谁知却有冤声"（《以赛亚书》5：7）。葡萄在《圣经》中是代表生命的果实①，这一切使得葡萄园渐渐有了宗教的含义，用以象征人们在俗世里最接近的快乐的天堂。16世纪初到北美的探险者巴洛写下了他所看到的景象，这一描写及其所形成的意象对后来的美国影响深远，"到处都是葡萄，当波涛汹涌的海浪漫过时，我们发现在所有的地方，无论是沙滩还是青翠笼罩的小山、平原、灌木丛，甚至是高大的香柏树梢，到处都是葡萄，我想世上再也不会找到这么丰裕的地方了"②。

　　约德一家从俄克拉荷马州一路风餐露宿，沿途跋涉前往加利福尼亚

---

　　① 在《新约》里，葡萄有了更多的象征意味。耶稣在最后的夜晚，穿越古老的葡萄园，走在井然有序的葡萄园小径上，突然，耶稣停下脚步，门徒也跟着挤在一排排的葡萄树下，耶稣说出与葡萄有关最为明晓的隐喻："我是真葡萄树，我父是栽培的人。凡属我不结果子的枝子，他就剪去；凡结果子的，他就修理干净，使枝子结果子更多……我是葡萄树，你们是枝子。常在我里面的，我也常在他里面，这人就多结果子；因为离了我，你们就不能做什么。人若不常在我里面，就像枝子被丢在外面枯干，人拾起来，扔进火里烧了。"（《约翰福音》15：1—6）在葡萄园的比喻中，耶稣阐明了各自扮演的不同角色。耶稣自况为葡萄树，葡萄树虽然是沿着棚架蔓生的枝条，但脱离不了它的主干，形容所有的生命都连在一棵树上。上帝是栽培葡萄树的人，"我耶和华是看守葡萄园的，我必时刻灌溉，昼夜看守，免得有人损害"（《以赛亚书》27：3）。耶稣特别强调葡萄树的"真"，说明耶稣和门徒间的密切关系，门徒若不与耶稣结合，只凭一己之力，便一无所能；如果稍有脱离，便会枯干。

　　② William Bruce Wheeler, Susan Becker, Lorri Glover, eds., *Discovering the American Past: A Look at the Evidence*, Volume I: To 1877, Boston, MA: Cengage Learning, 2011, p. 9.

州，约德的祖父曾说："让我到加利福尼亚去吧……我要从葡萄架上摘下一大串按在脸上挤出汁来，让它顺着下巴往下流。"（79）然而不幸的是，在20世纪30年代，正如小说里所写的，银行收回许多小农场主的土地，因为银行家们认为只有大规模的机械化农业运作才有利可图，所以夺走了佃农们的饭碗，把他们赶出了家园。在小说中，约德一家历经艰险到达目的地后发现，商业资本主义的罪恶情况和在俄克拉荷马州一样，加州的农场主们只愿雇用低价的季节性劳工。农场主为保护自己的利益，抬高物价，不惜毁掉成熟的果实，"咖啡在船上当燃料烧。玉米被人烧来取暖，火倒是很旺。把土豆大量地抛到河里……这里有一种无处投诉的罪行。这里有一种眼泪不足以象征的悲哀"（353）。所以在第25章结尾，"人们的眼里看到了一场失败，饥饿的人眼里闪着一股越来越强烈的怒火。愤怒的葡萄充塞着人们的心灵，在那里成长起来，结得沉甸甸的，准备着收获期的到来"（353）。

正如《圣经》里所强调的："不可摘尽葡萄园的果子，也不可拾取葡萄园所掉的果子，要留给穷人和寄居的"（《利未记》19：10），"你摘葡萄园的葡萄，所剩下的不可再摘，要留给寄居的与孤儿寡妇"（《申命记》24：21）。反过来说，如果不可能结出圣善的果实，上帝将惩罚他们，因为"他们的葡萄树是所多玛的葡萄树，蛾摩拉田园所生的；他们的葡萄是毒葡萄，全挂都是苦的"（《申命记》32：32），就被基督丢弃，投入火中焚烧。在《启示录》的预言里，对上帝愤怒的大酒窖的描述十分引人注目，葡萄的成熟意味着坏人恶贯满盈，期数已尽，"又有一位天使从祭坛中出来，是有权柄管火的，向拿着快镰刀的大声喊着说：'伸出锋利的镰刀来，收取地上葡萄树的果子，因为葡萄熟透了。'那天使就把镰刀扔在地上，收取了地上的葡萄，丢在神忿怒的大酒榨里。那酒榨踹在城外，就有血从酒榨里流出来"（《启示录》14：18—20）。正如很多研究者提到的，美国南北战争期间的朱莉亚·沃德豪写的《共和国战歌》，"我们看到上帝降临的荣耀，/他双脚踏着愤怒的葡萄，/他拔出闪电这把无敌的利剑，/他的真理在奔腾呼啸"。

　　那么左翼的斯坦贝克是否要激发起一场宗教革命来反对金融资本驱动的经济体系呢？贝尔在《资本主义文化矛盾》（1976）一书中指出，美国的经济领域，经过科技与管理革命运作发展成为一个高效性的生产体系，按照"效益原则"运转，这个体系必然呈现非人化、"贪婪攫取性"的特点，这种冷漠无情却以所谓的社会进步、广泛择业和社会享乐作为补偿；而在文化活动和文化话语方面，起支配作用的不是"经济效益"，而是一种"宗教冲动力"，"自我约束、节制和满足的延缓"，"自我表达和自我满足"，与经济、政治的发达组织与管理模式相反，具有"个性化""独创性"以及"反制度文化特征"。虽然贝尔的结论未免过于极端，但是显然对于解读该小说有着必要的启示。那就是在面对冷漠无情的农业机械化的经济现实——他们感到愤怒的，无疑是那个奴役他们，使他们贫穷的不公正的制度，这种制度使人的生存与尊严受到威胁——如何重新构建一种新的宗教观念。路易斯·欧文斯曾得出这样的结论："标题里同时暗示着国家的革命性开端以及其宗教性根基，正如《启示录》里说明这首歌的几行内容把圣餐——带有宽恕的上帝这一含义——与启示和一位惩罚型的加尔文神的含义结合起来一样。所有这些因素在把小说理解为不仅仅是关于乔德或移民们的作品，而是关于整个国家的写作这一方面具有重要意义。上述这个国家——尽管作为松散的移民群体——是建立于伊甸和启示、宗教宽容和一位报复的上帝这样的观念之上的。"①

　　从更广阔的历史空间来看，自16世纪末肇始的北美殖民开拓，就是欧洲人对欧洲以外世界的强烈空间探索与殖民扩张。《愤怒的葡萄》毫不掩饰这一殖民与迁徙的背景，针对约德的祖辈是何以进入这片俄克

---

　　①　转引自杨彩霞《20世纪美国文学与圣经传统》，中国人民大学出版社2007年版，第170页。

拉荷马大平原恶劣之地的，斯坦贝克写道："从前爷爷占领这块地，他得把印第安人打死，把他们赶跑。爸爸出生在这里，他清除了野草，消灭了蛇……可这究竟是我们的地呀，地是我们量出来，也是我们开垦出来的。我们在这地上出世，在这地上卖命，在这地上死去。"（32）他也写到加利福尼亚的历史，"从前加利福尼亚是属于墨西哥的，土地属于墨西哥人，后来有一大群衣衫褴褛的、疯狂的美国人蜂拥而来。他们对土地的欲望非常强烈，于是他们就强占了这带地方……这些东西都是财产，财产就是主权所有的东西……日子久了，霸占者就不算是霸占者，都成了主人了"（231）。就像 100 年前的麦尔维尔在《白鲸》里说的，曾经的捕鲸船"瓜分了大西洋、太平洋和印度洋，如同那三个海盗国家瓜分了波兰一般……商船无非是可伸可缩的桥梁，兵舰不过是能漂洋过海的堡垒……坐船在大海中干他们的营生，来回耕耘海洋，把海洋看作自己的特殊田园"。在美国人看来，有主、无主鲸鱼的法律，和有主、无主土地的法律一样，"仔细想来实在是所有人类执法的根本。因为法律的圣殿也像腓力斯人的圣殿一样，尽管有许多精雕细镂错综复杂的花格窗子，却还是只有两根支柱撑着它……在这问题上，占有就是法律的全部"①。

对于美国人来说，不断扩大定居和迁徙的范围，为他们提供一种自由、独立和光荣感，提供内心深处强烈渴望的东西：荣耀和自尊，摆脱依附性和受压迫的生活，对他们曾经的掠夺与殖民历史却从来都是漫不经心。随着地理空间意义上的边疆开发结束，当初的殖民者变成了农场主，"他们原来那种追求耕地、追求水土、追求天空、追求茂盛的青草、追求肥大的薯类的欲望消失了，他们再也没有那种凶猛的、难熬的、急切的渴望了。这些东西他们已经全都有了，因此他们再也不知道这些事

---

① ［美］麦尔维尔：《白鲸》，成时译，人民文学出版社 2001 年版，第 82、412—413 页。

情的来历了。……对土地的爱好就越淡薄……根本就不成其庄稼人，而只是买卖农产品的小老板……日子久了，商人就成了土地的主人，农场越来越大，数目却越来越少了。于是农业变成了工业"（231—232）。表面上看社会矛盾的主要原因是，"租佃制度再也行不通了。一个人开一台拖拉机能代替十二三户人家。只要付给他一些工资，就可以得到全部收成"（32），这种农业企业与银行资本结合以后变得极具扩张性，因为"仿佛银行或公司是一个具有思想情感的怪物，已经把他们钳制住了似的"（29）。在斯坦贝克看来，值得忧虑的是冷漠无情的资本运作方式，"造出拖拉机和派出拖拉机来的那个怪物仿佛控制了驾驶员的一双手，控制了他的脑子和筋肉，给他戴上了眼罩，套上了口罩——蒙住了他的心灵，堵住了他的嘴，掩盖了他的理智，制止了他的抗议。他看不见土地的真面目，嗅不出土地的真气息"（33）。

早在《弗吉尼亚纪事》中，杰斐逊就反复地说明工商业发展对美国国民精神的腐化作用。在他看来，腐败是公民美德的最大敌人，腐败的主要根源是商业和制造业，商业并不直接生产产品，主要是在流通中产生利润，这种行为会加剧民众的投机心理，导致民风败坏。与"唯利是图和贪得无厌"的"商业精神"相比，只有那些保持勤劳、节俭、独立和富有公益精神等"美德"的自耕农"最有活力，最具有独立性，最有美德。靠着最长久的纽带，他们与自己的国家密切联系在一起，与其国家的自由和利益密切结合起来"。杰斐逊设想的共和国显然是一个能够保持传统公德的农业社会，在他的眼中，"在土地上劳动的人们是上帝的选民，如果他曾有过选民的话，上帝自有意使这样的选民的胸怀成为特别贮藏他那丰富而纯真的道德的地方。这里才是上帝保持神圣之火旺盛地燃烧的中心，否则这个神圣之火就会从地球上消失"①。而靠

————————

① ［美］托马斯·杰斐逊：《杰斐逊集》，刘祚昌、邓红风译，生活·读书·新知三联书店1993年版，第311页。

偶然性和顾客的反复无常的性格的工商业，容易因依靠心理产生奴性及贪财之心，进而容易造成民众的堕落腐败、奴颜婢膝和政治家的野心勃勃。杰斐逊称，"我再重复一遍，耕种土地的人们是最有道德的和独立的公民"，"保存一个共和国的旺盛的精力的是一国人民的态度和精神。一些东西的蜕化就是一个癌症，它很快地会侵蚀到它的法律和宪法的核心中去"①。斯坦贝克恰恰关心的是相同的命题，冷漠无情的"私有制"占有，使得美国的扩张精神以及依附其上的荣耀和自尊消耗殆尽，"如果你们这些占有大家都应该有的东西的人能够懂得这个道理，你们就可以保住自己了……如果你们能够明白潘恩、马克思、杰斐逊和列宁都是后果，而不是原因，你们就可以历经灾难而仍然存活下去。但这却是你们所不会明白的。因为'占有'这一特性把你们永远冻结为'我'，把你们永远与'我们'隔离开了"（148）。

## 二 角色描写：耶稣还是使徒

正如一般研究者指出的，小说与《圣经》有惊人的相似之处。

> 与卡西一道出发前往不确定的未来的乔德一家十二口人就像跟随耶稣的十二门徒。乔德（Joad）这一姓氏使人想起了犹大部落，中途放弃的康尼·里弗斯并不真正属于乔德家，他的背叛暗示着犹大；加利福尼亚中部河谷的葡萄使人想起了《圣经》里证明应许的迦南之地的那挂葡萄以及上帝的愤怒的葡萄；布满所有东西上的灰尘暗示着上帝降临在埃及人身上的瘟疫；乔德家在穿过险恶的沙漠之前在里面洗澡的科罗拉多河充当着身边的红海角色——以色列人在此把奴役远远地抛在了身后。②

---

① ［美］托马斯·杰斐逊：《杰斐逊集》，刘祚昌、邓红风译，生活·读书·新知三联书店1993年版，第312页。

② 转引自杨彩霞《20世纪美国文学与圣经传统》，中国人民大学出版社2007年版，第184页。

然而如果是简单地对应其与《圣经》的平行关系，难免低估斯坦贝克思想的时代性，我们不妨从人物形象这一视角来分析迥异之处。

小说中的牧师吉姆·凯西（Jim Casy）与耶稣（Jesus Christ）的名字的缩写完全相同（J. C.），那么他是不是耶稣式的人物呢？在第 10 章中，妈说了自己的感觉，"他变了，更像是神怪，而不再是人……他好像受洗了似的"，吉姆后来甚至自嘲地模仿起"荒野中耶稣"的形象，可是他是在监狱而不是荒野中"真正懂得了真理"（387）。青年乡村牧师吉姆·凯西曾是复兴运动的信徒，"常到水沟旁边给许多悔罪的人讲道"（18）。美国历史上多次的所谓复兴运动，实际并非是对教义和神学的重申，而是强调牧师个人对耶稣的情感，个体化的属灵体验的极端性和神秘性。为了发挥言辞的力量，跨越地区界限的巡回性户外布道是常见形式，在小说中作者不无讽刺地描写了一场讲道：

> 一个牧师在灌溉用的沟渠边讲道，听的人痛哭流涕。那个牧师像老虎一般踱着步，大声教训着众人，他们趴在地上哇哇地哭。他揣测着他们的心理，估量他们的情绪，作弄着他们；等他们全都倒在地上打滚的时候，他就俯下身去，使了老大的力气，用两臂把他们一个个抱起来，大声喊道，基督呀，收下他们吧！于是便把每个人都投到水里。……大家一齐走回停宿场，回到各自的帐篷里；他们惊奇地小声谈起话来。他们说，我们得救了。我们洗得雪白了。我们再也不会犯罪了。（333）

牧师看重的是圆通的政治技巧和激情的感染效力，而不再是渊博的学识和正统的观念，不再依附于教会，而是依赖于公众舆论，不再依赖循规蹈矩的神学，而是让位于宗教体验。凯西这样的乡村牧师，所谓的从良知上讲他不能再布道了，其实是因为在谈及乌龟的习性时说，它总是"会跑到别处去的"，"可是谁也养不住乌龟。他们为乌龟煞费苦心，到头来不知哪一天，它们却跑到别处去了——不知跑到什么地方去了。这就跟我自己一样。我不肯老守着身边那本好好的福音书。……圣灵叫我引导大家，可是究竟该把他们引到什么地方去，我却不知道"（19）。

说穿了，就是他并没有受过正统的神学训练，他肉体的需求——经常讲道之后带作为听众的姑娘们到野外的草地上媾和——早已超越了他宣讲的神学内容，从不再布道的那一刻起"再也听不到上帝的召唤了，反而有了许多邪恶的念头——可是这些念头倒似乎是合情合理的"。凯西声称，尽管他不再布道，但他热爱人民，"这就是爱，有时候我爱人们爱得发疯"，强烈地感受到一种领导、帮助人们的召唤，但他的现实背景不让他再去传播人们习惯的一些宗教福音，因为他知道这些人"需要人家帮忙，可是布道却不中用了。他们到了活不下去的时候，还会希望升天吗？他们的心灵到了悲惨的地步，还会指望你给他们讲什么圣灵吗？他们需要有人帮忙。他们总得先活下去，才能死得起"（50）。后来在监狱里，他了解了民众真正的需求，犯罪者"所偷的多半是他们急需的东西，他们实在想不出别的办法"，"他们都是些好人。他们变成坏人，无非是因为他们太穷，需要东西"（388）。在这就意味着凯西并非一个纯思想的灵性造物——不是面对真实的苦难，向人们许诺天堂的存在，或者用地狱之火等毛骨悚然的意象来恐吓人们，而是在具体生活境遇中去呼应底层民众的革命性诉求。他的神学不是某次"皈依"经验或一次塑成的产品，而是他内心的思想世界与他身外的生活世界相遭遇而渐渐形成的，他的神学观念等于他生活经验的叙事。也就是说凯西从来没有将自己视为耶稣的角色，而是一个使徒的角色，去感受、去布道、去宣传。

他觉得世界上只有实实在在的人的行为，才是最重要的，"世上根本就没有什么善与恶"，在有关"耶稣"的问题上："我问自己：'这种感召，这种圣灵，究竟是什么？'我说，'这就是爱。有时候我爱人们爱得发疯。'我又问自己：'你爱不爱耶稣？'唔，我想来想去，最后又说：'不，我并不知道有谁名叫耶稣。我知道一大堆耶稣的故事，可是我爱的就只是人。'"（21）在19世纪唯一神论就否决了耶稣的神性，唯一神教派顾名思义，就是否认三位一体——只认为基督是凡人，是一个伟大宗教的创始人，爱默生言"历史基督教……并非是灵魂的教义，而是个人的夸张，实际的夸张，仪式的夸张。它过去一直，并且现在也是以有害的夸张描述耶稣这个人"①。他"考虑"了很多关于"圣灵和耶稣的道理"然后得出结论："我心里想：'为什么我们非在上帝或是耶稣身上转念头不可？'我想：'我们所爱的也许就是一切男男女女，也许这就是所谓圣灵——那一大套反正就是这么回事。也许所有的人有一个大灵魂，那是大家所共有的。'"（22）凯西接受了爱默生的"超灵"的概念，爱默生言：

每个人的独特存在都包容在那种超灵之中，同一性中，并因此与他人融为一体；一切诚挚的对话都是对它的膜拜，一切正当的反应都是对它的顺从……我们生活在部分之中，生活在碎片之中。与此同时，在人内心存在着整体的灵魂，有着睿智的沉默和普适的美，每一点每一滴与它保持平等的联系：这是永恒的"一"。我们赖以生存的这种深刻力量，其美妙为我们所有人所能感觉到，不仅每时每刻自足而完美，而且，观看的行为与观看到的事物、观看者和景象，主体和客体，都交融为一体。②

汤姆后来回忆凯西："他说有一次，他跑到荒野上去寻找他自己的

---

① Ralph Waldo Emerson, *The Works of Ralph Waldo Emerson*, Vol. 1, Boston and New York：Fireside Edition, 1979, p. 129.

② Ralph Waldo Emerson, *The Works of Ralph Waldo Emerson*, Vol. 2, Boston and New York：Fireside Edition, 1979, p. 253.

灵魂，他发现并没有什么灵魂是属于他自己的。他说他觉得自己的灵魂不过是一个大灵魂的一小部分。他说荒野不好，因为他那一小部分灵魂要是不跟其余的在一起，变成一个整体，那就没有好处。真奇怪，我怎么还记得这么清楚。当初我还以为根本没有用心听呢。可是现在我明白了，一个人离开了大伙儿，那是不中用的。"（426）这里"自己的灵魂不过是一个大灵魂的一小部分"，实际上就是对人类友爱和伙伴关系的渴求。吉姆·凯西在第6章中表达的，是"存在"，而不是"为什么"或"应该如何"。他相信季节工人们在旅途中是会需要帮助的，但这是一种精神上的帮助，它转变为现实，吉姆找到了"要去的地方"，他必须去"老乡们去的地方"，"我不打算教他们什么。我只想自己跟人家学习学习。只想去了解了解人家为什么爱在草地上散步，听听他们谈天，听听他们唱歌……只想倒在草地上，谁肯跟我在一起，我就跟谁痛痛快快地谈谈心。只想能咒骂，出出气，听听老乡们谈话当中的诗意。这一切都是圣洁的，这一切都是我过去所不懂的"（91）。"使徒"原文的意义就是"奉差遣者"，凡是奉主差遣、为主传道的人，都可以称作使徒。而凯西显然不是上帝的使徒，而是美国观念的使徒，这种观念表达美国人具有政治意义的"同一性"要求，这种要求不仅是爱默生所关注的个人对终极真理的追求，更关注底层民众的群体呼声。

在汤姆和吉姆·凯西一块儿修理旧汽车的时候，吉姆说了一些关于社会预言的话。汤姆更具有实用主义的现实色彩，吉姆·凯西则坚持用理想主义劝说他，不管怎样一切都是要向前走的，"如果你留神细听"，他说："你就会听到一种动静，一种偷偷摸摸、鬼鬼祟祟的响声，还有——还有一种烦躁不安的情绪。有些事情在进行，可是干这些事的人却全不明白。那些往西部迁移的人和他们甩下不管的那些田庄，都会引起一种后果。反正会发生一种使全国起大变化的情况。"（171—172）而此时汤姆目光还比较短浅，只知道反反复复地说，"我还是要一步步地向前走"以及"如果有篱笆挡住我的路，我就会爬过去"（172）。斯坦贝克将吉姆的监狱生活比作耶稣在荒野，耶稣由神灵引领到荒野，有四十天之久，守斋并受魔鬼的试探，并效法基督在名、利、权三方面和魔鬼奋勇作战，努力抑制私欲偏情，摆脱俗世的困扰，追求永恒的天福。而凯西则弄明白了，为什么一些很好的人在走投无路的时候不得不去偷东西。他说，有一天他们拿酸豆子给犯人吃，犯人便采取了集体的抗议行动，而且取得了成果，因此他明白要争取权利，不是要靠祷告和传教，还要诉诸各种政治手段，采取罢工和工会活动。在被打死之前，凯西说："你们这些人不知道自己干的是什么事。你们是在当帮凶，叫人家的孩子饿死。"凯西继续说："你们不知道自己干的是什么事。"（392）汤姆重复了凯西最后的话："你们没有权利让人们挨饿……你们不知道自己在干什么事。"好像为了不出错误一样，妈也重复着这句话："你不知道自己在干什么事？"沃伦·弗伦奇曾评论道，"《愤怒的葡萄》不是讲一个家庭寻求生活保障的经历，它讲的是一个心灵的教育过程"①。话语由"我失去了土地"变为"我们失去了土地"，由"我有一点食物"变为"我们有一点食物"，直到最后"二十个家庭成为一个家庭，一家的孩子成为所有人的孩子"，汤姆·乔德也接过凯西的衣钵，承担为社会状况的改善而奋斗的任务。

## 三 结构布局：使徒叙事

从结构上看，小说的三个主要组成部分：在俄克拉荷马州、在旅途中、在加利福尼亚恰好可以与以色列人受奴役的时间，上帝施加瘟疫强迫埃及人给他们自由（小说的1—11章）、在沙漠荒原里流浪的四十年（12—18章）、到达应许之地迦南（19—30章）经历有着众多的类似之处。

①　Warren French, *John Steinbeck*, Boston：Twayne Publishers. 1975, p. 94.

被逐出家园的农民组成的移民大军，使整个六十六号公路变成了一条蜿蜒而行的长龙。斯坦贝克这样描述俄克拉荷马人西行的公路，"六十六号——这条横贯全国的混凝土的长路，在地图上从密西西比河一直蜿蜒通到贝克斯菲尔德……然后又越过沙漠通到山区，再通到加利福尼亚的富饶平原……逃荒的人们在六十六号公路上川流不息地前进，有时候是单独的一辆车，有时候是一个小小的车队。他们沿着这条大路终日缓缓地行驶着"（113—114）。在第9章生动地描绘出一幅场景，18块钱一把的"西尔斯·罗巴克"牌的犁，一群栗色马，一个挺脏挺破的布娃娃，以及一本叫作《天路历程》的书被非常廉价地出售了，甚至丢弃了，"甩掉了过去的一切，我们怎么能知道这就是我们呢？不。丢下吧，烧掉吧"（86）。值得带上的，就是步枪，拥有步枪是保障自己权益的最后防线。漫长的旅行再次成为一种生活的方式，如果说出埃及对犹太人是一次决定性的救赎的话，是因为以色列人通过这旅程磨砺，渐走向思想和民族的统一，抛弃了私有欲望，消除了渎神的意念，树立起对天主的坚定信仰。而约德一家在向西迁徙过程中，也有人抱怨羁旅艰辛，有人私藏钱财，有人弃家出走，但最终获得了精神上的升华。

西进的移民们开始感到他们相互之间有一种群体感，也使得一些不成文的法律和习俗应运而生。在第一个宿营地，乔德一家就遇到了来自堪萨斯的威尔逊夫妇，奥尔为威尔逊夫妇修理汽车，想让它运转得好一点，这样两家人可以同行。过去家庭的边界在夜晚不超过一所房屋，在白天不超过一个农场，如今移民们失去了土地，却扩大了家庭的范围，不再受地产的束缚——在丧失一切的时候，他们因此成为一个无限扩展的大家庭。在营地里，基于实践经历和生活常识，不成文的法律产生了，"到了晚上，奇怪的情形发生了：二十家变成了一家，孩子们都成了大家的孩子。丧失了老家成了大家共同的损失，西部的黄金时代成了大家共同的美梦。……晚上坐在火边，二十家人便成为一家了。他们变成露营地的组成单位，变成共同过夜的组成单位了。……可是这种建成世界的技能渐渐变成他们的特长了。于是领袖出现了，种种的法律制定出来了，种种的规则产生了"（192—193）。

把福音书叙事和使徒叙事联系在一起来看，基督教教会治理体系的形成，源于信耶稣的人过着一种"聚集"的生活。一个有信徒组织的团体，从性质上说，不能等同于一般的社会组织。而从基督教会确实又具有一般社会组织的某些特点来看，它的运作机制，甚至是组织目标都会服从某些"法则"或"规律"。正如卢梭在《社会契约论》中指出的，一个社会必须得有强有力的合法性依据或法统神话，否则，任何社会都难以为继，而宗教信仰则可以在维持法统神话方面起重大作用。事实上早期美国民众一直在努力构建这种既能够给当时移民社会提供合法性依据，又能够让民族国家产生"公民美德"的"共同法"（a consensus juris），即寓于法律之后并支持法律的某种协议，而这种美德只能深植于具有广泛性和扩散性的宗教或宗教理念之中①。根据斯坦贝克的创作来看，他显然认为民众必须依靠群体合作、博爱精神，才能找到真正的物质和精神出路，也才有种种权利的尊重，人们才得以安全，"这些世界的组织也很稳定，凡是遵守规则的人家都知道只要依照这些规则行事，他们就能获得安全"（194）。

在营地内，流民们之间充满了合作的情谊，而在青草镇的政府收容所，舒适的条件和令人舒畅的气氛，使得流民们得以恢复短暂的生活的平静，社区组织的事务由民主选举的管理委员会负责，"影射了当时联邦政府的下属机构农业保障署在加利福尼亚所组织的营地"②。负责收

---

　　① 参见［英］约翰·麦克曼勒斯主编《牛津基督教史》，张景龙等译，贵州人民出版社1995年版，第319页。
　　② 高祥峪：《〈愤怒的葡萄〉与美国1930年代的大平原沙尘暴》，《外国文学评论》2011年第3期，第166页。

容所行政管理的移民委员会团结一致，挫败当地人企图破坏他们周末舞会的阴谋——大多数当地人仇视收容所，他们计划混入舞会，挑起一场殴斗，给警察一个进去抓人的借口。妈能够理解把不同的人联合在一起的心理力量，继而也是真正的力量。她看到了每一个弱小、恐惧和愤怒的人面对目前这种逆境所具有的力量都是微不足道的，"汤米，你别一个人跟他们去斗"（73），小人物只有通过集体的力量在共同的利益方面赢得力量和安全保障。凯西也说："我想我们成了一体，我们也就神圣了，人类成了一体，人类也就神圣了。只有当一个可怜虫嘴里衔着嚼子，独自乱跑，逞着性子乱踢、乱拉、乱斗，那时候才不算神圣了。这一类人是破坏神圣的。可是只要他们大家在一起工作，并非一个人为另一个人工作，而是大家为一桩事共同尽力——那就对了，那就神圣了。"（78）

斯坦贝克如同杰斐逊一样，想象人们在理性的指导下过一种有道德的生活，杰斐逊曾写道："在土地上劳动的人们，是上帝的选民，如果他曾有过选民的话……上帝有意使这样的选民的胸怀成为特别贮藏他那丰富而纯真的道德的地方……耕种土地的广大群众道德腐化的例子在任何时代任何国家都没有过。"[①] 斯坦贝克不无感叹地写道："加利福尼亚的春天是美丽的。漫山遍野开着果树的香花，像一片粉色和白色相间的浅水海面。多节的老葡萄藤上新生的卷须像瀑布似的披散下来，裹住了主干。"（350）作者承认这样的农业丰产必然是靠科学技术的进步取得的，不断地对种子进行实验，不断地改进增产的技术，"最聪明的是给幼树和小藤接枝的人，因为他们的工作又精密又细巧，跟外科医生的手术一样"（350）。斯坦贝克反思的是科技进步、农业规模化生产带来的恶果如何消除的问题，他借小说中流民之口说："一个无家可归、饥肠

---

① ［美］托马斯·杰斐逊：《杰斐逊集》，刘祚昌、邓红风译，生活·读书·新知三联书店1993年版，第311—312页。

辘辘的人开着车在路上走着……这个人就会想到一片休耕地不顾那些瘦小
的孩子们的死活，真是一种罪过，荒废的耕地更是罪大恶极。"（234）

　　杰弗逊言，明智而又节约的政府和制度"约束人们不要相互伤害，
让他们自由地发挥勤劳的精神以改善自己的生活，而不应抢夺人们的劳
动果实……达到幸福臻于圆满之所需"①。斯坦贝克反对的是资本主义
生产方式驱逐佃农所引发的公平失衡问题，"那些银行和公司也在自寻
死路，但是他们自己却不知道。田野里收成很好，挨饿的人却在路上流
离失所。谷仓里装满了粮食，穷人的孩子却害佝偻病……公路上的人像
蚂蚁一般流动着，寻找工作，寻找食物。于是愤怒开始酝酿起来了"
（285）。农场主利用劳力过剩之机拼命压低工资，各种势力又加以百般
的刁难与勒索，关键的问题并不是乔德这样的家庭难以确定的生存，而
是对美国现有价值观念的重新理解以及对更大整体的新承诺。从生存的
物质层面来看，他们的经济状况每况愈下，到了最后似乎已经濒临绝望
的边缘。然而，他们的精神状态却在一步步地得到升华，他们开始时只
关心自己小家庭的利益，逐渐提升到对人类整体命运的关怀，实际上就
是要引导人们走向一个显而易见的政治真理：吸引和驱动人们信仰的，
不再是神秘和灵魂的拯救，而是宽容、节制和仁爱，以及世俗生活的凝
聚力和幸福。正如斯坦贝克所言："当各种理论发生变化而瓦解的时候，
当各种学派、哲学，当各种有关民族、宗教、经济的思想因狭隘而阴暗
的途径由发展而分崩离析的时候，人总还是前进着，他痛苦地、有时是
错误地踯躅着前进。人向前迈了步，也许要跌回来，但也只退回半步，
绝不会退回一整步。"（146—147）

　　《路加福音》和《使徒行传》的核心要旨，是要凸显救恩和历史的
戏剧性事件连合为一。斯坦贝克的主要目的显然不是如《使徒行传》

---

　　①　［美］托马斯·杰斐逊：《杰斐逊集》，刘祚昌、邓红风译，生活·读书·新知三联
书店 1993 年版，第 529 页。

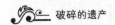

那样去见证福音、宣教，而是借助 20 世纪 30 年代从俄克拉荷马的达斯特盆地向加利福尼亚河谷地带迁移的经典故事，来反映美国人的价值观念和思维方式，指出威胁着美国社会的稳定和价值观安全的因素，对潜在的价值观的失败和堕落何以孕育了愤怒果实的这一情形，表达自己的社会良知与政治义愤。

## 第三节　恐怖与战栗：奥康纳的启示之路

弗兰纳里·奥康纳虽然大部分时间都和母亲待在农场里，39 岁时就死于红斑狼疮，却是第二次世界大战后首位列入权威的"美国文库"的美国女作家。她的父母是来自爱尔兰的移民，笃信天主教。从小定期规律地上教堂的经历，使奥康纳割不掉她的天主教精神脐带，自诩为虔诚的天主教徒，她一生都坚定地信仰天主教，似乎没有经历过任何信仰危机。然而阅读奥康纳的小说却不难发现，作品中与宗教有关的行为和举动，往往以怪异、恐怖甚至负面的形象出现，因此甚至有人在天主教杂志上评论她的小说是"对《圣经》的粗暴否定"。

不过在奥康纳看来，严肃的天主教作家没有必要在作品中承担宣扬宗教的义务。她小说中的人物在通往启示之路时，往往经历了恐怖与战栗，他们所经历的不是一种"布尔乔亚式"的教堂规范，而是带有一点"亚伯拉罕式"的粗犷、原始的信仰，要经受来自周围环境的巨大磨难，"召唤自我的'无限性'，召唤个体化的自我定义，也是在抗拒依从社会制度尤其是家庭进行自我定义的倾向"①。在奥康纳看来，作为一个独立生存个体寻求一场以诅咒、激情、痛苦、呻吟、眼泪甚至是生命为

---

① Gellman, "Kierkegaard's Fear and Trembling", *Man and World*, Vol. 297, No. 23 (1990), p. 299.

代价的抗争，这便是救赎的代价。这种启示信仰不能从理性思辨或是伦理道德这种抽象观念中获得，而是在生存的激情中获得。启示之所以是启示，源于它的特殊性和不可言传性，并且启示每一个个体。

## 一　新教氛围中的天主教作家

当信仰危机充斥着整个西方世界时，美国南方似乎还残存着宗教生存的肥沃土壤，带着它独有的"南方个性"坚守着一种新教神学的信念，这种个性让内战后的南方仍然保有自己的精神特色。然而南方这片属于新教传统的土地又不自觉地影响着奥康纳的精神旨归，她自己曾说："对于南方天主教作家来说，他们的想象是在一个新教传统主宰的地区的生活所塑造的。"① 作为一个天主教小说家，奥康纳从未丧失她对于所处地域的真正感觉，势必要找寻南方地域特色的宗教性文化，"小说中的人物被给定的双重环境分别是南方和天主教"②。原有的天主教基因和南方的新教传统就构成了一种张力，"在这里，南方作家可能拥有最大的优势。他生活在圣经地带，在那里，这样的人即使不像过去那样多了，也会被习以为常"（52）。一对内在的精神张力拉锯着奥康纳的思维方式，约翰·伯特认为："奥康纳在文章和书信中反复探讨过这样的主题：她发现天主教徒和新教徒情感之间有着深刻的差别。"③奥康纳即使是天主教徒，"但是却认为新教徒在表现信仰方面的种种问题比天主教徒方面更容易写成小说，奥康纳始终对新教徒预言家们那种强烈的情感和神秘的灵性有着浓厚的兴趣"④。尼德诺尔也曾探讨了奥

---

① ［美］弗兰纳里·奥康纳：《生存的习惯》，马永波译，新星出版社 2012 年版，第 54 页。为节约篇幅，后文引用此作品皆以括号加页码形式标注。

② Lucretia B. Yaghjian, "Flannery O'Connor's use of symbol, Roger Haight's Christology, and the religious writer", *Theological Studies*, No. 63, Jun（2002）, pp. 268 –301.

③ ［美］萨克文·伯科维奇主编：《剑桥美国文学史》（第七卷），修订版，孙宏主译，中央编译出版社 2012 年版，第 348 页。

④ 同上书，第 348 页。

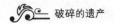 

康纳不可割舍的天主教因素："奥康纳尤其感兴趣的是教堂的经历，教徒的集会。她高度评价教堂并严肃地在检查着有关它的一切。"①

对于北方的现代性、世俗性以及工业化中的宗教功利主义、虚无主义甚至无神论倾向，奥康纳的态度是明显的，"今天你会发现你周围的人信仰的都是消除了宗教因素的宗教"，"现代自由主义的一个后果就是人们逐渐把宗教变成文学甚至是一种慰藉，他们使真理变得越来越模糊、越来越相对化，放弃人智力上的优势，依靠一种感觉而思考，最后慢慢地相信上帝不过如此嘛，他根本无法与人类交流，的确他也从来没和人交流过，宗教只不过是我人类发明出来慰藉自己的蜜糖"。她还在被邀请参加纽约的一个前天主教信徒家的集会时幽默地说道："这个团体中我没什么能插嘴的地方，让我来到这儿就像是一条已经被训练得说几句话的小狗，但仍然克服不掉这种不适应。"② 历经数百年变迁的新教，在奥康纳看来是一种缺乏正统指导、让人感觉"既痛苦又感动，还有些狰狞滑稽"的宗教。从《慧血》（Wise Blood）中我们便可看到虚置宗教信仰的于事无补，黑兹尔·莫兹企图获得彻底的自由，摆脱基督信仰，他建立了"没有基督的圣基督教会"，并且杀死了一个伪教徒莱菲尔德，在匆忙逃离城镇的过程中他感受到了自己身上的"恶"，他如同俄狄浦斯一般惩罚放逐了自己，他意识到了所谓的现代无神论条件下的自由是可怕的。《暴力得逞》（The Violent Bear It Away）中的主人公弗朗西斯同样在寻找自由的途中感到没有基督的自由是虚幻的，最终似乎有一种声音在警告上帝的孩子：上帝的怜悯是很快会降临的。于是他动身回到城里，继续从事他作为先知的天职。

---

① George H. Niederauer, "Flannery O'Connor's Relig ious Vision", *America*, December 24 – 31 2007, Vol. 197 Issue 21, p. 9.

② Ibid., pp. 9 – 14.

　　然而奥康纳居然是接受加尔文新教"预定论"（Predestination）者，将其视为一种无比坚定的信心、力量、喜悦和奥秘之源。奥康纳还融合了法国神学家和古生物学家泰亚尔·德夏尔丹的"被动缩减"理论，形成了她对待自己生活的独特思考方式，基督徒必须接受降临在他们身上的命运，无论它多么险恶，"我因病一直哪儿也没去，从某种意义上说，得病比长途跋涉去欧洲更有教益，病中之人永远是孤独的，谁也不能随你而去。死前患病是再自然不过的事，我觉得没有患过病的人失去了上帝的一次恩惠"①。奥康纳将狼疮看成上帝赐予自己的"福分"，这样她便有大量集中的时间观察思考发生在她这片土地上的人和事，在《圣灵所宿之处》（A Temple of the Holy Ghost）中那个古怪的畸形人就是她的代言人，"上帝把我造成这样，要是你们发笑的话，他也许会让你们遭受同样的折磨。他希望我长成这样，我不是对他的做法提出反抗。我要展示给你们看是因为我得好好利用它。我希望你们的举止能像绅士和淑女一样。我从未对自己做过这种事，而且我也与此无干，我只不过好好利用它罢了。我不反抗"②。

　　作为一个在天主教传统家庭成长起来的作家面临着南方的新教传统，她的态度常常是暧昧不明的，她更多的是在个体的情感经验启示和教会的圣礼仪式中寻找一个平衡点，"当爱默生在1832年决然宣布，只有当面包和酒被撤掉时他才能信奉上帝的晚餐，美国向宗教蒸发迈出了重要一步"③。仪式确实有形式化的嫌疑，缺乏内在的激情和内力，但是正如奥康纳所担心的，如果一个宗教"没有仪式，没有崇拜，没有教义，没有布道，没有牧师，没有教会，只剩下一个孤零零的、无形无体

---

　　① ［美］苏珊·巴莱：《弗兰纳里·奥康纳 南方文学的先知》，秋海译，世界知识出版社1998年版，第98页。

　　② ［美］弗兰纳里·奥康纳：《好人难寻》，於梅译，新星出版社2010年版，第104页。

　　③ Flannery O'Connor, *Collected Works*, New York：Library of America, 1998, p. 1180.

的上帝象征着终极真理，还有一位与凡人为伍的耶稣在代表着任何发现真理的人"①，这样去掉宗教载体的下一步可能就是"宗教的蒸发"。因此仪式和圣礼并非全然是糟粕，它有自己存在的理由，"能使天主教会持续下去的一件事就是，不管怎么说，天主教会是耶稣基督的形式载体，只有通过教会，我们才能被喂食圣餐"。但是天主教会有着很多需要纠正的地方，"我们要做的就是改变教会外部不合理的地方，粗野的地方，以及缺乏情感关系，缺乏智力上真诚的地方，不管在哪里我们都会发现，不管是何种程度都要矫正"②。同时，新教的魅力确实让这位天主教作家坐立不安，"我写的新教教徒比天主教徒更精彩"③，"天主教徒不习惯看到恪守圣经的宗教，这是天主教的一个缺陷，我们的文学将一直走下坡路……抽象、公式、法律，在此一无所用。我们必须有故事，需要用故事来创造故事。它需要一个神秘的维度的故事，并能想象他降临在自己身上。在新教的南方，圣经担当了这个角色，使抽象具体化的古希伯来精神决定了南方人观察事物的方式"（54—55）。

## 二 怪诞中的震惊

在短篇小说《格林利夫》（*Greenleaf*）中我们看到了格林利夫太太和梅太太两种信仰方式的碰撞，让我们能窥见奥康纳企图寻找平衡时的矛盾和努力。格林太太的祈祷方式非常怪诞诡异，有一种极度私人情感体验的倾向，"格林利夫太太抬起头。她的脸上满是斑驳的泥土和泪痕，她那双紫花豌豆颜色的小眼睛红了一圈，肿了起来，但她的精神镇定自

---

① 钱满素：《爱默生与中国——对个人主义的反思》，生活·读书·新知三联书店1996 年版，第 24 页。

② George H. Niederauer，"Flannery O'Connor's Relig ious Vision"，*America*，December 24 – 31 2007，Vol. 197 Issue 21，pp. 9 – 14.

③ Flannery O'Connor，*Collected Works*，New York：Library of America，1998，p. 857.

若，就像是一头牛头犬。她双手和双膝着地，前后挪动，呻吟着"①，格林利夫太太尖声叫道，"耶稣，戳我的心"，然后直挺挺地仰卧在泥土里，就像一座巨大的人体土墩。她的腿和胳膊伸了出来，好像她想要用泥土把它们盖起来似的。恪守"布尔乔亚式"信仰方式的梅太太则往后退了退，她认为"耶稣"这个词应该保留在教堂里，就像有些词不能出现在卧室一样。这便是两种截然不同的信仰方式：一种需要教会的中介；另一种认为自己能够直接与耶稣进行沟通。第一种方式充满了理性和规则，冷漠客观；第二种方式更倾向情感精神的体验，更富有人情味，连梅太太的儿子韦斯利都对这种祈祷方式充满渴望，他咆哮道："那么，你为什么不做点实在事呢，女人，为什么不像格林利夫太太那样，为我祈祷呢？"② 最终母亲梅太太终于俯下了身，正对着牛的耳朵低语她最后一个发现。牛角戳进了她心脏的一刻，她终于像格林利夫太太那般为自己的儿子完成了祈祷，找到了耶稣基督。

如果在非基督教的接受背景下，读奥康纳的小说都会产生这样一种感觉：人物怪诞、行为诡异、思维不合逻辑、结局瞠目结舌，我们不理解为什么人物在生存的深渊、近乎绝境的境地，找到了上帝，得到了启示。《好人难寻》（A Good Man is Hard to Find）中那个喋喋不休的老太太最终在"格格不入"帕斯卡式的追问下顿时清醒，低声说出，"哎呀，你是我的儿呢，你是我的亲儿"，最终即使被枪击致死，"她的两条腿像孩子一样盘在身下，面孔朝向无云的天空微笑着"；《格林利夫》中傲慢的梅太太在被那头"下等牛"刺穿心脏的瞬间，"她仿佛低下了身，正对这牛的耳朵低语她的最后一个发现"；《启示》（Revelation）中自以为是的特平太太在被疯狂女孩玛丽·格雷斯精神肉体双重攻击之

---

① ［美］弗兰纳里·奥康纳：《上升的一切必将汇合》，仲召明译，新星出版社 2012 年版，第 34 页。

② 同上书，第 38 页。

下，进而跑去观察猪群后，"她听到的是灵魂向上朝星辰所在之地行进并高呼哈利路亚的声音"；《善良的乡下人》（*Good Country People*）中怀疑一切走向虚无主义的赫尔加在被假冒《圣经》推销员的小伙子曼里·波恩特戏谑玩弄后，她突然意识到"在一个没有上帝的世界上，生活会是什么情形"。

奥康纳用"上帝之眼"的视角俯视"迷途的羔羊"，所有人身上都有"恶"，作恶的原因是生存的无根基性，所有个体都存在生存上的困境，"我们多数人已学会对恶无动于衷，我们紧盯着恶的面貌，却常在上面发现我们自己咧嘴笑的反影，因而并不与其争论"①。其实这些人物并不应该映照出我们咧嘴笑的面容，而应是我们自己的精神生存困境。奥康纳之所以经常遭到误读，是因为我们从来没有用正确的思维方式去读奥康纳，"有基督教信仰的小说家会在现代生活中发现令他厌恶的扭曲，他的问题是让这些东西在一个习惯了的读者那里显现为扭曲。他可能被迫要采取较为激烈的手段，让他看见的东西抵达这个有敌意的读者。当你能假设你的读者怀有与你一致的信仰，你就能轻松一些，并用较为平常的方式与之说话。如果事情相反，你就不得不用震惊来使你看见的东西明显起来——对于近乎耳聋的人，你要大声喊叫；对于视力不清的人，你要画出大而惊人的人物"（7）。

我们在用奥康纳两个思维维度思考问题的时候，产生这样的理解是非常正常的。要理解奥康纳小说中的非逻辑因素，首先要了解的就是奥康纳"圣经哲学"式的思考方式，这是一种启示："艺术源自一个健康心灵，而非一个病态心灵的人，会将艺术家展示给他们的东西视为一个启示。这启示与我们应该成为什么无关，而是与特定时间和特定环境下，我们是什么样子有关。这个启示虽然有限，但毕竟还是一种启示。"

---

① ［美］苏珊·巴莱：《弗兰纳里·奥康纳 南方文学的先知》，秋海译，世界知识出版社 1998 年版，第 91 页。

(7) 在这一点上，奥康纳绝非孤独的斗士，我们从詹姆斯·A. 格林姆肖在《弗兰纳里·奥康纳指南》(*The Flannery O'Connor Companion*) 中所列影响奥康纳的基督教思想中就能窥见一斑：瓜尔蒂尼、莫里雅克、帕斯卡尔、克尔凯郭尔、奥古斯丁、托马斯·阿奎那等神学家斗士，都是她的灵魂伴侣，"奥康纳作品中的非理性主义倾向是理性服务于宗教观念的外显，奥康纳反对唯理性主义，她把唯理性主义看作人类中心主义的骄傲表现，她认为智力是上帝的馈赠，是一种责任，智力从来都只是生命中的因素，而绝不是实质"①。理性思辨和《圣经》启示是两条平行的维度，启示信仰是不需要理性来证明的，"上帝之子被钉死在十字架上，他并不因此耻辱而感到羞愧；上帝之子死了，虽荒谬却因此可信。埋葬后又复活，虽不可能却因此是肯定的"②。

### 三 理性思辨与启示信仰

奥康纳作品中的人物走向启示之路，往往是经历了疯狂的挣扎，都是以激情、眼泪、痛苦、呻吟、诅咒为代价的个体抗争，每个人都有属于自己的独特的个体方式，最终"上升的一切必将汇合"，"我不能让我的任务在半途中便停止发展，在长篇中至少不能这样。这无疑是天主教教育和天主教的历史观使然——什么事物都要走向真实的终结或与其悖离，一切都终将被拯救或丧失"③。他们找到上帝的这条路，不是通过理性思辨而是信仰启示，如果再用原有的思维方式去理解奥康纳的人物，他们只能是疯癫和怪异的，但是我们不妨换一种思维方式，"如果我们只学会了一个信仰的定义，而不是当亚伯拉罕对以撒取起刀子的时

---

① Robert Coles, *Flannery O'Connor's South*, Baton Rouge and London：Louisian a State University Press, 1981, p.151.

② 王齐：《生命与信仰：克尔凯郭尔假名写作时期基督教哲学思想研究》，江苏凤凰出版社 2010 年版，第 122 页。

③ ［美］苏珊·巴莱：《弗兰纳里·奥康纳 南方文学的先知》，秋海译，世界知识出版社 1998 年版，第 91 页。

候与他一起颤抖，我们对生活的反映将是决然不同的"（55）。这种找寻上帝的路径我更愿意用克尔凯郭尔的书名《恐怖与战栗》（*Fear and Trembling*）来形容，"正是在不断思考自己即将死亡这一事实的过程中，人才开始'恐惧而颤抖地'考虑自己与造物主之间的关系。随着个人逐渐意识到自己终有一死的命运，他会产生所谓的'Angest'（德语为Angst），人们通常将其译为'恐惧'，但它或许更接近法语的 Angoisse，或'焦虑'。焦虑与恐惧不同，因为它没有一个具体的对象，当个人愈来愈感到一个与上帝相隔离的生活空洞，枯燥的时候，这种焦虑便油然而生。若个人坚持这种自我异化，也就是说，若他不信仰上帝，而选择了一种耽乐主义生活或温文尔雅的人道主义生活，那么他必然地会陷入可意识到的和不可意识到的绝望之中"①。

奥康纳笔下的人物很多都在这样一种状态中得到启示，这类似于亚伯拉罕在挥刀献祭以撒之前的状态。这一短语最早出现在保罗写给腓立比人的信中："这样看来，我亲爱的弟兄，你们既是常顺服的，不但我在你们那里，就是我如今不在你们那里，更是顺服的，就当恐惧战兢，作成你们得救的功夫。因为你们立志行事，都是神在你们心里运行，为要成就他的美德。"（《腓立比书》2：12—13）愿上帝之所愿，就是一种"恐惧与战栗"的过程，因为凡是走上这条小径的人就不可避免地面临着牺牲。这是一条"信仰的跳跃"之路，"是帕斯卡式的边呻吟边探索真理的人生之路，乃是约伯一边坐在炉灰中刮毒疮，一边赞颂上帝所启明的路"②。在人生的每一阶段上，人都必须在绝对信任上帝的情况下，做出决定，这就是克尔凯郭尔所说的"信仰的飞跃"，与此同时，人的任何行动，无论如何关键，都不能"证明"他的信仰，更不能减轻

---

① ［美］霍顿、爱德华兹：《美国文学思想背景》，房炜、孟昭庆译，人民文学出版社1991年版，第512页。

② 刘小枫：《走向十字架的真》，华东师范大学出版社2011年版，第10页。

他的痛苦，正是这种不连续性的经验，构成了人永久的机遇和持续的"信仰磨难"。在以萨特为代表的现代无神论者那里，世界是荒诞的；但是对基督教信徒来说，这种"荒诞"，仅仅是由于人用狭隘眼光看待世界的结果，未能容纳所有界限、时间、空间的心智能力，因而无法理解自己的世界。

在《好人难寻》中我们看到了"格格不入"对老太太的追问式对话，特别有帕斯卡的意味："耶稣让一切都变得不再平衡。他和我一样，只是他没有犯罪，而他们能证明我犯了罪，因为他们有对我的判决书。""太太，你想想这样公平吗？一个人受尽惩罚，而另一个则根本没有受到惩罚。"① 此时"格格不入"对"神正论"进行了质疑，他不相信上帝既然存在，为什么犯罪的人根本不会受到任何惩罚，无罪的人就在受难，"只有耶稣会让死了的人活过来，他真不应该这么做，他让这个世界不平衡了。要是他言行一致的话，他就没什么可做的了，你只要抛掉一切跟他走就成，如果他言行不一致的话，你就只要好好享受你仅有的几分钟，以最好的方式离开——杀人啊，放火烧房子啊，要不就干点背的坏事。不干点坏事就没乐趣了"。这种超验的神律、神义无法拯救个体存在的无根基性，根本无所谓超验的正义可言，所以"格格不入"看不到一点生存的希望，耶稣的缺席让他充满绝望，"我不在场，我不能说他没让死人活过来"，"格格不入"说，"我希望我当时在场"。他用拳头去砸地，"我应该在那儿，要是我在那儿，我就会知道了。听着，太太，"他尖着嗓子说，"要是我在那儿的话，我就会知道了，我就不会是现在这个样子了。"② "格格不入"这段实质上是每一个孤独的个体在面临深渊时对主的呼唤，他质疑神圣的正义，既然整个世界的平衡都被打乱了，也就无所谓善恶、正义与非正义了，"格格不入"杀死了老太

---

① ［美］弗兰纳里·奥康纳：《好人难寻》，於梅译，新星出版社 2010 年版，第21 页。
② 同上书，第22—23 页。

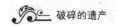

太的儿子、儿媳妇和孙子、孙女，并步步紧逼，将用枪置老太太于死地，在这种极端恐惧战兢的极端境遇中，老太太找到了上帝。

老太太最后彻底清醒，"你是我的儿，你就是我的亲儿"并不是为了保命，而是在"格格不入"身上看到了个体生存的无根基性。她突然发现他们是一样的，都是处在深渊上呼唤主的无助个体，这已经不能简单地用善恶的标准来评判，因为所谓的"至善""同情""兄弟之爱"都如同一层帆布，遮蔽了个体存在的真实处境以及个体的脆弱痛苦。舍斯托夫曾经说过："一旦一个人由于命运的安排在现实面前头破血流，在恐怖中突然发现，所有美好的先验判断统统都是假的，这时，他便有生以来第一次被无法抑制的怀疑攫取住了。"① 这时候也许他会走向虚无主义甚至无神论，就如同《慧血》中的主人公黑兹尔·莫兹一样，当他将碎玻璃装进自己的鞋子里，以惩罚自己看到在棺材里的裸体妇女时，此时莫兹理解的上帝，更多的是所谓"苏格拉底、柏拉图、善、人性、理念——所有这一切从前都是天使和圣人，他们都是圣人"，按照他们至善至纯的方式生存就能保护人的内在灵魂不受怀疑主义和悲观主义恶魔的侵扰和攻击。但是上帝似乎并没有发现他的罪恶，也没有理会他的自我惩罚，他对上帝感到失望，那些所谓的道德法则如今消失得无影无踪，化为乌有，无法解决个体生存的无根基性，"于是，人便面临自己最可怖的敌人，在其一生中第一次体会到了令人胆寒的孤独"。无神论的虚无自由主义不是莫兹的最终归宿，这是将信仰从道德理性中解脱出来的解毒剂，莫兹建立了一个"没有基督的圣基督教会"，实质上就是在呼唤一个新基督的降临，最终他落入了生存的深渊——杀掉菲尔德后被警察围追堵截，汽车又被一个巡警所毁，在绝境之中莫兹弄瞎了自己的双眼，"因为没有眼睛的限制看到了更多

---

① Spencer Eugene Roberts, comp, *Essays in Russian Literature*：*The Conservative View*：*Leontiev*，*Rozanov*，Shestov. Athens：Ohio University Press，1968，p. 57.

的景象"，他诞生了对上帝的渴求，当人世间的一切希望毁灭时，他真正的找到了上帝，是莫兹的眼泪而不是他的道德自律让他和十字架上的耶稣相会。

因此，奥康纳小说中的人物获得信仰的路径都有一种令人心痛的恐怖和战栗，用头撞破了廉价的形而上学的安慰，正视个体生存的真实处境，在绝望中渴望遇到上帝。这就是奥康纳所说的："当亚伯拉罕对以撒举起刀子的时候，我们与他一同颤抖。"这样的相遇因人而异，殊途同归，体现了南方作家的地域特性："对抽象的不信任，人类对恩典的依赖感，以及罪恶并不纯然是一个要解决的问题，而是一个要忍受的神秘。……能够加深我们对信仰感觉的不是抽象，而更多的是与神秘的一种遭遇，这种神秘包含在属于人性的且往往是堕落的事物之中。"（58—59）

美国内战的结果是南方被迫要适应重新建构起来的秩序，这个过程也能从奥康纳的小说中看到是异常艰难的，这种情感说不清楚是排斥怀疑还是坐享其成。伍德沃德在《找寻南方的个性》（*The Search for Southern Identity*）一书中颇有见地地论述到属于南方的个性到底是什么，它绝不是一种简单的怀旧情结，"南方的历史重负是一笔遗产，因为背上压着这一历史的重负的人们可以给总体文化带来一种审慎感，一种历史讽刺感和道德上的谦卑感"①，南方作家属于自己的宝贵个性本质很大程度上源于它的基督性（Christianity），"南方文化最令奥康纳珍视的就在于即使在最愚蠢、最粗俗的角落总会有活生生的、要求极其严格的基督存在"（56）。这种弥足珍贵的个性不因战后重建的秩序而丧失，"理性化的南方人有一种矛盾的心理：既考虑道德约束上的必要性，又怀疑这样会产生好战政治，而好战政治即使不是为了谋求私利或者争权夺利所采用的借口，也常常会陷入道德恐慌的纠葛之中，从而有损于这种道

---

① ［美］伯克维奇：《剑桥美国文学史》（第七卷），修订版，孙宏主译，中央编译出版社 2012 年版，第 359 页。

德的初衷"①。这种道德上的自律恰恰是不能为了拯救世界而摧毁的，"南方在内战中通过保留它最真诚的传奇打赢了精神之战，这不是奴隶制和种族隔离政策的遗留，而是一种以《圣经》为中心的和基督为存在的信念，这份精神遗产仍然存留在教堂和民族之中，成为他们最后的也是最美好的精神和希望"②。这种弥足珍贵的基督性在南方便拥有最肥沃的土壤，"探索宗教主题的作家尤其需要一个地区，在那里，从人们的生活中能够找到这些主题的反映，而这种条件只能在南方得到满足，别无他处"（54）。

苏珊·巴莱曾赞誉奥康纳为"南方文学的先知"，笔者认为这个评价还是比较中肯的，种种因素的层累堆积让奥康纳的作品尽显怪诞，她也曾幽默地称自己为"距离现实主义"。克尔凯郭尔在阐述"真理"的定义时说："一个存在的个人能获得的最高真理是在内心最热烈的占有过程中坚定信仰的客观不确定性。"③ 这个"客观不确定性"显然就是指荒诞的、似乎没有秩序的世界。其实奥康纳的作品并非"怪诞"，只是读者和她思考问题出发点的不同才显现出怪异，对于一个背景不同，被道德哲学、形而上学遮蔽，甚至是有敌意的读者，我们能感受到她通过夸张放大的方式接近读者的努力，彰显自己的深意，但是如果我们以传统的理性逻辑去读，仍旧是雾里看花水中望月。它本来就是信仰启示思维下的产物，力图关怀每一个个体的生存困境和救赎之途。

---

① 〔美〕伯克维奇：《剑桥美国文学史》（第七卷），修订版，孙宏主译，中央编译出版社 2012 年版，第 360 页。

② Ralph C. Wood, *Flannery O' Connor and the Christ – Haunted South*, Grand Rapids, MI：Wm. B. Erdmans Publishing, 2004, p. 284.

③ 〔美〕霍顿、爱德华兹：《美国文学思想背景》，房炜、孟昭庆译，人民文学出版社 1991 年版，第 514 页。

## 第四节　没有指针的钟：麦卡勒斯
## 的神学观

由于南方作家的身份，使得批评家们更愿意用选择宗教的视角去评价和研究卡森·麦卡勒斯（Carson McCullers，1917—1967）的作品。评论家们敏锐地捕捉到了麦卡勒斯小说中的基督教文化因素，但评论视角大多选择在信仰危机的语境下探讨。如弗兰克·达勒姆（Frank Durham）在论文中把《心是孤独的猎手》（*The Heart is a Lonely Hunter*，1940）一书看作一部当代的具有讽刺意味的宗教寓言，并指出"辛格和安东尼帕罗斯虽然作为上帝的形象出现，但并不能理解信徒的渴求，也不愿意与之交流"[1]。而玛丽·A. 威特（Mary A. Whitt）在《麦卡勒斯小说〈心是孤独的猎手〉中的哑巴形象》一文中则更深层次地挖掘了这部小说的时代和现实意义，她指出："麦卡勒斯塑造的这两个哑巴的形象带有一定的宗教隐喻，他们揭示了小说中的人们都活在一个信仰危机的世界里。"[2] 因此，麦氏的作品常常与类似于"孤独""绝望"和"无力的救赎"这些字眼捆绑在一起。然而通常为评论界所忽略的是麦卡勒斯的教徒身份及其宗教观，这就为麦氏作品的研究留下了探索空间。笔者尝试提出，麦卡勒斯具有一种"宗教认同"的价值观，而且这种价值观深刻影响了麦卡勒斯的文学创作。

### 一　麦卡勒斯的"《圣经》情结"

麦卡勒斯对宗教有着深厚的感情，这自然得益于她生于斯长于斯的

---

① Virginia Spencer Carr, *Understanding Carson McCullers*, Columbia, South Carolina：University of South Carolina Press, 1990, p. 36.

② Ibid. , p. 36.

南方宗教环境和童年时期的"《圣经》情结"。从幼年到少女时期，麦卡勒斯有近乎七年时间坚持参加主日学校，而且认真祷告。她从小喜欢背诵《圣经》，能"把《圣经》的段落记得滚瓜烂熟"①。随着年龄的增长，她对《圣经》的情感也日益深厚，她喜欢读《圣经》，尤其是圣歌，当背诵出她最喜欢的圣歌"主是我的牧羊人"时，眼里都会充满了泪水。1954 年的那个春天，麦卡勒斯对《圣经》的兴趣让朋友颇为惊讶，"她准确无误地知道有关音乐和爱情的段落在何处"②。虽然她 14 岁以后不再去教堂，但她从未放弃过自己的教徒身份。根据她的弟弟拉马尔·史密斯以及过去 20 年与她结识的朋友所述，麦卡勒斯一直坚持自己是个基督徒，不管她如何看待传统的基督教义和有组织的教堂，也不管她在小说中多么讽刺它、挖苦它。③ 作家本人从未披露过自己远离教堂的直接原因，但在小说《没有指针的钟》（*Clock without Hands*，1961）里，或许从主人公马龙对教堂的态度上我们可以略知一二。

这是这座城市最大的教堂，占据了主要马路旁边那个街区的一半面积，而这一片建筑粗略算来大约也值两百万美元。这样的一座教堂必定是真实存在的。这座教堂的主要支持者都是实力雄厚的人物，是这座城市的最重要的市民。布奇·汉德逊，即这座城市的地产经纪人和眼光最锐利的商人之一，就是教堂的执事……甚至 T. C. 魏德威尔，即可口可乐公司的创始人之一和千万富翁，也捐赠了五十万美元给教堂，帮助修建教堂的右厢房……一个从来没有

---

① ［美］弗吉尼亚·斯潘塞·卡尔：《孤独的猎手：卡森·麦卡勒斯传》，冯晓明译，上海三联书店 2006 年版，第 30 页。

② 同上书，第 327、429 页。

③ Virginia Spencer Carr, *Understanding Carson McCullers*, Columbia, South Carolina: University of South Carolina Press, 1990, p. 115.

投资错地方的人却投资了这么多资本给来世。①

可能正是眼见教会变成了权贵的装饰和救赎的途径，使得她离教堂越来越远。

脱离教会组织并不代表麦卡勒斯与宗教决裂。麦卡勒斯一直极力要给我们留下这样一种印象：她和她的作品都不是远离宗教的。在麦卡勒斯的成名作《心是孤独的猎手》一书中，作家通过人物关系的设置，来暗示自己与宗教的非隔绝化。小说中，麦卡勒斯在几位主要人物的身边都设置了一个传统的基督信徒，让他们与宗教有着千丝万缕的联系：米克通过黑人女仆鲍蒂娅，比夫通过妻子艾莉斯，辛格通过好友安东尼帕罗斯，考普兰德医生通过女儿鲍蒂娅和年迈的岳父。鲍蒂娅、艾莉斯所代表的是教堂、主日学校这些宗教的外在形式，受到米克、比夫的完全否定，因而似乎形成了相对立的两个阵营。作家用意何在？一方面，通过好友、妻子、女儿、岳父以及女仆这种人物的亲密关系来隐喻南方人无法与宗教相割舍的情愫；另一方面，麦卡勒斯通过人物间的冲突、摩擦以及疏离来暗示自己的宗教是与教堂分开的。米克与鲍蒂娅关于宗教的争论，是麦卡勒斯的宗教主张与宗教外在形式展开的正面交锋，面对鲍蒂娅去主日学校和教堂的教导，米克只是以"神经"作答，然后大笑着把鲍蒂娅和她的劝告撇在身后。鲍蒂娅的宗教观依赖的是教条、仪式和教堂，而米克或者说麦卡勒斯则是依赖"希望""信念""仁爱"这些存在于精神领域中的崇高原则。这类似于西美尔（Smmiel）对宗教的定义，"宗教是社会的一种超越性形式，而非一种安慰性幻想的社会倒影"②。

---

① ［美］麦卡勒斯：《没有指针的钟》，金绍禹译，上海三联书店2009年版，第10—11页。

② 刘小枫：《西美尔论现代人与宗教·编者导言》，载［德］西美尔《现代人与宗教》，曹卫东等译，中国人民大学出版社2003年版，第7页。

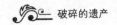

《天父，我们依照你的形象而生》是麦卡勒斯极其少有的直接表达其宗教观的诗作。在诗中，作家表达了将人类融入上帝的强烈愿望："谁说创造已经完成？合成才刚刚开始……天父，我们是依您的形象而生。"① 由此，我们可以推断，这首诗实际上表明麦卡勒斯证悟人类与上帝是合一的，上帝就是"人类的终极原型"②。但作家并不是宣扬"内在的基督"，作为一名敏感的作家，麦卡勒斯一定是意识到这种由内而发的明觉有演变成对自身迷恋或着魔的危险，因此作家总是选择一些不完美的人物来加以刻画：聋哑人辛格和安东尼帕罗斯、驼背的李蒙表哥和巨人式的爱密利亚，瘦弱的假小子米克和弗兰淇等。从这一点来看，麦卡勒斯可能深受基督教观念的影响，强调人在上帝面前的卑微。但是她并不迷信天堂和来世，因为在她看来，根本没有其他的世界。人类与上帝的合一，对于麦卡勒斯来说就是认同上帝所代表的精神原则，把潜藏在我们生命中的基督精神绽放出来。这在一定意义上反映了麦卡勒斯的宗教观，即宗教传统不只是一种精神慰藉抑或心灵依托，它应该是一种个人的体验。作家终其一生，都在书写她的宗教体验，处处彰显基督教的伦理情怀——爱和怜悯，例如小菲佣无微不至地照顾着疾病缠身的艾莉森，辛格对白痴安东尼·帕罗斯的守护，爱密利亚收留了无家可归的小罗锅，白人男孩杰斯特对黑人舍曼的关心等。

在麦卡勒斯生活的时代，基督教文化长期影响下所形成的价值观念和道德风尚日趋衰落，存在于人们精神领域的秩序感遭到怀疑和摒弃，这也就是所谓的"信仰危机"。这一危机对美国文学创作影响深远，甚至形成一股文学思潮——寻找式文学。作家们试图在这个因信仰危机而变得混乱无序的世界中寻找一种秩序，一个"上帝"，以重新确立信仰

---

① Carson McCullers, *The Mortgaged Heart*, London：Penguin, 1975, p.298.

② ［美］坎贝尔、莫耶斯：《神话的力量》，朱侃如译，万卷出版公司2011年版，第277页。

的支撑点。例如罗伯特·弗罗斯特以人类之间的相互关怀来代替上帝关怀的主张，威廉·福克纳对人性美的一面的探索。由于麦卡勒斯的教徒身份，使她对这场精神动荡有着深刻的省察。麦卡勒斯曾在随笔中写下这样一句："我们美国人一直都在寻觅，我们四下徘徊，我们提出问题。但是答案，却在每一颗彼此分离的心中。"① 这似乎在影射福克纳等人的"寻找式文学"并非是以更为广大的意识产生的洞见为基础的，在麦卡勒斯看来，"个体化的上帝或秩序很可能是荒谬虚幻的"②，因为那只不过是紧紧抱住自己的意识形态和浅薄的思考态度而已。麦卡勒斯依然相信基督教是人类的精神资源，因此在她的作品中她从未试图为世界确立一个新的支点，作为一名基督徒，她坚信真理只有一个——上帝，她要做的是，通过自己对宗教的体验，创造出一股契合真理的潜流。这也是麦卡勒斯视写作为"寻找上帝"③ 的本意之所在。

麦卡勒斯宗教认同的价值观，深刻影响了她的文学创作，并在她的文学作品中展现为两个重要的主题：一是对建构"个体化上帝"的批判；二是将人类融入上帝的诉求。

## 二　"个体化上帝"的建构与解构

小说《心是孤独的猎手》一书，对寻找式文学不无讽刺之意。小说以辛格这一"个性化上帝"予以建构与解构的谋篇布局。首先，这种建

---

① ［美］卡森·麦卡勒斯：《抵押出去的心》，文泽尔译，人民文学出版社 2012 年版，第 178 页。

② "个体化上帝"（personal God, individual Gods）这个概念来源于麦卡勒斯，她在《心是孤独的猎手》一书的创作提纲中指出，人的内心深处总是有一种需求，需要创造某种秩序或者一个上帝来表达自我，这就是"个体化上帝"之意。在同一文章中麦卡勒斯表明这种"个体化上帝"往往不被所处社会所接受，文章中麦卡勒斯将其归因于社会整体的目光短浅，但也不妨说作家认为"个体化上帝"并不具有普适意义。详见 Carson McCullers, *Illumination and Night Glare*, Ed. Carlos L. Dews. Madison：University of Wisconsin Press, 1999, p. 4。

③ 据麦卡勒斯传记作家卡尔所述，曾有《爱尔兰时报》记者问麦卡勒斯写作对她意味着什么，她回答："寻找上帝。"详见 ［美］弗吉尼亚·斯潘塞·卡尔《孤独的猎手：卡森·麦卡勒斯传》，冯晓明译，上海三联书店 2006 年版，第 534 页。

构源于人物内心深处的某种需求，这些人需要创造一个属于自己的上帝来倾诉自己的苦闷，并坚定自身所信奉的真理。他们分别是追逐音乐梦想的少女米克·凯利、马克思主义者杰克·布朗特和以追求种族平等为使命的黑人医生马迪·考普兰德。这三名身份迥异、个性鲜明的人物不约而同地将辛格当作自我信仰的载体。其中米克对辛格的虔信最具代表性："她大声地自言自语道：'主啊赦免我，因为我不知道我做了什么。'为什么她会想到这句话？最近的几年中，每个人都明白根本没有真正的上帝。当她想到以前她想象中的上帝的模样时，他却只能看见辛格先生……她又说了一遍，就像对着辛格先生说道：主啊赦免我，因为我不知道我做了什么。"① 由此可见，辛格的上帝形象已在米克的想象中建构，并成了她生命中不可或缺的"信仰"支撑。她向辛格袒露自己藏于内心的梦想，追寻着他的身影："早晨她第一个想到的就是他……穿衣服时，她想着今天在哪见到他。她洒上埃塔的香水或一滴香草精，如果她在大厅遇见他，她会闻起来香喷喷的。她故意很晚才去学校，为了能看到他下楼去上班。下午和晚上如果他在，她从不离开家。"（239）

至于杰克和考普兰德医生，两个人也都怀着无比敬畏之心逐步地圣化辛格，毫无顾虑地向他敞开心扉，将内心的秘密托付给他，并从他身上获得坚持自我信仰的力量。值得一提的是，麦卡勒斯在小说中不断提醒读者他们每个人都是依据自己对辛格的愿望来描述他的。考普兰德医生坚持认为辛格是个犹太人，并将黑人与犹太人的境遇视为等同："他倾听的时候，脸部是温柔的，犹太式的，一个属于被压迫民族的人的理解力。"（134）而杰克却把辛格看作一个纯粹的爱尔兰和盎格鲁—撒逊人。关于辛格的谣言越来越多，犹太人说他是犹太人，土耳其人声称

---

① ［美］卡森·麦卡勒斯：《心是孤独的猎手》，陈笑黎译，上海三联书店 2012 年版，第 118 页。为节约篇幅，凡引用此作品，皆以括号加页码形式标注。

他是土耳其人，在一个被迫害的纺织协会里，人们交头接耳暗示辛格是工联大会的领导者。总之，每个人都是以自我的身份为参照来对辛格进行描述，但事实上，辛格从未跟别人提过自己的过去。作家通过这种不可靠的叙述来强调辛格"个体化上帝"的性质，他们每个人都只是把自己的意识形态投射在辛格身上。

其次，麦卡勒斯在小说中通过《圣经》原型隐喻来暗示辛格的基督形象。这段《圣经》文本线索透过比夫的妻子之口传递给读者，"耶稣顺着加利利的海边走，看见西蒙和西蒙的兄弟安德烈在海里撒网。他们本是打鱼的。耶稣对他们说：'来跟从我，我要叫你们得人如得鱼一样。'他们就立刻舍了网，跟从了他。……早晨，天未亮的时候，耶稣起来，到旷野地方去，在那里祷告。西蒙和同伴追了他去。遇见了就对他说'众人都找你'"（30）。这段经文出自《马可福音》第一章，麦卡勒斯巧妙地通过比夫的视角将"基督形象"指向了辛格："他等的两个人来了。辛格先进了门，穿着考究的礼拜日西装，挺拔而优雅。布朗特紧跟着他。他们走路的样子让他感觉异样。"（227）杰克就如西蒙跟从耶稣一样跟随在辛格身后。而且我们从人物的名字构成也能解读出这一宗教隐喻：Singer（辛格）、Christ（耶稣），辛格与耶稣这两个名字都是由 6 个字母组成，显然相同的字母数量不仅仅是一种巧合，应是作家有意而为之，意在强调辛格的上帝身份。而杰克（Jake）一名本就源自圣徒雅各（Jacob）。辛格在 33 岁时结束生命，正是耶稣被钉在十字架上的年龄。这就使辛格的形象与耶稣的形象圆满地交叠在一起，从而完成了这一个性化上帝的建构。

以往的批评家习惯将小说中的比夫这一人物形象与其他三位主要人物相提并论，将其归类于辛格的"信徒"。但笔者以为，比夫是辛格上帝形象"被解构"的提线人物。虽然比夫与米克、考普兰德医生、杰克一样，成为辛格的常客，但他从未企图在辛格那里获得任何安慰，尽管他对自己的性别身份困惑不已。他接近辛格，无非是对辛格感到好奇，好奇于辛格能够吸引形形色色追随者的原因。最后，比夫一语中的，"因为他是个哑巴，他们能把希望他具有的品质都强加在他身上"（227）。这本小说的成功之处就在于通过比夫的视角和"隐含作者"的双重角度来揭示辛格上帝形象的虚幻性。通过叙述者我们知道，与别人眼中的智慧和平静的神态形成反差，在辛格的内心深处是极度的困惑与不解，他觉得自己被留在了陌生的国度。实际上，据辛格的信件透露，这些向他倾诉的人更是令他迷惑不解，"我不明白，所以给你写信，因为我觉得你会明白。我有奇怪的感觉。我想关于他们我写得已经够多了，我知道你烦了。我也是"。辛格在他人面前表现出来的"理解"其实只不过是出于礼貌，就如他在信中提到的："我总说，无礼，不顾及别人的感受是不对的。就是这样的。"（211）

与米克的虔诚相比，辛格的话如此轻描淡写。《圣经》上记载，耶稣在聚集门徒时说："来跟从我，我要叫你们得人如得鱼一样。"（《马可福音》1：17）根据教义，教徒的虔信可以得到神的恩典——得人如得鱼。然而杰克对辛格的虔信如圣徒一般，换来的只是"上帝"的空洞的礼貌而已，这就将《圣经》原型进行了一次"移位"。辛格的梦境则以一种令人战栗的方法直观地呈现了个体化上帝的虚幻性，"黑暗的睡梦中，梦开始了……在他身后的地面上，他感觉到他们：长小胡子的人，那个女孩，黑人和剩下的那个人。他们赤裸地跪在地上，他感觉到他们在看他。在他们身后，是无数黑暗中跪着的人……突然间一阵骚动。骚乱中，台阶塌了，他感到自己在坠落"（212—213）。台阶在一阵骚动中的突然塌陷，以及辛格的坠落瓦解了辛格的上帝形象，个体化上帝的虚幻性昭然若揭。值得注意的是，小说用较少的篇幅描写了辛格得知安东尼帕罗斯死讯后的性情转变，他一反平日的彬彬有礼，竟然为了一台堵塞的老虎机而小题大做。从酒店离开时的一个细节描写尤其意味深长："他把东西装进行李袋，不得不使很大的力气才把它合上。因为除了他带来的东西外，他还拿走了三块毛巾、两块肥皂、一支笔、一瓶墨水、一卷卫生纸和一本《圣经》。"（321）这一细节的描写带有极度的荒诞色彩，彻底剥掉了辛格作为"上帝"的神化外衣，借此，作家将"个体化上帝"的荒谬性表露无遗。

评论界对辛格的死的解读惊人的相似，几乎所有的文章都认为辛格的死宣告了人终究逃脱不了信仰失落的痛苦①，由此作家也就被贴上了"绝望"的标签。但笔者以为，麦卡勒斯的作品中透露出来的是，无所谓的灵魂救赎。其作品更不在于表现这种无尽的荒原意识，尽管作家以细腻的笔触描写了"信徒"失去辛格后的"疯狂""挫败感"和"被骗感"。她只是在极尽一个小说家呈示之能事，通过辛格的死传达出"心因基督的幻象而承受着烈火的烧灼"② 之痛。

### 三 对基督性的追求

麦卡勒斯对"个体化上帝"的否定背后凸显了另一个重要主题：对宗教精神的坚持，对人生命本性中的基督的追求，且充满了乐观和信心。这一主题首先体现在作家对比夫·布瑞农的形象塑造上。南希·瑞奇曾撰文指出，比夫·布瑞农是《心是孤独的猎手》一书中最重要的人物。③ 尽管瑞奇是从政治角度进行解读的，但却敏锐地感知到作家在这一形象塑造上的匠心独运。小说中比夫承担了解说、叙述的职能，整

---

① 弗吉尼亚·斯潘塞·卡尔认为小说中的每个人都是孤独的，他们无法与社会达成有效的联系，只能把获得拯救的希望寄托在辛格身上，然而辛格的死，使他们的希望破灭了。Virginia Spencer Carr, *Understanding Carson McCullers*, Columbia, South Carolina：University of South Carolina Press, 1990, 朱振武先生曾在文章中指出，麦卡勒斯以辛格的死宣告了救赎的彻底破产，四位主人公无处寻求解脱，终究逃脱不了信仰危机下孤独的命运。（朱振武、王岩：《信仰危机下的孤独——〈心是孤独的猎手〉的主题解读》，《英美文学研究论丛》2009 年第 1 期，第 209 页）

② Carson McCullers, *The Mortgaged Heart*, London：Penguin, 1975, p. 298.

③ Judith Giblin James, *Wunderkind：The Reputation of Carson McCullers*, *1940 - 1990*, Columbia：Camden House, 1995, p. 41.

部小说就像是一个融他个人的观察、回忆和诠释于一体的生活写实。这种叙述方式使比夫与"隐含作者"并驾齐驱，尽管比夫的多数活动只限于内心场域，小说却通过他的视角展现了一个个戏剧场景。米克、辛格、杰克，甚至是黑人医生考普兰德的生活片段都是在他的咖啡馆和他的内心交融。比夫这一形象的塑造在小说的谋篇布局和主题表现中起到了双重作用：一方面，如笔者在前文中所述，比夫是辛格上帝形象"被解构"的提线人物；另一方面，比夫的人物形象塑造中包含了麦卡勒斯本人对于宗教的独特体悟。

麦卡勒斯曾在创作随笔中坦言："对于我而言，我陷入自己的作品越深，我读我所爱的段落越多，我就越能够了解梦想，了解上帝的逻辑——千真万确，这是在与神同行。"① 对于麦卡勒斯而言，上帝的逻辑就是使自己认同上帝所代表的精神原则。在她看来，"恩典、上帝和爱是一体的"②，因此上帝的逻辑就约等于爱。但这爱绝不是个人化的，麦卡勒斯早在《心是孤独的猎手》一书的创作提纲中就指出，"一些人天生就是英雄，因为他们会倾其内心所有给予他人，且不惜努力，不计个人回报"③。借用美国神话学家约瑟夫·坎贝尔的话来理解这句话尤其恰当，"这就是宗教的崇高信息，只要你在这当中至少为一个人做了事"④。

我们仔细阅读原文会发现麦卡勒斯称比夫为"Our Father"⑤（我们

---

① ［美］卡森·麦卡勒斯：《抵押出去的心》，文泽尔译，人民文学出版社 2012 年版，第 208 页。

② ［美］弗吉尼亚·斯潘塞·卡尔：《孤独的猎手：麦卡勒斯传》，冯晓明译，上海三联书店 2006 年版，第 495 页。

③ Carson McCullers, *Illumination and Night Glare*, Ed. Carlos L. Dews. Madison : University of Wisconsin Press, 1999, p. 4.

④ ［美］坎贝尔、莫耶斯：《神话的力量》，朱侃如译，万卷出版公司 2011 年版，第 6 页。

⑤ ［美］麦卡勒斯：《心是孤独的猎手》（英文），上海三联书店 2012 年版，第 293 页。

的圣父），有必要说明的是麦卡勒斯本意并非把"圣父原型"从辛格移植到比夫的形象上。作家意在表现比夫是以他生命本性中的基督而存在。在文本中，比夫身上的基督精神清晰可见："他对病人和残疾人抱有特殊的情感。如果碰巧进来一个长着兔唇或得肺结核的家伙，他准会请他喝啤酒。如果是一个罗锅或跛得很厉害的人，那就换成了免费的威士忌……如果辛格是个嗜酒如命的家伙，任何时候他都可以打五折。"(22) 在比夫身上，热情、怜悯、爱，被牢牢地焊在了一起。也正是拥有这份对弱者的同情和关怀使得他的咖啡馆在不盈利的情况下，坚持二十四小时不间断地营业，就是要为和杰克一样无家可归的人提供一个避风港。同时比夫也表现出对黑人和白人的一视同仁，他要收养如米克或者贝贝一样的灰眼珠、亚麻色头发的女孩，也要收养皮肤黝黑、黑头发的男孩。与辛格不同，比夫结束了对某个人的爱，把爱转向了"任何一个体面的人——任何一个从街上走来，进屋坐上一小时，喝点儿饮料的人"(354)。小说结尾处，比夫带着这份宗教情怀调整好自己，以迎接早晨的太阳。这一结尾宛若神来之笔，坚决捍卫了她心中"上帝"一词的尊严。

结合麦卡勒斯其他的作品来看，可以体会到作家一直致力于塑造人物自身的基督性。比如在她的最后一部小说《没有指针的钟》一书中，描写了药房老板马龙在生命的最后阶段重新找到"生命的活力"的过程：马龙通过拒绝服从小镇种族主义者集团的命令，没有承担炸死那个入住白人社区的黑人男孩舍曼的任务，由此获得了精神上的胜利，临终前获得了精神向上飞升的幸福。麦卡勒斯在小说中提到，患白血病的马龙明白，"死离他很近了"，"这恐怖情绪在询问，这几个月会发生什么事——多久？——它竟然会怒气冲冲地盯着他已经所剩无几的日子。他现在是一个两眼望着一个没有指针的钟的人"。从这个角度看，没有指针的钟意味着马龙生命的倒计时，只是他不确定结束于何时。但是"没有指针"，更像是马龙对"身边的死亡已经逼近，活人怎样才能继续活下去"[1] 这一问题答案的追寻，一年来，跌跌撞撞，从教堂、牧师和偶像那里他都没有找到指导他的力量，最终通过拒绝暴力夺取舍曼的生命在精神上做出了超越死亡的抉择，获得灵魂上的不朽。对于不朽的灵魂，永远都是"没有指针的钟"，灵魂的死亡永远不会到来。"生命的活力"（livingness）是卡森在《没有指针的钟》里杜撰的一个新词，作家用它来形容生命垂危的马龙所寻求的东西——不朽的灵魂。基督精神给予马龙的是一种与自己息息相关的不朽感，这不朽感显然是与上帝的逻辑相契合的。

小说中进一步接触到上帝崇高精神的是杰斯特。当他得知舍曼被谋杀的消息后，无法抑制内心的愤怒，准备为舍曼报仇——在飞机上杀死凶手萨米。但当听到萨米胡言乱语讲述他可怜而众多的孩子后，他偷偷地从口袋里摸出枪，丢到了飞机外面，"因为那一刻，怜悯的种子，在悲伤的促使下，已经开始开花"[2]。我们不妨称为麦卡勒斯笔下一个"伟大的瞬间"，这一瞬间彰显了生命本性中的基督，是基督精神拯救了萨米，也拯救了杰斯特。热爱飞行的杰斯特带着萨米进行了一次完美的飞行，透过两千英尺的高空，杰斯特看到的地球是完美的，是完整的：匀称的小城，平行四边形的松树林，长方形的草皮，正方形的田畴，随后作家笔锋突转："然而这是心感到陌生的秩序，而倘若要热爱这个地球，你必须靠近一点……远处看到的地球不如久久注视一双眼睛意义来得重大，即使是敌人的一双眼睛。"[3] 众所周知，基督的主要教义就是"爱你的敌人"，毫无疑问，杰斯特身上所体现的人类的基本力

---

① ［美］麦卡勒斯：《没有指针的钟》，金绍禹译，上海三联书店 2009 年版，第 27、73 页。

② 同上书，第 258 页。

③ 同上书，第 259 页。

量，正是将人类融入上帝的要素。

　　通过比夫、马龙与杰斯特这些人物形象的塑造，麦卡勒斯提出了自己对宗教的理解，它是一种宣扬基督之爱的伦理学，即把人类之爱看作解决所有关系的中心。这固然存在一种理想主义的色彩，但作家仍以乐观主义情绪对其寄托希望。从成名之作《心是孤独的猎手》到谢幕之作《没有指针的钟》一直流贯着麦卡勒斯对回归基督之爱这一宗教伦理学命题的执着，这在一定意义上也代表着麦卡勒斯对这一回归的信心。在传统信仰与现代人的生存境况发生脱节之际，麦卡勒斯拒绝以建构"个体化上帝"来确立信仰支点的方式，而是转向宗教，因为宗教集中了人内在的情感需要、精神需要——对美好世界的渴望、对未来的希冀。这恰恰体现了作家企图在小说中冲破个体意识而上升到普遍意义的人文关怀。

# 第四章　1960—2000：本体论神学向宗教性伦理学的过渡

## 第一节　导论

贝尔的《资本主义文化矛盾》一书被认为是社会科学和思想领域五十年以来最具影响的书之一。其资本主义文化矛盾的提出和阐释建立在他的三领域对立学说基础之上。贝尔认为，当代社会结构可分三个方面，即经济、文化和政体方面。第一个方面涉及经济领域，也就是说生产的组织、服务和商品的分配等，经过科技与管理革命发展成为一个等级严密、分工精细的自律体系，按照"效益原则"运转，体系日趋非人化，然这个强大的技术与经济共同体又以社会进步、广泛择业和社会享乐作为补偿；第二个方面则是政治领域的分离独立，与社会权力和正义维护体制有关，轴心原则是"平等"观念；第三个方面涉及文化活动和文化话语，起支配作用的不是"经济效益"，也不是"平等权利"，而是"自我表达和自我满足"，与经济、政治的发达组织与管理模式相反，具有"个性化""独创性"以及"反制度文化特征"。贝尔所指的资本主义文化矛盾最主要来自经济和文化结构的矛盾。

前者占支配地位的是经济原则，主要内容是效益和功能理性以及通过对事物（包括把人当成事物）的合理安排来组织生产的过程。而后者则是朝着无节制的、无约束的方向发展，占支配地位的是一种反理性、反智性的禀性，其中的内核是自我，被当作文化价值判断的试金石，自我感受则更是衡量经验的美学标准。从 19 世纪继承过来的、强调自我约束、节制和满足的延缓（the delay of gratification）这样的性格结构仍与经济结构领域相关，但却与文化产生了尖锐的矛盾，因为在文化结构领域这种资产阶级的价值被完完全全拒之门外——其中一个原因则正是资本主义经济体系机制本身，这不能不说是一个悖论。①

从上述引文贝尔对资本主义社会结构中经济和文化领域矛盾的界定中，我们不难看出贝尔的观念来源于韦伯的《新教伦理与资本主义精神》（1905）的"禁欲苦行主义"（asceticism）和德国哲学家桑巴特《现代资本主义》中提出的"贪婪攫取性"（acquisitiveness），贝尔进一步将这两项特征分别定义为"宗教冲动力"（即"自我约束、节制和满足的延缓"这样的性格品德）和"经济冲动力"，"前者代表了资产阶级精打细算的谨慎持家精神；后者是体现在经济和技术领域的那种浮士德式骚动激情"②，两者相互制约造就了资本主义的发展。然而在现代社会相互仇视并害怕对方，最终导致传统价值的崩溃。贝尔所说的文化矛盾的核心便是传统新教伦理价值在人们当代生活中的衰落，抑制平衡的"宗教冲动力"已被科技和经济的发展耗尽了能量。

然而在崇尚颠覆的后现代理论家那里，显然不会认同神学衰落源于

①　转引自金衡山《"自由"的缘由、悖论及其他——从贝尔的〈资本主义文化矛盾〉说开去》，《国外文学》2005 年第 2 期，第 54 页。

②　［美］丹尼尔·贝尔：《资本主义文化矛盾·前言》，赵一凡等译，生活·读书·新知三联书店 1989 年版，第 29 页。

外在观念影响的因素，他们更认为延续千年的形而上学的本体论神学体系更值得怀疑。《圣经》中说，亚伯拉罕面对上帝要求的极端"牺牲"，一定要牺牲自己钟爱的儿子以撒，而回答"我在这里"（《创世纪》22：1—3，9—14）。亚伯拉罕为什么要依从上帝？在德里达看来，亚伯拉罕的故事是摆脱算计性酬报的一种象征："最终出于对生命的否定……他已经放弃了胜利，他既不期待回复也不期待回报……他知道上帝会报答他，在彻底放弃的那一瞬间，他重新获得了儿子，因为他放弃了计算。解除这一至高的或凌驾于一切之上的计算的神秘性的人绝不会作算计之事。"① 功利的权衡、理性的算计在这里没有位置。对上帝绝对的义务之所以绝对，乃是因为它无法给出自己的根据，它本身就是最终的根据。正因如此，它也是无法论证的，无法向公众说明的，因为不存在某个先于它本身的前提。这种依从在德里达看来是出于绝对的义务："他将其表达为某个人以对绝对他者应负的责任的名义超出应对诸他者应负的责任。"也就是说，为了某种绝对的东西（与上帝之约）而去放弃或牺牲另一些非绝对的东西（个体生命，日常的伦理、道德、法律约束）：最终亚伯拉罕被赐予许多子孙，成为许多民族的祖宗（即"亚伯拉罕"这个名字的含义），而上帝成为亚伯拉罕和他的子子孙孙的上帝——这就是福音书中的"天堂的经济学"。

按照这一叙事逻辑，亚伯拉罕的牺牲显然美化了基督教中基督牺牲的观念。基督教为人类提供了最为纯粹的行为依据，也就是说，人们可以不使用自己的理智判断就能决定自己的行为规范，保罗说"上帝挑选世上愚笨的，叫有智慧的羞愧"（《哥林多前书》1：27），尽管这与人类的理智能力形成明显悖论。亚伯拉罕对上帝的服从是信仰的义务，而不是道德的义务。它产生于一个完全神秘的来自上帝的信息（非实体的

---

① Jacque Derrida, *The Gift of Death*, Trans. David Wills. Chicago: University Of Chicago Press, 1995, pp. 96 – 97.

神秘区域内的幽灵），这一信息对于亚伯拉罕来说不具有伦理学的价值，也不会为他的行为提供合理性证明。德里达认为，杀死儿子，我们不会不谴责以什么神的命令或者宗教义务为自己辩护的人，同样，"无论牺牲于伊拉克政权，还是牺牲于谴责伊拉克政权不尊重法律的国际联盟"，"当那些伦理或者人权话语所指涉的邻舍"遭到牺牲时，"并没有什么道德或法律能够审判这些为了避免自己牺牲的他人的牺牲"，"看上去不可容忍的谋杀岂不正是世界上最普遍的事件？社会不仅参与不计其数的牺牲，实际上还组织这样的牺牲的经济、政治和法律事务的柔化功能，其道德话语和良知的柔化功能，都是以实施这种牺牲为前提"①。与后现代理论相对应，千禧年之际多克托罗创作的《上帝之城》无疑是对奥古斯丁同名作品的影射和反讽，通过对其神正论立场、基督教空间层级观、圣爱的观念做出当代的回应，尤其指出其神正论命题将神意、神律视为社会正义和政治正义的依据和保障，将政治正义与个人生命的终极价值捆绑，建立一个权威而又绝对的文化逻辑系统，却又被人性的纵欲、贪婪、疯狂所操控，不仅导致政治独裁和大屠杀，而且也危害到神学信仰自身，从而对基督教的历史缺陷和道德匮乏做出了当代的注释。德里达与多克托罗在质疑那个超验的彼岸实体对象同时，渴望在一个集众多移民、多元政治、异质文化为一体的在场空间中，在温和而理性的友爱和自我节制框架基础上，建立一种勇于承担自己责任和义务的"宗教性"伦理学。

在先验层面上，上帝作为一个"大写的他者"，他的绝对的义务压倒了对其他人的义务，排斥了小写的他者。对德里达等后现代理论家来说，我们对其负有责任的"他者"是我们对其具有道德义务的任何人——即没有任何例外的每一个人，而不是唯一的上帝。对上帝的责任

---

① Jacque Derrida, *The Gift of Death*, Trans. David Wills. Chicago: University Of Chicago Press, 1995, pp. 85 – 87.

感召唤被界定为来自第一原理和逻辑必然性的自明的召唤，将不得不处于自相矛盾的符号和算计的危险中。显然基督教凭借将他者与一个特殊的概念表述等同起来，使人性范畴绝对化，但又无法摆脱功利算计，那么基督教内部就包含了自我颠覆的因素亦即极端差异性的因素。上帝代表责任吗？德里达指出，当我们发现我们自己在道德上对另一个人负有责任时，这就是我们所有人的情况。我们如何排列这些责任和义务，衡量彼此之间关系的价值观念就取决于我们自己。德里达从"以撒的牺牲"联想到现实社会中"为了他们并不知道的理由而牺牲的无数牺牲者"，每一个牺牲者的"独一性"，每一次都是"独一的"，这就意味着指向他人的责任感与无责任感的一种相互作用——如果与他人的关系服从于简单的经济学交换，如果与"全然他者"的关系是先行由一种封闭的经济学或同一东西无终止的循环交换决定的，那么人类自由就预先被否定了。

在大写他者和小写他者之间，德里达认为始终有一种"延异性与相似性的游戏"，即"上帝与邻人的相似，作为上帝的无限他异性和作为他人的无限他异性之相似"。在德里达看来，"绝对的独一性"其实正是"来自人与他人之关系的绝对的他异性"。也就是说，承认每个人的差异就是承认每个人的独一无二，承认每个人的独一无二就要放弃"上帝的他异性"和"他人的他异性"之区别，所以"将他异性联系于独一性"意味着"普遍性与独一性个案之间的协定"①。这样，德里达相信"每一个他者都是上帝"或者"上帝是他异性的"。后一种置换"是将上帝界定为无限的他者、全然的他者和他异性的"，前一种置换则是说"每一个他者、每一个他人都是上帝，因为他或者她是像上帝一样的

---

① Jacque Derrida, *The Gift of Death*, Trans. David Wills. Chicago：University Of Chicago Press，1995，pp. 83 – 84.

全然的他者（wholly other）"①。总之，"这两个独特的'他者'正如同一个'他者'"。

　　要考察美国当代西方文学所蕴含基督教文化之精神，就首先要分清"宗教"与"宗教精神"的分野。按照西美尔的说法，宗教是一种独立的建制实体，而宗教性，也是宗教精神，则是一种"社会精神结构"，后者对阐释后现代境遇中的文学现象很重要。信奉宗教和信奉宗教精神不是一回事情。这种精神不仅在宗教系统中，而且在文学、艺术、哲学等系统内都有所体现。如果说基督教徒信奉的宗教内涵是永恒上帝、美好天国、渴望救赎，用这种眼光去看近几十年来的美国文学，就会发现，很多作家作品尽管没有涉及基督教，但是在这些作家创作的时候，仍然表现出了与宗教倾向一致的极大相似性，或者说表现出浓厚的现代宗教精神，它的主要体现就是在文化"境遇"中发现人的解脱拯救之路。所以当代美国作家在创作的时候，并非要宣传基督教原教旨主义式的宗教感情，而是当代人类的共有价值，正是"宗教中某些永恒的东西，注定要比所有宗教思想作为其外壳而相继采用的特定的宗教符号存续得更为长久。任何社会都会感到，它有必要按时定期地强化和确认集体情感和集体意识，只有这种情感和意识才能使社会获得其统一性和人格性"②。后现代以前的作品或强调客观决定论，或强调主观决定论，但是我们看后现代的作品，往往是人和他所在环境在精神层面无法达成一致，这是造成社会极度不和谐和人与人之间态度冷漠的原因。

　　具体到一些典型的后现代作品，如巴勒斯（William S. Burrough，1914—1997）的《简单的午餐》（*Naked Lunch*，1959）和其后的系列作

　　① Jacque Derrida, *The Gift of Death*, Trans. David Wills. Chicago：University Of Chicago Press，1995，p. 87.

　　② ［法］爱弥尔·涂尔干：《宗教生活的基本形式》，渠东、汲喆译，上海人民出版社1999年版，第562页。

品表现了内心世界与压倒一切的政治制度之间的冲突。约瑟夫·海勒（Joseph Heller，1923—1999）的反战小说《第二十二条军规》，不再用自然主义的方式描写第二次世界大战，而是把第二次世界大战描写成了一个与当代美国相合的既怪诞而又荒谬的狂想，显示在特定境遇中人无法与他人、社会乃至正义、秩序达成有效的联系。"第二十二条军规"既像基督教早期的"上帝"，又像一个圈套。肯·克西（Ken Kesey，1935—2001）的《飞越杜鹃巢》（*Fly Over the Cuckoo's Nest*，1962）把美国视为统治一切并配备有疯人院的权力机构。我们还可以举更多的例子。此时的小说家们或许会为一种对历史、制度，以及规范的不定形的反抗意识而茫然不知所措。不过他们也许会指向比这更阴暗的事物：制度本身渗透自我的最深层，人道主义变得不再可能，生活变得荒谬不堪。这些主题贯穿于20世纪60年代早期的作品中。

可以说，20世纪下半叶以来，西方文学思想越来越走向一种类宗教的精神。尽管有些作家宣称自己不是基督徒，有些作家宣称自己是基督徒，他们都不是在宣传基督教的思想情感，而是思考当代人类共有的价值体系。他们没有采用基督教题材，也不是要表达基督教感情，而是显示和基督教文化价值相似的取向。以冯尼格（Kurt Vonnegut，1922—2007）《第五屠场》（*Slaughter house Five*，1969）为例，冯尼格把科幻小说与现代历史造成的痛苦之间的关系昭示了出来，这部作品的场景在战时遭受飞机滥炸的德累斯顿城和想象中的特拉尔法马多星球之间来回转换，作者把他在这部小说中所采取的态度称为"绞架下的幽默"，这实际是对于自我被社会的、历史的世界所击败而做出的一种具有悲剧色彩的反应。厄普代克的小说兔子系列也是如此，兔子逃避生活的行为有很多自私和不负责任之处，但是他也不断地憧憬着未来，相信上帝的存在，然而他并不关注一般性的宗教仪式，在他看来上帝隐于万物之后，"他与爱默生超验主义的区别在于，对后者而言，上帝与人同在，成为给予人的道德的源泉，而对于兔子来说，上帝只是一个虚幻的意象，一种抽象的理念，在他正需要道德和信仰的力量的支持时，却根本发挥不了作用"①。詹妮丝生女儿的时候，在医院里等候的兔子内心涌出自责与失望的情感，"他的生活就像是一连串没有目的的滑稽姿势，是一支空无信仰的魔幻之舞。上帝并不存在，詹妮丝可能会死"②。厄普代克在谈到这部小说的意义时，指出："《兔子，跑吧》有意试图从神学（宗教）的角度来审察人的困境……"③

小说中路德宗牧师克伦本巴赫坚持认为真正的宗教就是对上帝的信仰，而不应与一般性的社会规范、道德混为一谈，他针对青年牧师埃克斯对兔子生活采取世俗而非灵魂的"干预"提出了批评，"你四处奔忙，却背离了上帝赋予你的职责：他要你信仰坚定，这样，一旦人们需要你，你就可以去对他们说：'是的，他已经死了，但你们将在天堂与他再次相见。是的，你们在受难，可你们当爱你们的痛苦，因为这是基督的痛苦。'……对我们来说只有基督，而其他的一切，所有那些死要面子呀，忙忙碌碌呀，都毫无意义，那都是魔鬼的事情"④。在这些作品中，历史往往不是被看作一种无法规避的进步，而是被当作充满痛苦和精神失常的场所。对于理性和智性的历史的这种怀疑态度导致一种对世界本体的嘲弄感和内心深处的一种无序感，导致了对人物的漫画化，对所谓的"事实"或是现实的幻象化以及对世界无以命名的嬉戏。把历史本身表现为虚构不是为了要把它弃置一边而是要整个儿推翻它，是

---

① 金衡山：《厄普代克与当代美国社会：厄普代克十部小说研究》，北京大学出版社2008年版，第52页。

② ［美］厄普代克：《兔子，跑吧》，刘国枝译，上海译文出版社2009年版，第213页。

③ James Plath, ed. *Conversations with John Updike*, Jackson: University Press of Mississippi, 1994, p. 246. 转引自金衡山《厄普代克与当代美国社会：厄普代克十部小说研究》，北京大学出版社2008年版，第53页。

④ ［美］厄普代克：《兔子，跑吧》，刘国枝译，上海译文出版社2009年版，第183页。

要与世界现实的丑恶相抗衡。这种文学虚构世界所充盈的，正是类似于基督"救赎"的精神。一旦这种外在上帝和内在上帝的幻想破灭了，20世纪六七十年代的美国人将再次面临新的历史抉择。人们渴望社会秩序和精神秩序，不得不又再次借助于基督教的思想文化资源。

我们不能不提及一些女性作家和犹太作家的创作。20世纪西方女性文学经历了漫长的反对"男上帝"、创建"女上帝"的发展阶段。在《秀拉》中，托妮·莫里森从性别角度对上帝的形象进行颠覆，对上帝造人的神话进行了大胆彻底的改写，塑造了富有创造力、智慧与尊严的新夏娃形象，把女性被基督教父权神话所剥夺的创造力、主体性地位交还给女性，而小说中令人失望的男性群像图则是对西方"阳物"崇拜的巨大嘲讽。作家通过改写夏娃和亚当这两个原型人物，颠覆了传统基督教女性观和西方传统女性观，尤其是通过秀拉的反叛形象表达了比较激进的女性主义思想。今天的女性作家越来越发现，追求男女之间的和谐互补，更是妇女解放的有效途径。例如艾丽丝·沃克的《紫色》由92封书信组成，书信体是一种典型的心理交流的手段，然而这些写给上帝的信实质就是自言自语，这样的叙事有着一种现代性的隐喻，即人和人之间、人和上帝之间缺乏真正的联系。而茜莉的觉醒得益于黑人女歌手沙哥，沙哥告诉她："在教堂中所感觉到的上帝，是来自我心中的上帝。我想别人也是这样。他们来教堂不是来找上帝，而是来共同分享上帝。"沙哥甚至告诉她："上帝既不是他，也不是她，而是它。"在菲利普·罗斯1991年出版的纪实作品《遗产：一个真实的故事》中，沉重而严肃的宗教问题幻化成为一个普通犹太人家庭生活的记忆碎片。罗斯作为第三代犹太裔美国人，犹太教在他看来已经可有可无，甚至忽视，作为一个没有任何前缀的平凡无异的美国人生活着。然而在父亲重病期间，他发觉其实犹太印记已潜移默化地成为自己对家的回忆，成为对父母这代虔诚的犹太裔美国人难以割舍犹太血缘的羁绊。同时，菲利普·罗斯从遗产这个视角出发，阐明犹太人在美国主流文化的侵蚀下，要深刻反思犹太民族的文化，清除自中世纪以来弥漫于犹太教中的谬误、虚妄及不合时宜的礼仪，消除文化孤立主义，弱化犹太教与基督教、犹太文化与西方文化的冲突。

在当代美国发达的社会环境中，精神问题依然如故，甚至咄咄逼人。无论是为解决精神寄托或信仰危机，还是出于反省自我、沟通情感、绵延文化的考虑，人都需要一个外在的确定而永恒的价值来支撑、把握自己的每一个将消逝的生存瞬间，因而永恒是人因惶惑于自身的虚无而创设出的理想。值得注意的是，悖论、两难、荒诞，并不单是理性带来的直接后果，恰恰相反，理性在意识上与其说是力图消除它们或不如说是揭示它们，因而理性不得不用强制、压抑、非升华的满足甚至升华、净化的许诺来维持这个世界的秩序与和谐。然而，理想的许诺在流血和不流血的战争中成了泡影。破灭的启示使人清醒，他自己必须无依托地承担起自己的缺陷和暂时性，认清不朽的虚妄和缺陷的真实，从而把自身的精力从遥远得不可企及的理想天国赎回，以肩负无望的命运。像加缪笔下的西西弗斯，即便被神判定受终生绝望之苦，也敢跨过绝望而把生命灌注到顽石的滚动之中。滚动的顽石恰好冲破了理性的完善与永恒，它使每一个无望的瞬间都充盈着勃起的生命。脱离现实关系的极度的理性建构恰恰是人不自信的软弱表现。

今天的后现代主义改变了在认识论上把握上帝的方式，强调感觉上"上帝"的真，尊重感觉的真理而不是事实的真理。后现代批判的最终目标，是要在世俗的与邻人的友爱交往、与超越性精神结构的结合和从自我中心到现实关系中心的转化中，达到个体达成和他者达成的平衡统一，破解暗含权力意志的逻格斯，形成一种真正对等的关系。贝尔认为：

西方社会应当适当保留传统宗教中某些至今仍有意义的内容，例如对人性的冷峻认识，对不可知力量的畏惧之心，对人类巨大灾难的预感和提醒，以及对现代人无限制地妒张和实现自我所持的怀疑和克制态度，在功能上，它应当成为"人对其生存总模式的感知方式"（法国社会学家杜尔凯姆意见），能够具有"将日常经验加以认可和裁判的更高权威"（美国文化人类学家吉尔茨语），以及帮助儿子"寻觅和验证自己同父亲血缘关系"的心理环扣（哈佛心理学教授艾瑞克森有关文化传统的论点）。①

人在自身的不完整性和外在永恒的完整性之间，可以建立一种和谐的、互补的和超越现实关系制约的精神关系，这种关系的有效达成，就是今天西方人心中的"上帝"的含义。要强调主体的不完整，彼此之间存在差异以及两者之间的平等。人和上帝的联系便成了在场的关系结构，一种平等对话机制和满足人类共有价值体系的信仰体系。这才是难以言表的"the wholly other"（全然他者）的宗教精神。

## 第二节　多克托罗《上帝之城》的反"神正论"叙事

或因对真实历史的虚构，或因对当代压迫的关注，过去学界对E. L. 多克托罗（Edgar Lawrence Doctorow, 1931—　）作品的理解，经常贴上政治小说（political novelist）的标签。知名的批评家约瑟夫·艾本斯坦（Joseph Epstein）认为他对美国文化颇有敌意，作品具有明显的

---

① 赵一凡：《贝尔学术思想评介》（中译本绪言），《资本主义文化矛盾》，生活·读书·新知三联书店1989年版，第17页。

操控政治意图①，卡罗尔·伊诺内（Carol Iannone）则批评多克托罗的小说具有明显的"左翼意识形态倾向……最终损害了所有他所写的对象"②。有趣的是，弗雷德里克·詹明信（Fredric Jameson）却认为多克托罗的小说不仅仅是对我们的政治解读予以反抗，而且恰好是将旧有的社会和历史阐释进行简化处理，在他的创作中，尖锐的真实性消失了，取而代之的是流行的意象和历史的模拟③。多克托罗本人在接受保罗·列维恩（Paul Levine）的访谈时，表达了他对宏大政治叙事的怀疑，他认为"任何一种体制，无论是宗教体制、反宗教体制、经济体制还是国家体制，都易被人性的纵欲、贪婪、疯狂所影响"④。就此而言，有文章指出多克托罗的小说是"对神圣化与制度化霸权在生活实践中无限散漫化"的批评，追求"瓦解或解构普遍的真理"同时，将小说叙事"聚焦于争取自由的奋斗"⑤，也是"对拥有幻想自由权力的庆祝"⑥。的确，小说作为个性化的生活描写手段，揭示政治对个体生命的影响，是一般政论文所难以达到的。文学涉及政治最为本质的一面——文学通过表现政治影响其人物生活的方式，以此鼓励读者去思考权利分配对共同体的善和个体的善所产生的影响⑦。

---

① Joseph Epstein, "A Conspiracy of Silence", *Harper's*, Vol. 11, No. 1, Nov. 1977, pp. 80 – 92.

② Carol Iannone, "E. L. Doctorow's 'Jewish' Radicalism", *Commentary*, Vol. 81, No. 3, Mar. 1986. p. 53.

③ Emory Elliott, gen. ed. , *The Columbia History of the American Novel*, New York：Columbia U P, 1991, pp. 538 – 539.

④ Richard Trenner, ed. , *E. L. Doctorow：Essays and Conversations*, Princeton：Ontario Review Press, 1983, p. 65.

⑤ John G. Parks, "The Politics of Polyphony：The Fiction of E. L. Doctorow", *Twentieth Century Literature*, Vol. 37, No. 4, Winter 1991, p. 455.

⑥ Geoffrey Galt Harpman, "E. L. Doctorow and the Technology of Narrative", *Modern Language Association*, Vol. 100, No. 1, Jan. 1985, p. 82.

⑦ Catherine Zuckert, "The Novel as a Form of American Political Thought", *Reading Political Stories：Representations of Politics in Novels and Pictures*, Eds. Maureen Whitebrook et al. , Savage, Maryland：Rowan & Littlefield, 1992, pp. 167 – 204.

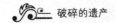

正如以往小说并不刻意回避小说对政治与意识形态的反映，多克托罗在千禧年之际出版的《上帝之城》（City of God，2000）以纽约当地社会一桩十字架失窃事件为引子，不仅影射奥古斯丁的《上帝之城》及其后欧洲十几个世纪的基督宗教，更涉及其与20世纪两次世界大战和越南战争，以及犹太人大屠杀等重大事件之关联。对这部作品的解读国内外论文并不少见，关于其后现代主义、新历史主义、犹太大屠杀主题分析已有不少论述，试图阐释"一部新千年之初以纽约为背景的小说应该有怎样的结构、人物和故事，才能囊括20世纪人类最深的关切，而又不成为百科全书、历史书或愤世嫉俗的宣言"①。而从美国文学传统来看，自殖民地清教徒文学伊始，一条不间断的宗教精神主题始终得以延续和复兴。而且这类小说也一直颇受市场关注，借用《厄普代克与宗教》（John Updike and Religion）一书编者詹姆斯·耶基斯（James Yerkes）的话说，"像厄普代克这样的作家，试图做两件事情，一方面，对于我们现代人来说无法回归过去，然而从另一方面看，现代性的缺失又不得不使我们反思过去"②。和以往小说单纯将基督教作为文本显著的话语形式，对灵与肉、上帝与邪恶、拯救与惩罚的观念予以同构或反讽不同，多克托罗本身是一个学者型犹太作家，他的小说里所体现的宗教观念不仅与战后信仰危机有关，与当代重要神学理论发展密切相关，也与美国流行思想形态相关。

## 一 神正论的危机

小说情节以纽约一个颇有思想的作家艾弗瑞特记录本的形式展开——形式上似乎是为下一部小说准备素材——恰恰是看似随笔记录的

---

① ［美］E. L. 多克托罗：《上帝之城·序言》，李战子、韩秉建译，译林出版社2005年版，第1页。

② Kimberly Winston, "Literary Lions Dare to Roar about Religion", *Publishers Weekly*, 21 Aug. 2000, p. 11.

方式，使得整部小说融合流行歌曲、诗歌、回忆录、访谈和笔记等多种文体，同时又有不同风格、语调、节律的转换。在松散的小说结构中，只有两个关于"偷窃与追踪"的故事起到穿针引线的作用，采取这种策略也许是因为当代小说不愿以直叙的方式展开一个主线故事的情节，"我们并不认为某一个点是一个直叙主线的一个无穷小的部分，而是认为这一个点是无数主线的一个无穷小的部分，这好比是星光一般四周放射的各种故事主线的中心。这样一种意识的结果，就是我们始终不得不考虑诸种事件和诸种可能性的同存性和延伸性"①。不过通过对材料分类和重组，仍然不难发现小说是由一系列看似无关的、实则紧密关联的叙事话语片段组成的。小说开篇写道，一天晚上，在曼哈顿东面的一座英国圣公会圣提摩太教堂里一个铜十字架失窃，之后它出现在曼哈顿西面的一座进化派犹太会堂的屋顶上。小说没有打算讨论十字架是被谁偷的，以及为什么偷，何况在这个十字架很快被找到之后，圣提摩太教堂被拆掉转为世俗用地。另一个更为核心的叙事是讲述大屠杀幸存者萨拉·布鲁门撒尔的父亲——在隔离区中失去自己的父母，甚至失去了自己的名字的人——的故事，他冒着生命危险一次又一次地将揭露纳粹罪行的犹太人隔离区的记录偷运出去。在此期间，失去了自己子女、收养萨拉父亲的老裁缝在纳粹军官趾高气扬地离开之前，裁缝剪毁他的新衣，"你自己缝吧，贼！"裁缝尖叫道，"贼，贼就是你，你就是贼，你们所有人都是贼，偷走了我们的工作，偷走了我们的生活！"② 整部小说叙事结构围绕着显性的寻找丢失的十字架和隐性的追踪证明纳粹罪恶的秘密档案双重线索展开。与很快被找到的十字架相比较，后者"直到

---

① J. Berger, *The Look of Things*, New York：the Viking Press，1974，p. 40. 转引自爱德华·苏贾《后现代地理学——重申批判社会理论中的空间》，王文斌译，商务印书馆2007年版，第34页。

② E. L. Doctorow, *City of God*, New York：Random House，2000，p. 76. 为节约篇幅，凡引用此作品，皆以括号加页码形式标注。译文部分参考李战子中译本。

今天这些材料还埋藏在东欧的泥土中、碎石中，在被毁灭了的基督教传统的碎片、废墟和尘埃之中"（96）。更不幸的是，布鲁门撒尔的丈夫约书亚·格鲁恩为了追踪保存在立陶宛某个遗忘角落的记录，在一个被烧毁的小犹太教堂前遭到致命的袭击。佩姆伯顿则继续承担了寻找材料的任务，在这一追寻过程中，他爱上了布鲁门撒尔，也接受了她的宗教观念。

小说最为震撼的叙事片段，无疑是布鲁门撒尔的父亲回忆立陶宛犹太隔离区（即格托，ghetto）中的犹太人的遭遇，男人和年轻女人"被征去做苦力"，任何怀孕的女人会"被带走并杀掉"，即便孩子出世，母子都"被杀掉"。更令人发指的是，仅仅是因为医院里有些病人得了伤寒症，纳粹就用木板钉上医院的门窗，点上火，将里面的 65 人"活活烧死"（54—60），其中 23 人还是孩子。所以一些评论指出其与犹太大屠杀之间的关联，阿伦·雷·伯格言："铭记和讲述'大屠杀'故事是一种仪式，是犹太人存在的标杆和对与上帝所签盟约之确定。"[1] 然而，格托与集中营的罪恶不等同于一般的战争，对犹太人的屠杀并不属于战争的一部分，也不属于战争派生出来的罪行——不涉及任何战争利益——而是纳粹纯粹的仇恨、纯粹的厌恶，真实地体现了 20 世纪人类自身的罪恶。正如鲍曼所言，将犹太大屠杀看作犹太人的事件，是欧洲基督徒反犹主义的顶点，完全是贬低、误解或者轻视大屠杀对它的意义[2]。多克托罗的眼界并不局限于犹太人的命运，作品也以不少的篇幅记录艾弗瑞特父兄分别在两次世界大战服役的经历，在第一次世界大战战场上，艾弗瑞特之父发现，"欧洲的海滩上散落着沙化了的骨头/农夫

---

[1] Alan Berger, *Crisis and Covenant: The Holocaust in America Jewish Fiction*, New York: State University of New York Press, 1985, p. 64.

[2] 参见［英］齐格蒙特·鲍曼《现代性与大屠杀》，杨渝东、史建华译，译林出版社 2002 年版，第 1 页。

们在他们的田地里掘出一块块的/成链的脊骨"（135）；在第二次世界大战中，兄弟罗纳德在飞机被击中后被迫跳伞，他着陆后吃惊地发现，在地上一手摸到一根尺骨，另一只手摸到一根胫骨，因为这是"以前的战场"，"埋葬古代骨头和头颅的"临时坟墓被炮弹"重新炸开了"，而"属于他父亲本那一代人的骨骸/随着大战继续被匆匆埋于地下"（182）。除此之外，20世纪的人类几乎演绎了一场文明史上最为残酷的厮杀，整个"世界正被炸得四分五裂……世界成了一个人类自残的血腥马戏团，一股杀气腾腾的疯狂的怒火要把这个星球炸得脱离它的转轴"（232）……

希伯来《圣经·旧约》部分，是犹太教对人间罪恶为什么存在这个核心问题的解答。此后保罗"称义"神学是指赎罪而永生，并非指人间的正义。然保罗之后，奥古斯丁（St. Augustine of Hippo）在《上帝之城》（413—426年作）中将拉丁教会的宏大叙事发展到极致，其"恶是善的匮乏"的神正论（theodicy）① 命题将之与阐释人间的苦难、罪恶关联起来。在奥古斯丁看来，恶不是上帝创造的，而是出自人的自由的选择，上帝把选择的自由完全交给人，让人自己选择是追求比自身更高的上帝，还是沉溺于比自身低的肉体。为了显示上帝的惩恶扬善，人必须具有选择善恶的意志。神正论的核心命题就是"上帝创造了一个有罪恶的世界，但他这么做是有充足理由的"，上帝的公义体现在对人的最后裁决。神正观念是一种古老习惯，人类为了抵制人间苦难、罪恶和死亡等"无序"现象对个体生存意义的威胁或破坏，往往把神意、神律视为社会正义和政治正义的依据和保障，这就是广义的神正论产生的根源。在多克托罗看来，人类历史上的苦难尤其是20世纪的灾难的存在，难以证明神意和神律能够提供足够的正义所要求的同等强制力以及公平

---

① 具体见奥古斯丁《上帝之城》第12卷。神正论（theodicy）这个术语由"theos"（神）和"dike"（正义）这两个希腊词合成，由德国哲学之父莱布尼兹提出，可参见赵敦华《〈上帝之城〉里的哲学》，《基督教文化学刊》2010年第1期。

回报，在作品中作家写道："奥古斯丁，他把《创世记》2—4 阐释成原罪。一个多么俏皮的解构动作——把它传给始祖后代，像艾滋病病毒一样。堕落的故事作为天谴的教条，成为社会控制的工具。"(65）正是奥古斯丁"上帝之城"和"世俗之城"的区分，把基督教由一种单纯的神学信仰转向了一种政治力量。

佩姆伯顿对教会的历史予以政治解读，借助他的寡妇朋友莎曼瑟说出，早期基督教发展史，就是独断专行的政治化过程，"关于耶稣的争斗也就是权力的争斗，关于实际的复活的观点……赋予教会机构以权威，而有关耶稣的界定及如何准则化其话语的争斗，或其他人对其话语所作的解释，完全出于纯粹的政治（目的）……延续耶稣权威的愿望，在宗教改革以及新教教派的创立中仍得以延续，提出了一种残余的真知，来对抗教会官僚体制的繁文缛节……耶稣一直是个政治化的人物"(70—71）。从公元4世纪康斯坦丁大帝的皈依到十字军东征，宗教审判所，王权与神权的结盟、宗教改革的兴起，基督教可谓以各种形式积极参与国家间的战争并争夺对人群的统治。所有神正论或者像罗马教廷那样自称是上帝的正义在人间的权威代表，那种围绕赏善罚恶的正义，不过是俗世治理政治之需，当权者把整个治世过程视为神的意图，数千年以来尤其是20世纪历史中人类常常以信奉宗教的名义把一些人逐出教会、妖魔化甚至进行清洗，然而这与基督徒的信仰特别是关于救赎与恩典的信仰无关。在《上帝之城》里，多克托罗笔下的爱因斯坦回忆自己在慕尼黑度过的少年时代，他发现反犹的"基督教牧师和权贵们绞尽脑汁地妖魔化欧洲的犹太人，把他们视为激进分子"，而这些信念不可避免地导致大屠杀——"人类历史上愈演愈烈的灾难"，多克托罗评论道，当代基督教对上帝的认识，只不过是"复制了欧洲神职人员以古代近东的虚幻生活为基础建造的宗教结构，你们所有的社会冲突继承了欧洲商人殖民主义的、制造奴隶的经济，你们所有的形而上学难题都是由欧洲的知识分子为你们炮制的"（190）。基督教的神正论把政治正义与终极价值捆绑在一起，不但不能保证政治正义的神圣性，反而促进了独裁和专制，不仅扼杀宗教自由，也导致驱赶杀戮。

　　然而可否将奥斯维辛与 20 世纪人类的苦难等同于约伯所遭受的苦难呢？对于很多当代哲学和神学家来说，答案显然是否定的。一个崇尚理性、自由、平等、进步的现时代却仍然潜藏着传统思维的野蛮，产生它自己制造、管理的强制集体化的活跃因子，从而导致 20 世纪的人类自身始终无法避免战争、暴力、强权。一个权威而又绝对的文化逻辑体系，在绝对化、总体化的思想和实践中，必然否认他者和差异的存在，必定不遗余力地排斥异质性因素，以保持主流社会的同一性，在列维纳斯看来，正是西方传统的"把他者还原为同一的本体论"二元对立思维将犹太种族整齐划一地归于概念化、客体化的"他者"，泯灭了族群成员的个性，从而使得这种有组织、有计划的族群蓄意灭绝行为成为可能。正如佩姆伯顿所说对历史广泛意义上的大屠杀了解越多，就越怀疑基督教的原则，难道"我只是问我的教徒们……大屠杀只是一个留给犹太神学家的问题吗"（49）？他在作为基督徒的最后一次祈祷中尖锐地诘难，"一个万能的上帝怎么会允许人类种种灾难出现"（266）——我只是问！这是多克托罗一贯的主题——基督教的传统观念再也无法安慰死者和生者，"在战争中、在大屠杀中，在我们这个世纪中大批的人惨遭杀戮……他们是不能复活的，他们不能也将不会复活，即使是在怀着基督徒信念的想象中"（266）。奥古斯丁的神正论最大的问题是，如此巨大的灾难如何显示上帝的公正？所以多克托罗谈道，制造这些灾难的希特勒、斯大林、波尔布特（Pol Pot）却"自然死亡，没有用普遍的道德法律对他们进行审判，因此一切没有结束。他们的死只能算是偶发事件，在他们的罪行没有被用上帝期许的文明所发出的令人敬畏的声音进行宣判之前"（186）。尝试使用已被历史废弃的方式来恢复罪恶的意义，已经不可能成功。

奥斯维辛远远不只是个体的体验，也不是许多个体体验的简单叠加，而是一代人甚至是几代人的集体体验，把这种苦难当作上帝对人类的考验是毫无意义的并且是行不通的。那么奥斯维辛则让人们在面对上帝的时候陡然失去了信心：信仰者们该如何来理解如此不可理解的集体苦难？我们还有信心继续坚持奥古斯丁的神正论立场：恶仅仅是善的匮乏吗？如果说上帝将尘世间的苦难和不公正视为拣选的标志，然而为何那么多的好人也遭受着苦难？所以多克托罗认为自己这部作品是为"20世纪基督教的历史缺陷或者说道德匮乏做出了注释"。极度残酷的大屠杀，不仅使得犹太教及基督教神学内部产生"奥斯维辛神学"（Auschwitz theology，Holocaust theology），而且从朋霍非尔（Dietrich Bonhoeffer）、布尔特曼（Rudolf Bultmann）、阿多诺（Theodor W. Adorno）、弗罗姆（Erick Fromm）、托多洛夫（Tzvetan Todorov）、保罗·利科（Paul Ricoeur）、阿兰德（Hannah Arendt）一直到20世纪90年代以来的哈斯（Peter J. Haas）和费辛（Darrell J. Fasching），都一直企图从这个恐怖事件中找出合理的解释。在阿多诺看来，"奥斯威辛之后写诗是野蛮的"[1]，"我们的形而上学能力瘫痪了，因为实际的事件破坏了思辨的形而上学思想与经验相协调的基础"[2]。而在某些激进的神学家看来，犹太人大屠杀事件改变了人们认为历史是一条由低文化发展至高文化的直线或连续的进程的看法，"当人面对那样的事件，历史就中断了"[3]。对

---

[1] Theodor W. Adorno, *Prisms: Culture Criticism and Society*, trans. by Samuel and Shierry Weber, Cambridge: The MIT Press, 1981, p. 34.

[2] ［德］西奥多·阿多诺：《否定的辩证法》，张峰译，重庆出版社1993年版，第362页。

[3] E. Schussler Fiorenza and D. Tracy, eds., *The Holocaust as Event of Interruption*, Edinburgh: T. & T. Clark, 1984, p. xi. 哈斯著有《奥斯维辛之后的道德纳粹伦理的根本挑战》（*Morality after Auschwitz: The Radical challenge of the Nazi Ethic*, Philadelphia: Fortress Press, 1992）；费辛著有《奥斯维辛之后的叙事神学：从翼化到论理》（*Narrative Theology after Auschwitz: From Alienation to Ethics*, Philadelphia: Fortress Press, 1992）。

鲁宾斯坦（Richard Rubenstein）来说，"奥斯维辛之后，就不可能再相信神了"，"上帝没有任何神圣的计划"①。多克托罗亦言"从 20 世纪欧洲文明进程中发生的事件来看，我们再也无法严肃地维持上帝这一传统的宗教概念"（53），作品显然是在更广泛的意义上探讨当代对宗教的理解，用约翰·帕克斯的话说，他"重写历史的目的，是为了颠覆既定社会行为和意识形态形成的话语垄断"②。

## 二 "上帝之城"的诗性空间

罗马城的沦陷是奥古斯丁写作《上帝之城》的直接动因。罗马城是罗马帝国文明的象征，作为当时基督教的中心，被基督徒视为受上帝庇护的"永恒之城"。在第十四卷奥古斯丁就清楚地阐明天下万国"人们按不同的礼仪、习俗生活，有许多不同的语言、武器、衣着，但只有两种人类社会的秩序……一座城由按照肉体生活的人组成，另一座城由按照灵性生活的人组成。当它们找到了自己想要的东西时，各自生活在它们自己的和平之中"。上帝之城暂时借居于这个世界，"但它们在这样做的时候有着不同的信仰、不同的盼望、不同的爱，直到它们在最后的审判中被分别开来，各自到达自己的目的地"③。世俗之城充满了罪恶和灾难，上帝之城是富有灵性、永恒美好之所在，创造性的、完美的、想象的、幻想的空间，与污秽的、病态的、混乱的空间构成二元对立。奥古斯丁的双城理论构建了基督教空间层级性的对立与交错：天国与现世、神圣与世俗，在几千年来以不同主题得以发展与循环。然而这个定位空间很快被现代科学打破，小说《上帝之城》开篇就写了一个

---

① Richard L. Rubenstein, *After Auschwitz: Radical Theology and Contemporary Judaism*, Indianapolis: Bobbs - Merrill, 1966.

② John G. Parks, "The Politics of Polyphony: The Fiction of E. L. Doctorow", *Twentieth Century Literature*, vol. 37, No. 4, Winter (1991), p. 455.

③ ［古罗马］奥古斯丁：《上帝之城》，王晓朝译，人民出版社 2006 年版，第 578—579、894 页。

身份不明的人思考宇宙理论和最新的发现，"宇宙是从一点以幂次方函数开始扩展的，从一个单独的空间/时间之点、一个时刻/一件事、某个初始的粒子事件或量子的真实偶然事件"，宇宙并不是通过爆炸由空间生发而来，爆炸的是空间本身，"扩展的东西徒劳无功地扩展成自身，无穷回旋的暗物质，可怕的没有感觉的无穷无尽……所有这些都是我们自己的意识所命名界定的，我们的意识本身就缺少容量以及物理性质，就像我们幻想中的宇宙一样，是一种最终盲目的、冷漠的、非人性的投射"。没有绝对的事物开端，没有对终极真理决定性的启示，唯一的世界就是我们的世界，一个为我们的兴趣、思维方式、理论和观点——简言之即我们的语言——所塑造的世界，这就是多克托罗的激进人文主义。无限延伸的空间结构实际取代了基督教神学空间的层级和定位化（localization），科学理性视野中的宇宙世界和基督教神学编造出来的宇宙世界有天壤之别，"如果这种物质、这些基本事实、这些显而易见的观念与上帝有关，那么这些实在是令人恐惧，任何人类对他的恳求，寻求安慰或安抚、得到拯救，都是无法企及的"（4）。

多克托罗将《上帝之城》背景放置于当代之城纽约。但丁在维吉尔的引导下游历了地狱，而多克托罗作为导游，带领读者游历了纽约，"带你们去看人类理智的可怕的混乱，意识的裂片、无法整合的碎片……现实的垃圾，我们和上帝毁灭了的罗曼司。这个新地狱就是我们开始探索的地方"（192）。多克托罗对这个城市似乎了如指掌，描摹这个城市的各种话语，这些话语以不同的方式表达了他们思考、探索、回忆、解释、预言和说教，聚集起来的片段形成现实中的社会共同创造物。在一个基督教牧师的意识中，这个城市普遍存在贫困、种族歧视、滥用权力、社会不公正、犯罪和孤独，更是普遍的对传统神学的质疑，当佩姆伯顿去探望绝症的病人，病人质问他："你有药吗，神父？你会让我康复吗？那就他妈的滚出去吧。"而医院里另一个私人病房里"一股刚出炉的水果派的香味，各种汤，正在炖着肉……在这里我们得到天国的一切"（18）。在铜十字架被盗的现场，"那个空餐具室里大麻的味儿。男人的体味。但还有刺鼻的女人外激素的血淋淋的气味。还有别的什么，别的什么。像唇膏，或者棒棒糖"（18）；在纽约的街头，"发现相机不见了时，游人告诉我第二天早晨可以在大教堂后面的市场把它买回来"（8）。对于绝大多数人来说，宗教的精神并不能作为重要的价值系统提供鼓励和支持，在这个"非自然的"世界，"人们有一个故事要表演，他们行走的街道是叙事的段落。基础结构是一个什么样的字眼？这个字表明我们已经失去了我们的城市，我们的街道是为了通行，我们的故事四分五裂，我们四周的摩天大楼对有一种可信的文化的观点嗤之以鼻"（46—47）。然而多克托罗却喜欢这个城市，"对孩子来说，纽约意味着丰富的经验。我十几岁的时候几乎每周都去现代艺术博物馆。我会参观博物馆的常设藏品，也会参观一些新展览，然后到楼下的剧场里看场外国电影。我当然也去欣赏戏剧、听音乐会。我从那些被希特勒逐出欧洲的那些伟大艺术家移民那里受益。他们带来纷繁复杂的文学评论、哲学、科学、音乐……我庆幸自己是个纽约人"[1]。

在小说开始之处，当走在他所迷恋的纽约街头，佩姆伯顿思考着城市生活的本质。纽约不仅仅是单纯意义上的地域空间，更是一个集众多移民、多元政治、异质文化为一体的文化空间，是当代社会关系的具体表现。然而和一般文学对城市描述上所反映出来的陌生感、异化感、孤独感体验不同，他认识到城市生活的错乱与异化，也意识到现代国际都会是各种思想交汇的节点——我们得以生活在城市空间的一组组关系之中，这种关系不能彼此化约，更不能相互融合。可怜的移民在纽约残酷的社会现实中，为生存而奋斗，"被世界遗弃的移民，他们认为只要他

---

[1] Christopher D. Morris, ed., *Conversations with E. L. Doctorow*, Jackson：University Press of Mississppi, 1999, p. 201.

们到了这里，就能站住脚了……穿过城市腹地的种族断层线也穿过我们的心中。我们是以肤色做代码的种族和社会异类分子，对多元文化心存疑虑，出言不逊，似乎城市作为一个概念太沉重，即使是对于居住其中的人"（11）。然而他看到无数的人们走出自己的道路，寻找到其暗含的归属感（togetherness），因为"我可以在两条繁忙道路交叉路口的任一角落停留，在我面前是成千上万的生命朝四面八方奔去……我怎么能不知道我在这一刻就是这个非自然世界中最奇特现象的一部分？有一种我们永远不肯承认的种类上的认可，一颗灵长类的超级灵魂。尽管我们谨慎而冷漠地协调着我们的公共空间，我们其实依赖周围的人群来描述我们自己"（11）。巴赫金曾将城市的"道路"时空体视为"偶然邂逅的场所"，"在这里，通常被社会等级和遥远空间分隔的人，可能偶然相遇到一起；在这里，任何人物都能形成相反的对照，不同的命运会相遇一处相互交织。在这里，人们命运和生活的空间系列和时间系列，带着复杂而具体的社会性隔阂，不同一般地结合起来；社会性隔阂在这里得到了克服。这里是事件起始之点和事件结束之处"①。

多克托罗也鼓励我们尝试寻找城市里某组特定的空间关系网络，咖啡馆、剧院、海滩、公园甚至是公共汽车、火车、街道，在具体的关系情境中人们获得怀疑、指示、洞见和融合——尽管这个情境中的关系也许与其他空间相互矛盾。过去人类最重要的建筑都是围绕人与神之间事务建立起来的，如今，圣提摩太教堂被改建成圣提摩太剧场，上演契诃夫歌颂理想的激情和生活的信念的作品《海鸥》。剧院可以在长方形的舞台上，一个接一个地引入一系列彼此无法重合的空间节点，而不至于像牧师的布道坛。佩姆伯顿说："难道戏剧不是由宗教产生的吗？神退场，普通的希腊人上场。不是要限制神秘崇拜的多神教者，他们知道一

---

① ［苏］巴赫金：《巴赫金全集》第三卷，白春仁、晓河译，河北教育出版社 1998 年版，第 444—445 页。

点儿事情，比如如何进行一场好的演出，用很多音乐伴随做爱和喝酒。但长期来看，我们也许会将索福克勒斯的悲剧演得更好。"（150）对于希腊人来说，每一个剧本都是一个布道，然而布道却不是对奥林匹亚诸神的崇拜，对于希腊人来说，没有系统的神学体系或规范的教条，而是"基于一种公共文化形式、城邦的表达方式，悲剧探究了在城邦社会里人与神，以及人与人之间的冲突中人面临的道德困境……它提醒人们特别是为城邦制定政策的议事会成员——取得成功以及维持成功的力量会滋生复杂的道德问题，这些问题太危险因而绝不可随便或是专横地去推测去解决"①。在多克托罗看来，作为一种人类精神的改善力，伦理式的舞台已取代了神秘式的或教条式的教会。

多克托罗还特意安排了偏离差异地点（heterotopia of deviation）②，以安置那些偏离了必须遵守的规范的人们——养老院——衰老也是一种偏离。随着佩姆伯顿从牧师职位辞职，他决定去晚期病人安养院做最后的探访。老报人麦克伊尔万虽然是反宗教的绅士，然而却并不打算打破他的幻觉，说临终祷告毫无意义。他反教会的倾向还是比较温和的，"那很可爱，神父……如果你这么说，神父……我不想破坏你的幻觉，神父"。接着病房里一个抱着吉他的修女，身着有吸引力的现代修女服，只见她一边弹吉他，一边用细细的可爱的女高音唱着"闪耀吧收获时节的满月"，以一种显而易见的宗教情调、欢快节奏，然而麦克伊尔万继续往下的歌唱显然混杂入低沉忧郁的声音，形成感伤的二重唱，佩姆伯顿"环顾病房，看见枕头上的脑袋有一种不寻常的警觉，与那种临死的人的空洞凝视有些不一样了……这儿有人注视

---

① ［美］托马斯·R. 马丁：《古希腊简史——从史前到希腊化时代》，杨敬清译，上海三联书店2011年版，第170页。

② 参见［法］米歇尔·福柯《不同空间的正文与上下文》，包亚明主编《后现代性与地理学的政治》，上海教育出版社2001年版，第23页。

我一眼，那儿有一个若有若无的微笑，有一张床上躺着一个活尸，一动不动，目光向上，面无表情，但他的手从床单里抬起了一点点儿，随着音乐摆动着"，他也受到难以抑制的感染而加入了合唱，去体验那被无神论信仰煽动的神圣一刻，"在女高音和咆哮中加进了我的男中音。一首老金曲接着一首，感受到对你同样的爱，我的嗓子发热，泪水上涌，一如在祭坛上和我的集会者一起，我大喊道：上帝是我们强大的堡垒"（245—246），这样经验的际遇（occasions of experience）只能通过自我建构的领悟来实现。

另一个反复提到的空间概念是"公园"，公园取代过去更为私人性的花园，成为城市中微缩的小宇宙。多克托罗说"我们使用公园的欲望在多大程度上取决于其他人做同样的事的欲望？去公园的主意在多大程度上是一种基于在好日子里的邀请，反映了我们群体的神经形态。没有中央控制机制告诉我们何时、如何使用公园，得由我们决定"（243）。在一个更为宽阔的空间里，成千上万的人在公园里会聚，可以通过享受来摆脱生活的污垢。人们在公园里的聚集，不再是一种决定性的归集，如同城市最初的起源，"城市也许起源于一个市场、一个物品交易站，或是几条水流的交汇处，但它暗地里也起源于人类想在陌生人群中行走的需要"（11）。绝对价值的消失虽然使追求理想的生活痛苦不堪，但理想主义精神与信仰的意志正是人的生活的本质，人性可以克服那些顽固不化的理论，达到最低限度的调适，在嘈杂的世界中重塑和谐（Reconciliation）①。不过这种和谐是一种动态的关系而不是一种固定的模式，是一个"向心力"，使得周围的人因为它们的存在而感受到生存的价值和意义，感受到上帝恩赐的喜悦，而不是天堂般终点的允诺。所以，佩姆伯顿说："救世主的概念是一种渴望，一种导航的原则，它之

---

① Lawrence Wilde, "The Search For Reconciliation in E. L. Doctorow's *City Of God*", *Religion and the Arts*, Vol. 10, No. 3, October（2006）, p. 391.

所以可以救赎不是因为到达了彼岸，而是因为永远无法到达那里。"
（248）那么超越与神圣的意义，就在于人必须懂得：在人之外的超越
中，有人类生活美好的力量源泉，但这无法依靠理智去证明，需要心灵
去感受和顿悟。

多克托罗反复提及维特根斯坦，思索着"无数的自我不过是语言塑
造出来的鬼魅，而语言却包含了人世的全部经验"。与哲学和宗教宏观
话语形成对照的是贯穿全书的自传和传记片段，如同欧茨所说，"《上
帝之城》中一个主要的比喻就是，它像一部在巨大影机上放出的电影，
经常有中断、闪回、超前叙述、迅速切换和淡入淡出"①。这是一部如
何写小说的小说，如同没有重新组织的小说，当然作者没有计划重新组
织，而是故意成为笔记碎片的拼接。这些叙述赋予作品以一种剖析的尺
度，还把叙述者引入了叙述本身，以此强调叙述者对于写作行为的道德
责任。在作品中，多元文本的空间并置，形成对话和复调（Heteroglos-
sia），她/他的多声性（heteroglossic，leitmotifs）话语形成象征困境的比
喻："一间到处都是镜子的巨大游乐室里难道没有出口吗？相互回响的
言语永远沿着一个无底的蓄水池下去？"（125）作为一种典型的后现代
思维方式，必然认为客观、普遍和整体的知识系统主体的存在及界定，
是建立在既有语言、历史、传统、文化、社会、权力等网络之上，"人
们所想的历史其实大部分都是神话。历史被变成石块，被安装固定，成
为基座的一部分。有想象力的作家所要做的就是把这座雕像打碎，重新
赋予它生命，使它成为人性的活的更真实的，并且与现实更贴近的。历
史如此重要，不能只是把它交给历史学家或者政府"②。既然没有任何

---

① ［美］乔伊斯·欧茨：《直言不讳 观点与评论》，徐颖果译，长江文艺出版社2006
年版，第73页。

② 高巍：《人文主义宗教信仰及其他——对话 E. L. 多克托罗》，《外国文学动态》
2012年第2期，第6页。

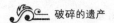 

先验的理由可以找到一个客观的、现成的、超人类的空间，那么人类话语建筑的属人世界就是唯一的关系空间。

### 三 神学的隐匿

多克托罗曾论及爱因斯坦如何处理伊曼努尔·康德所设下的著名的道德问题，如果没有最终的权威，没有绝对命令式的"应该"，或简言之，如果没有上帝，一个道德体系怎么能够存在呢？爱因斯坦认为："道德公理的确定和检验与科学公理相差无几。真理经得起经验的检验。"他说："仅从逻辑上看，所有的公理都是主观的，包括道德公理。然而，从心理学和遗传学观点看，这些公理绝不是随意设定的，而是由我们天生的避免痛苦和死亡的倾向来确定的。人们道德上的天赋……给了人们改进道德公理的特权，这些公理如此简单易懂，如此有根有据，人们接受它们就像它们扎根于个人的情感经历中一样。"① 从《上帝之城》来看，虽然作品碎片化的、不可理喻的叙事充斥着反神学权威的观念（Anti‑authoritarian theism），质疑那个超验的彼岸的实体对象的同时，却仍然将人文主义伦理信念作为小说的核心。尽管激进人文主义似乎常常是偶发的和相对主义的，但是毕竟有一种强烈的人际关系弥合的意识。

莎拉·布鲁门撒尔，一个年轻的犹太女学者，佩姆伯顿爱上了她，并且和她一起在传统的基督教和犹太教废墟中寻找继续信奉上帝或者重新定义上帝的理由。在希腊文化中，有几个词指明了不同性质的爱，它们是情爱（eros）、友爱（philia）、圣爱（agape）和家庭之爱（storge）。"eros"表示人类的本能爱欲，追求感官的享受与拥有，狂热而又难以静止；"philia"指的是温和而又理性的爱，即人们对于美好的人和事物

---

① ［美］E.L.多克托罗：《创造灵魂的人：多克托罗随笔集》，郭英剑译，译林出版社 2010 年版，第 149—150 页。

的钟情，包括了对朋友、家庭与社群的忠诚，并需要善良、平等与友善，这种爱会因为现实原因而增进，使双方均可由其关系而得益；而"agape"非事物外表吸引而产生的精神之爱，奥古斯丁所说的就是上帝自发给予受造物的爱，这种"爱"却在神正论立场中表现出对他者的排斥。不仅艾弗瑞特感受到莎拉神秘而又难以言喻的吸引力，在与萨拉结合后，佩姆伯顿也声称自己最终觅得救赎之道——长久以来在基督教信仰中未能求得的结果，"不，但我想我多么快就喜欢上了她，她让我感到多么舒服，她多么自然地欢迎我，在这些困难的境况中，这些人身上有一种清新和诚实，我是说在他们两个人身上都有，他们如此入世，如此自持"（31）。艾弗瑞特见证了他们的相互吸引："但我的确看到了一种相互吸引，虽然靠近的速度较慢。由于她和佩姆都过着一种在道德上极其严肃的生活——这是我所能做出的最抽象的建构——他们的相互吸引就不仅仅是个人的了。"（135）这样的爱的契合是对基督教会体制之下"agape"的反驳，是为了疗治现代政治宗教带来的危机，人不可堕落成自私自利的个体，而要学会同情，学会爱。通过塑造布鲁门撒尔这一神圣的女性，多克托罗等于否认了奥古斯丁所宣称的救赎之路不在凡间这一说法，当然他也尽量避免故事中包含令人反感的道德特征。就故事本身而言，圣公会牧师和拉比的这次相遇是疲惫不堪的圣公会神父与生机勃勃的年轻拉比的相遇。小说中最为生动的叙事在小说最后一段，"在这一刻我们见到了电影的男主人公和女主人公，一对富有活力从事宗教工作的夫妇，他们在上西区管理着一个进步的小犹太教堂"。对于佩姆来说，这种爱是一种温和而理性的"philia"，从互相欣赏与尊重开始，进而彼此砥砺，一起走上探索的路；这种爱既不是"eros"男欢女爱一般，狂热到不能静止，也不是"agape"那种绝对的排他性的爱。唯有如此，"复杂而具体的社会性隔阂"，在这里得到弥合。这种爱的伦理学变得越来越主观、富有情感，成为一种关于变换的、涌现的和不断流逝的伦理。

立陶宛隔离营里，老裁缝斯瑞波尼茨基被安排为隔离区党卫军指挥官施密茨少校制作新的制服，施密茨对其新制服的做工非常满意，"手放在臀部，面带着鄙夷的微笑像是要拍照"（76）。然而这场交易是充满讽刺意味的，兴奋的军官拒绝和嘲笑了一个犹太裁缝要求支付酬劳的行为，"被这个笑话逗得哈哈大笑，一个犹太人还想要工钱"。老裁缝突然变得严肃，然后做出了惊人的举动。为这场袭击，老裁缝付出了被送上绞刑架的代价。在他垂死之前，"斯瑞波尼茨基先生似乎从他痛苦的恍惚中醒来了，他抬起了头，我确信是这样，他清楚地看见了眼前的情景，为场面的宏大而得意，并为此做出了神气的样子。……我想当时裁缝的眼里闪射出疯狂的胜利之光，随即脚下的凳子被踢掉，他瘦弱的身体从脖子处开始晃悠起来"。对于布鲁门撒尔父亲而言，他设法去理解老裁缝这种自我毁灭的行为。他知道如果裁缝杀死军官的话，那么会带来整个聚集区所有人的毁灭，所以，"他所做的都是自我牺牲，他的反抗是有节制的，精巧和准确得就像他的裁缝手艺"（81）。当然裁缝的经历并没有什么特别之处，既没有轰轰烈烈，也没有耶稣之死那样被仪式化，其死亡是一种"并不仅仅是一种单纯的死亡的意愿，而是一种超越自己的意愿"，每个人的心灵都以独特的方式消化着这些苦痛，与此同时，又保持自己的尊严。也许在多克托罗看来，在一个既有理性、匀称、节制的生活系统里，正是这种自我节制和社会职责框架里所出现的个人自由才能克服人类的盲目的自信与自身的弱点。

一旦超越现世、更高的不可见世界的信仰开始消散，人类生活的世界，就是语言世界、历史世界中的事件之流，没有外在的绝对目的。生锈的大十字架被送到进化犹太教会堂，促使佩姆伯顿认识到，上帝"就像文明一样，是在不断进化的"，"犹太教是没有基督的基督教"。正是在那里佩姆伯顿遇见了拉比夫妇约书亚·格鲁恩和莎拉·布鲁门撒尔，这对夫妇开了这家进化派犹太教堂，目的是通过对托拉（Torah）的集体研读和讨论，重新发现信念"真正的"基本内涵，作品谈道，"进化派方法的实质是采纳犹太教教义和实践的各方面，考察它们的历史来源或起源以及它们的神学合理性，并且只要可能，就把它们置于现代学术的观照范围内，并开始区分什么似乎是非根本的或智力上靠不住的，或者是单纯盲目地习惯性的，什么是真正关键的、起决定性作用的"（247）。进化派就是一种激进的犹太人文主义，本质上是从正统的犹太教义中发现弊端，拥护那种文化，珍视那段历史，但拒绝那种神学。对托拉的解读，不再是建立在一些普遍超越的启示原则之上，而是在历史挣扎的经验中进行特殊反省、总结与想象，而理解和阐释必然发生在历史性的"我"与"他者"之间不断反复来回地对谈与对答，"你可能接受某个神圣的文本中所讲的道德观念，却拒绝对其顶礼膜拜"，这样的犹太教更像是一种生活方式，一种哲学。对进化派犹太教来说，没有具体的教会组织形式、宗教礼仪，而是以托拉的解读取代被历史语境塑造的"神"，以志同道合者精神上的认同和自由结社取代了教会组织，表现为对人在道德、人性和文化方面的要求，又由此派生出新康德主义所提倡的责任、服从、秩序和服务等美德。上帝已化为生活方式中道德信念化的上帝，一种承担责任和义务的伦理学。这恰恰是美国"多元文化"竞争在道德层面上表现出的一种蛊惑性，对于混杂多元血统的美国人来说，与遥远旧世界的罪恶的对峙是他们身份认同感的基本来源之一，然而我们又不难发现，在多克托罗讲述过程中，曾经的罪恶大有在现代城市嘈杂的背景声中隐去的势头，甚至逐渐消磨掉他们曾经是谁、身处何处。

曾经，上帝和他的门徒是仅有的作者，所有的故事都由他们讲出，然而在被理性主义和科学剥夺了对宇宙的神话理解的现代世界，所有故事的作者都是凡人。然而我们尚有一种创造的可能，我们每个人都需要讲述关于我们自己的生活故事，我们需要共同讲述、争论和复述我们如何成为现在的自己，摆脱他律神学的奴役。多克托罗小说固然驳斥了奥古斯丁关于人间一切苦难都是最终为实现"上帝之城"的论断，但无论是莎拉还是佩姆伯顿，仍然心怀虔诚，并且相信在生命中有神圣的东西存在，或者是可以被培养出来，正如"上帝可以被重新界定和重新塑造……人们能认识到，人类的历史呈现了一种模式，它由至少是逐渐变得微妙而复杂的一系列隐喻组成"（256）。面对超越与神圣，人类首先应该学会的是，反思与批判自己的局限性，反对"把他者还原为同一的本体论"的盲目信仰和理性思维，让长久以来被压制的"异教"性思想和观念来对抗和取代正统观念带来的戕害，这正如多克托罗借用米勒对希腊人"戏剧"概念的理解，"我从那个传统中走出来……在那里，历史是人类的负担，它需要被搬上舞台，这样人类就可以克服它……这可是一个善恶终有报的故事。每出戏剧都是"①。多克托罗《上帝之城》最终带给读者一个幻想性的、谨慎的结尾，即犹太人布鲁门撒尔和从基督徒改宗而来的佩姆伯顿结合，这部千禧年之际发表的小说令人幻想下一个充满希望的新世纪：在过去两千年基督教社会和文化的病态时代结束之后，另一个时代已经开始了，它还有待定义。

## 第三节　上帝的性别：《秀拉》对上帝造人神话的改写

《秀拉》发表于1973年，是美国当代黑人女作家托妮·莫里森的第二部小说。它篇幅短，故事情节也不复杂，但是引起的反响和震动却很大。它塑造了一个与以往任何黑人女性形象都不同的新女性形象——秀

---

① ［美］E. L. 多克托罗：《创造灵魂的人：多克托罗随笔集》，郭英剑译，译林出版社2010年版，第116页。

拉，也正因如此，中外学者一致认同这是一部典型的女性主义力作。以往的研究多是从秀拉这一人物形象入手，通过探讨秀拉对自我身份和主体性的追寻以及她的反抗精神对黑人群体的影响，探讨这部小说的女性主义思想。本文从宗教、神话与文化、文学的关系入手，剖析《秀拉》对《圣经》创世神话进行改造的女性主义内涵，从一个比较新颖的视角来解读《秀拉》这一女性主义文本。

## 一  女性主义视域中的《圣经》创世神话

宗教与文化、宗教与社会习俗和人们的思想观念之间历来联系紧密。传统基督教与西方女性观之间的关联就是一个鲜明的例证。传统基督教的女性观呈现出一种二元性——尊重与歧视并存，而犹太先知们对于人类起源这一神话的父权式改造和反对男女平等的神学家及哲学家们的片面阐释使歧视女性的一面占据了主导地位。刘文明认为，"早期基督教对于男女关系的理解，并不是基于现实社会，而主要是出于神学的思考，这种神学理解的思想根源，则来自于犹太教及其《圣经·旧约》"①。我们知道，基督教最初起源、脱胎于犹太教，而犹太传统对男女关系的基本定位便是男尊女卑。《旧约》中成为男尊女卑思想依据的主要是《创世纪》中关于男女受造的描述以及关于"原罪"起源的传说。《创世纪》中关于男女受造的描写有两处。一处在《创世纪》第1章第26—27节。

> 神说："我们要照着我们的形象，按着我们的样式造人，使他们管理海里的鱼、空中的鸟、地上的牲畜和全地，并地上的所爬的一切昆虫。"

英文《圣经》的原文是：So God created humankind in his image, in

---

① 刘文明：《上帝与女性》，武汉大学出版社 2003 年版，第 2 页。

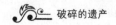

the image of God he created them, male and female he created them. 这里，in his image（以他的形象）重复了两遍，而且 created（创造）的宾语有 2 个，共出现 3 次，humankind（人）和 them（他们），显然上帝在造人时把男人、女人平等对待，并没有特意地区分，唯一的区别是人在生理性别上的差异 male and female（男人和女人）。

另一处在《创世纪》第 2 章第 7—23 节，也就是我们大家都非常熟悉的版本。

> 上帝照着自己的形象用地上的尘土先造了一个男人——亚当，并让他看守、管理伊甸园。上帝觉得亚当独居不好，所以又为他造了一个配偶——夏娃。后来夏娃在蛇——撒旦的引诱下违背上帝的旨意偷吃了智慧之树上的果实，然后让亚当也吃了。

这两处明显存在差异。第一版本的上帝造人说提供了"上帝面前人人平等"的绝对根据，具有丰富的伦理学意义。既然人都是上帝的造物，人的本性具有共同的基础和来源，人的生命价值和生存权利是"神造"和"天赋"的，因而"生来平等"，不论地位的高低都具有相同的生命尊严。然而，显然早期的神学家们和释经者们对后一个版本更感兴趣，他们利用《圣经》中关于上帝造人的两处记载的分歧，极端夸大了男尊女卑的思想，故意忽略了其中平等的因素，其结果就是《圣经》的父权化。

上帝造人神话和人类始祖犯"罪"的传说在很大程度上影响和决定了西方传统女性观。造女人在男人之后，而且女人取自男人的肋骨，这就注定了女人先天不足，低男人一等。女性的卑微还远远不止如此，她还被看成"人类堕落"与"原罪"的祸首。正是夏娃的犯"罪"行为决定了人类的悲苦命运——人类不仅从此再也不能享受伊甸园中那无忧无虑的生活，而要终身劳作，在种种苦难中煎熬，而且还失去了不朽的生命，不得不经历生老病死的痛苦历程。夏娃被认定是"原罪"的肇始者，后来的父权主义者利用这一神话故事，为他们的菲勒斯中心思想找到了宗教神学上的根据，推导出女性是祸水，是理性的对立面——非理性，是导致男性犯罪的邪恶的淫欲，这也就成了西方"厌女症"和歧视、贬抑女性的渊薮。

女性主义者认为《圣经》的上帝造人神话完全是菲勒斯中心主义的产物，根据有二。第一是它肯定了以上帝为父权象征秩序的男性权威，确立了男性优于女性的地位，从神学与宗教上为父权统治找到了合法的依据。上帝至高无上，因为他是万物的造主，世界的主宰；夏娃要遵从亚当，即女性遵从男性，因为她取自他，属于他；他是她的"头"。这就形成了西方男尊女卑的传统意识。第二是它否定了女性的创造力，极度夸大了男性的创造力。人类的母亲本来是女性，结果却人为地编造出了一个无所不能的男性上帝凌驾于人类之上，凌驾于女人之上。罗伯特·麦克艾文在他所著的《夏娃的种子》一书中说，"《创世纪》第2章，通过听着都难以置信的女人出生自男人的故事，来申明男人的创造力"[①]。用美国女性主义作家、思想家、全美妇女运动的代言人和领袖凯特·米利特的话说，"这是男性侵夺女性权力的典型事例。他让上帝在不享有女人协助的条件下创造了世界，从而专横地将生命力据为己有了"[②]。其结果必然就是抹杀了女性的创造力，压抑了女性的地位。

女性主义对传统基督教的批判还表现在对上帝性别的质疑。原始人在尚未了解两性的结合与怀孕生育的因果关系之前，仅凭直观看到的经验就认为女性母亲才是唯一的生育主体。因此，产生一种叫作"孤雌繁殖"的原始信念，表现为许多民族神话中的女性创世主和原始母神

---

① ［美］麦克艾文：《夏娃的种子》，王祖哲译，上海人民出版社2005年版，第16页。
② ［美］米利特·凯特：《性政治》，社会科学文献出版社2005年版，第80页。

（the Great Mother）①。也就是说，在世界各地最初的创世神话中，生命的创造都是由大母神来完成的，希腊神话如此，埃及神话如此，中国神话也如此。据此推断，《创世纪》中上帝的原型应是人类社会早期的家族领袖——母亲。《创世纪》中上帝性别的人为转移是父权统治的需要和必然结果。对于创世神话中两处存在的矛盾，刘文明也认为，"这种矛盾的出现，主要是父权社会中的希伯来先知们对母系社会流传下来的创世神话进行了改造的结果"②。

## 二 《秀拉》对"夏娃"的女性主义改写

对于上帝性别和种族属性的不同认识是特定的社会历史时期政治和文化因素作用的结果。在一定的社会历史语境下，一个人对上帝形象的解读，对其种族属性和性别属性的偏好，代表了这个人的种族和性别的政治立场。因此可以说，上帝形象是一种文化符号。

在《圣经》中，在西方神学家的眼里，夏娃和圣母玛利亚犹如"妖妇"与"天使"，分别代表着淫乱、堕落和圣洁、高贵的女性品质的两极，前者遭人唾弃，后者则受人尊敬。但是，在莫里森的笔下，《秀拉》中的夏娃（Eva，即Eve的变体）与创世神话中的夏娃毫无共同之处，两个夏娃形成了鲜明的对照。

首先，从夏娃和她丈夫之间的夫妻关系来看，小说和《圣经》的描述截然不同。基督教的婚姻观总的来说提倡夫妻互敬互爱，但基于上帝造人的神话，基督教认为男女在灵魂上平等，但在肉体上却不平等。因此，在家庭中丈夫是妻子的"头"，妻子要服从丈夫。虽然基督教强调丈夫要爱惜自己的妻子，实际上妻子对丈夫的顺从还是被摆在第一位

---

① 参见叶舒宪《发现女性上帝——20世纪女性主义神话学》，《民间文化》2001年第1期，第27页。

② 刘文明：《论〈旧约圣经〉中的希伯来女性及其女性观》，《湘潭师范学院学报》1999年第10期，第61页。

的。保罗关于夫妻关系的论述，最典型的言论之一是"你们做妻子的，当顺服自己的丈夫，如同顺服主。因为丈夫是妻子的头，如同基督是教会的头，他又是教会全体的救主。教会怎样顺服基督，妻子也要怎样凡事顺服丈夫"（《以弗所书》5）。

在小说中，夏娃，而不是"亚当"，是一家之主。夏娃的丈夫，本应是一家之主、妻子的"头"、儿女的靠山的"亚当"，在生活处于困境的时候抛妻弃子，临阵脱逃了。夏娃毅然承担起了照顾孩子和家庭的重担，并且在困境中表现出了超人的勇气和顽强的意志。没钱，没吃的，却有三个嗷嗷待哺的孩子，艰难的生活摆在她面前，就如那个要挨过的漫长而寒冷的冬天。夏娃没有低头，也不怨天尤人，更不像有些女人那样扔掉孩子寻找自己的幸福和出路。夏娃——一个单身母亲，不仅让自己的孩子都活了下来，而且还使家里的日子过得越来越好。

与那个被上帝逐出伊甸园，只能任凭上帝和命运摆布的夏娃不同，小说中的夏娃用智慧和才能建立起了自己的伊甸园。她既是这个以女性为首的王国的创建者也是统治者，指挥着她的子孙、朋友、流浪汉和不断来来往往的房客的生活。与《圣经》中横遭指责、卑微谦恭的夏娃不同，小说中的夏娃总是穿得整整齐齐，时刻保持着尊严。她坐在轮椅上，使得成年人要和她说话，无论是站着还是坐着，都得弯腰俯首。男人都对她佩服得五体投地，大家簇拥在她的周围，她显然是这个不断扩大的"王国"中至高无上的"女王"。

其次，夏娃还是母性的典范，富有极强的自我牺牲精神。当生活处于绝境中时，她选择了牺牲身体的方式求得一家人的生存。她为了孩子有饭吃而不致饿死，不惜故意让火车压断自己的一条腿，以获取保险金。她的自我牺牲精神在生活相对安逸的时候也没有减弱，为了救身上着火的女儿汉娜，她从三楼纵身跳下，完全忘了自己的生死。要知道她是坐着轮椅只有一条腿的老太太。在危急时刻，她能冲破用木板封住的窗子，破窗而出，只有母爱才会有如此的力量。夏娃的母爱也表现在她对其他男性人物的态度上。她收养了三个弱智的孩子，还供他们读书，她对其他来访的人亲切、热情，充满关爱，所以受到大家的普遍喜爱和尊敬。

最后，夏娃身上还体现出旺盛的创造力。按照《旧约》律法，古代犹太人在安息日是不能做任何事情的。因为上帝在创造世界的时候工作了六日，第七日便休息。所以摩西十诫中有"当守安息日"的训诫。基督徒在周日也要停止工作，到教堂做礼拜。这也是"礼拜日"的来历。然而，夏娃却从未停止过创造，在夏娃的指挥和管理下，她家的房屋不断地得到扩建，这接一间房，那开一个廊。夏娃家的门牌号是木匠路"七号"，这意味着她的"王国"是在上帝休息的时候——第七日创造出来的。这也是对遗忘了像她这样孤苦无靠的、住在"底层"（bottom）的黑女人的上帝的无言的反抗。

综上所述，小说中的夏娃是一家之主，而不是亚当的奴仆，是以女性为主的世界的女王，男人是她的臣子。夏娃独立自强，极富创造力，她带领女儿和外孙女顽强过活。夏娃身上洋溢着母性的光辉和女性魅力，深得大家的喜爱。这就推翻了《圣经》创世神话对女性的歪曲与贬损，当然也就有了离经叛道的意味。

### 三 《秀拉》对"亚当"的女性主义改写

如果说夏娃具有上帝一样的创造力，具有上帝一样的地位、权威与慈爱的话，那么生活在她的王国里的男性们则是懦弱、无能、没有责任感的，甚至是弱智和白痴，小说中呈现出一幅令人失望的男性群像图。这样的写作策略是对《圣经》上帝造人神话的彻底翻转，也是对西方"阳物"崇拜的巨大嘲讽。

小说中的男人似乎都缺乏责任感。无论是在生死悬于一线的战场上，还是在艰苦的生活当中，他们都是没有责任感、意志薄弱的懦夫和逃兵。当生活遇到困境时，他们都选择了抛弃妻儿，离家出走。夏娃的丈夫波依波依是这样，奈儿的丈夫裘德是这样，秀拉曾经爱过的阿杰克斯也是这样，这些男人既不可依靠也不可信赖。

夏娃的丈夫叫波依波依（BoyBoy），夏娃和他在一起度过了五年令人伤心失望的生活。他好色、贪杯而且欺侮夏娃。在夏娃的房客中还有一个叫柏油娃（Tar Baby）的，他们俩名字中的 Boy 和 Baby 都暗示着他们缺乏成年人应有的责任感，是没有长大的孩子。人如其名，事实也的确如此。柏油娃虽成年了却非常瘦小。他每天醉生梦死，只会用酒精麻醉自己，生活的唯一目标就是等待死亡，但是又害怕孤独死去，因此来到夏娃的王国寻找庇护。

男人的脆弱和不堪一击还表现在战场上。22 岁的夏德拉克在参加第一次世界大战的时候手被炸残，在战场上他亲眼见到了身边的人是如何被炸死倒下的，战争的残酷不仅给他带来了肉体的伤残，更带来了心灵的创伤。他的神经几近崩溃，变得疯疯癫癫。出于对死亡的恐惧与逃避，他在回到底层后创立了全国自杀节。夏德拉克的故事既说明了战争的残酷与荒谬，也说明了男性神经的脆弱和不堪一击。被战争吓破胆的还有夏娃的儿子"李子"，比夏德拉克有过之而无不及。他从战场回来后一蹶不振，不仅不能替辛劳一生的母亲分担，还要像婴儿一样躲到母亲的怀抱中寻求安全与庇护，甚至在毒品中寻找慰藉，精神与意志陷入沉沦。

在西方传统思想看来，男性气质总是和强悍、进攻和占有相关，而女性气质总是和顺从、懦弱和宽容等相联系。弗洛伊德认为由于女性没有男性的生殖器官，是被阉割的"男性"，因而在本质上是"匮乏"，天生有一种"缺失"意识。亚里士多德曾说女性的本性先天就是缺陷，因而在折磨着她。小说《秀拉》可以说是对男性所杜撰的"缺失"理论的巨大反讽。有着雄性生殖器的男人都是匮乏的，要么在精神上脆弱，要么在心智上贫乏，离开了女性的庇护他们成了在精神上无法立足的残废。可不可以说他们是被阉割了子宫的"女人"呢？作家借夏娃的手，用她犀利的笔杀死了那些"匮乏"和"缺失"的男人。在这群软弱、自私、无责任感的男性群像当中夏娃的形象自然凸显出来，作家对女性的讴歌与赞美，对菲勒斯中心主义的批判可谓独到而深刻。

## 四 秀拉——反叛的魔鬼，堕落的"夏娃"

秀拉是小说的主人公，小说以她命名，可见这个人物是小说的核心和灵魂。秀拉的额头上有块胎记，这块胎记看起来既像"带梗的玫瑰"又似"响尾蛇"，魔鬼撒旦曾经化身为蛇，玫瑰的刺会扎人，这显然标志着她的桀骜不驯和反叛精神。在黑人居住区——小镇梅德林，秀拉的确被看成"魔鬼"和"巫女"，是上帝的"第四副面孔"。

非洲传统宗教中对上帝的认识和基督教对上帝的认识是不同的。基督教中的上帝是至善的，与魔鬼代表的"恶"构成了二元对立。而在非洲传统宗教中，上帝与"恶"脱不开干系，上帝既有"善"的一面，也要对"恶"负责。① 因此上帝的"第四副面孔"也就是除了圣父、圣子、圣灵之外的第四个侧面——恶，即魔鬼"撒旦"。秀拉的反叛主要体现在以下两个方面：一是对上帝的大不敬。"我信上帝，全能的父，创造天地的主。"这是基督教著名的使徒信经十二句话的第一句。上帝观是基督教的核心概念。基督教的使徒信经不仅陈述了上帝存在这一信念，而且阐发了对上帝的属性及品格的独特理解。上帝是父，是"信实"和"慈爱"的；上帝是造物主，人类和万物都是由上帝创造的。

在小说当中，上帝不是仁慈、正义的化身，而是种族歧视与压迫的帮凶。上帝跟白人站在一起，跟男人站在一起。从黑人居住区的来历

---

① Allen Alexander, "The Image of God in Toni Morrison's The Bluest Eye", *African American Review*, Summer (1998), p. 303.

看，白人农场主对黑人奴隶许诺，只要他完成一项艰巨的工作就给他自由和一块低地，但是当黑奴如约完成了工作时，白人农场主却给了他一块高居山顶的荒地，还狡辩说："（那块土地）从我们这里看是高高在上，可是当上帝往下看的时候，就是低地啦。那是天堂的底层——有着最好的土地呢。"[1] 这里，白人农场主完全自诩为上帝，他的话语如上帝创世时的语言威力一样，可以黑白颠倒，却不容黑人质疑和争辩。

在种族歧视与性别歧视并存的年代，黑人女性就如同任人宰割的"羔羊"，是无辜的牺牲品。古代犹太人崇拜上帝的一个重要的仪式是向上帝献祭，而献祭的牺牲就是牛羊。羊曾顶替了亚伯拉罕的儿子，使他不必成为父亲向上帝表示忠诚的祭品。在犹太人庆祝逾越节的时候，更是要宰杀替罪的羔羊。人的"罪"得以豁免，但是羔羊却不得不做出牺牲，这就是"替罪羊"一说的来历。

秀拉不愿意像小镇里的其他黑女人那样"被动等死"，她要自己掌控自己的命运。秀拉对代表白人和男性利益的"上帝"进行了大胆的挑战，对他的权威表示出了极大的蔑视。夏娃先后收养了三个孤儿，她一律管他们三个叫杜威。她认为没有必要区分他们三个。而人们也逐渐接受了夏娃的观点，三个人合在一起成了使用一个复数名字，彼此之间不可分离，名副其实地成了一个杜威。这显然是在影射基督教的上帝——圣父、圣子、圣灵三位一体。小说中三位一体的杜威是弱智的、爱犯错的，秀拉经常与他们发生冲突，他们经常受到秀拉的惩罚。这是对上帝多么大胆的嘲讽啊！

在自由的性爱中确立自我。按照《圣经》的记载，人类的堕落始于人类的始祖亚当和夏娃偷食"禁果"。上帝允许他们吃伊甸园中的果子，却唯独不允许他们吃知善恶树（tree of the knowledge of good and e-

---

[1] Toni Morrison, *Sula*, New York：Plume Books, 1982, p. 5.

vil）上的果实。然后夏娃没有经受住蛇的引诱，而她又引诱了亚当也吃了。为什么上帝不允许他们吃这棵树上的果实呢？难道真的像蛇说的那样，吃了这棵树上的果实以后，人就会心明眼亮，具有了跟上帝一样的智慧？为什么当上帝回来，看到亚当、夏娃用树叶蔽体，羞于出来见他时就知道他们一定是偷食了"禁果"？上帝究竟"害怕"的是什么呢？

米利特认为，亚当和夏娃的故事具有多种功能，其中之一是讲述人类如何发明了性交。这个故事表现的重大主题——人类简朴的丧失、死亡的来临和对知识的首次体验——都以性为中心。在亚当、夏娃偷食"禁果"之前，人类处于蒙昧状态，尚不知性为何物，亚当、夏娃赤身露体，并不感到害羞，快乐而无忧。但是夏娃偷食了"禁果"并且引诱亚当也吃了以后，"知晓"了性事，懂得了害羞。在希伯来语中，动词"吃"也有"交媾"的含义；在《圣经》全书中，"知晓"（knowing）是性欲的同义词，是与阴茎接触后的产物。因此，伊甸园的丧失、生命中邪恶和苦难的产生都源自性欲，而夏娃是性欲的化身。

这实际体现了远古时男性对"性"的矛盾心理——好奇与恐惧，和对自己在与"性"有关的犯罪中的责任的推诿。无论是赫西奥德的《神谱》中的潘朵拉还是《圣经》中的夏娃，都被看成淫欲的象征。赫西奥德认为是潘朵拉向人类赋予了性的欲望，并从而结束了一个黄金时代。自从潘朵拉的盒子被打开后，邪恶充斥人间，人类不再无忧无虑地生活在大地上，人要终日劳作，经受疾病之苦。因此，女性等于欲望，而性欲为人类带来了所有的祸端，那么女性受到惩罚也是理所当然的了。

因此，一旦女人与性、欲望挂上钩，就意味着堕落、邪恶，万劫不复和十恶不赦。在男性对女人，对性的态度上存在一种悖论。女人是他们欲望的对象，同时又是指责的对象。当他们需要规约、教化女性的时候，把圣母马利亚树立为榜样，但是当他们要鞭挞、贬损女性的时候，就把夏娃拉出来当靶子。

性不仅涉及生理因素，还涉及种族问题、性别问题，继而是文化问题。任何对于身体的言说和书写都不可避免地要求有助于它所对抗的文化代码。① 凯特·米利特在她的著作《性政治》中一针见血地指出，"尽管它（性行为）本身是一种生物的和肉体的行为，却根植于人类活动大环境的最深处，从而是文化所认可的各种态度和价值观的集中表现"②。凯特·米利特还认为，"现今文学中有关性行为的描写，在很大程度上是强权和支配观念发挥作用的结果"③。她在书中以大量的实例（男作家如劳伦斯、亨利·米勒、诺曼·梅勒、让·热内作品中对性的描写）说明性关系鲜明地反映出了男女两性支配和从属的关系。在男作家的笔下，女性在性关系中总是处于被动、屈从的地位，总是作为客体（object）而存在，她的感受与快乐从未得到过关照，她只是雄性的猎物，甚至是玩物。

在对自己身体的掌控上，在性关系当中，秀拉达到了自由的极致。秀拉则完全不具有父权社会为女性设定的女性气质，如被动、顺从和柔弱，她对黑人社区的任何道德规范都不信奉。她不是温柔可人的"天使"，而是一位无视成规习俗、特立独行、令人畏惧的"妖妇"。她把自己的身体作为武器，把男人勾引过来，然后再一脚踢开，她对男人不屑一顾，男人成了她的猎物甚至是玩物。恐怕文学作品中没有一个黑人女性甚至包括白人女性在性上占有如此主动和高高在上的地位。这对传统道德是一个最大胆的颠覆。

法国女性主义批评家提倡身体写作，因为女人身无长物，身体是她们唯一的武器。把身体的快乐和写作的快乐等同起来，让一直被书写、

---

① 参见王玉括《莫里森研究》，人民出版社 2005 年版，第 122 页。
② ［美］凯特·米利特：《性政治》，社会科学文献出版社 2005 年版，第 36 页。
③ 同上书，第 1 页。

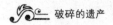

被言说、被压迫的她成为书写和言说的主体，既掌握了自己的身体，也掌握了话语的权力，这就解构和颠覆了以男性为中心的二元对立的两性关系。秀拉在性爱上表现出绝对独立的人格，她把支配和屈从的两性关系彻底地颠覆了过来。

《秀拉》出版于1973年，当时正值第二次妇女运动浪潮高涨和女性主义文学批评理论方兴未艾之时。莫里森是把《秀拉》置于黑人女性争取精神独立、追求自我价值的历史、文化语境之中的，因此我们也必须在这样的语境之中对人物的行为做更深入的考察和思考，以体会作品深刻的内涵。如果用简单的传统道德的眼光来评价秀拉的是与非，就无法看到其中作家对父权文化的激烈批判。秀拉在性行为上的放纵与自我是对传统基督教"女性即淫欲"的观念的大胆挑战，也是对西方女性处于服从和被支配地位的大胆反驳。这充分反映了莫里森激进的女性主义立场，尽管她从不愿意承认自己是个女性主义者，我们也不能简单地把莫里森归结为女性主义作家。

莫里森在《秀拉》中援引了基督教《圣经》的符码——上帝、撒旦、夏娃与亚当，但赋予了他们与传统基督教截然不同的文化寓意，从宗教的角度对父权文化、种族主义进行批判。她大胆质疑上帝的性别，把传统基督教中视为理所当然的男性上帝进行解构与颠覆，通过改写上帝造人神话，尤其是改写夏娃的形象，塑造富有创造力、智慧与尊严的新夏娃形象，莫里森把被基督教父权神话所剥夺的创造力、主体性地位交还给了女性，并且通过塑造秀拉这一反叛的撒旦形象表明了自己鲜明而且激进的性别政治立场。

# 附录一 索尔·贝娄早期小说中的
## 犹太人发展主题模式

布拉德巴利认为，索尔·贝娄（以下简称贝娄）早期小说有一种强烈的犹太情结。① 克莱默认为贝娄早期小说的主人公不但都有犹太民族背景，而且还都受到传统犹太希伯来和意第绪文化的强烈影响，指出《圣经·旧约》以及《塔木德》对犹太人的道德教诲对贝娄早期小说主人公影响巨大。② 麦克卡伦认为，无须赘述，战后犹太人这个名词本身即代表着当代人思想上的痛苦。③ 贝娄自己也曾说过，他对第二次世界大战犹太人被集体屠杀一事一直耿耿于怀④。

### 一 传统犹太宗教的优越感

传统犹太教具有排他性，传统犹太人相信上帝仅赐福于犹太人。因此，犹太人自古以来便享有传统宗教心理上巨大的优越感。有时，甚至

---

① Malcolm Bradbury, "Saul Bellow's The Victim", *The Critical Response to Saul Bellow*, Ed. Gerhard Bach, London: Greenwood Press, 1995, pp. 119 – 128.

② S. Lillian Kremer, "Saul Bellow's Remembrance of Jewish Times Past: Herzog and 'The Old System'", *Saul Bellow and the Struggle at the Center*, Ed. Eugene Hollahan. New York: AMS Press, 1996, p. 101.

③ Kevin McCarron, "'Inhabiting What Remains of Judaism': Jewishness and Alterty in the Fiction of Philip Roth", *Christian – Jewish Relations through the Centuries*, Eds. Saul Bellow et al., Sheffield: Sheffield Academic Press, 2000, p. 284.

④ Saul Bellow, *It All Adds Up: From the Dim Past to the Uncertain Future*, London: Sacker and Warburg, 1994.

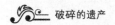 

发展为一种自高自大的犹太精英文化意识。

在贝娄早期小说《赫索格》中，赫索格的思想上便存有这种意识。在小的时候，赫索格曾听到齐波拉姑妈教导父亲不要和非犹太人进行生意上的往来，"别忘了，你是赫塞尔·杜勃罗夫纳的子孙！他算什么？一个长着红胡子的波兰铁匠！是只老鼠！一只有两撇红胡子的老鼠！长着歪歪扭扭的大牙齿，一身烧煎蹄子的臭气！……你是个斯文人。我真想不通你干吗不留在犹太学校里。……这伙流氓、土匪我知道得很清楚。他们不像你那样身上长的是人皮、牙齿、手指，他们长的是兽皮、毒牙、爪子。你永远也赶不上这班赶大车的和当屠夫的"①。话语中充满了对父亲的那位波兰合伙人的蔑视。在赫索格看来，父亲的这位波兰合伙人也的确不怎么样，原因之一便是"他希伯来文懂得极少，连饭前祷文都不大会念"②。

赫索格把优越的犹太文化意识一直保留到成年。赫索格曾把自己与马德琳之间发生的事讲给格斯贝奇听。当格斯贝奇卖弄蹩脚的犹太话回应时，赫索格感到一种自发的优越感，"赫索格受的犹太教育是正统的，上流社会的，因此当他听到格斯贝奇那些引车卖浆者流的口音腔调时，心中本能地就瞧不起"③。这种"上帝选民"的优越感，必然导致与其他人在文化上的冲突。

犹太民族与世界上其他民族一样，都是人类的组成部分。但赫索格却曾用贬低别人的家族来标榜自己的家庭优秀的基因品质。"桑多·希梅斯坦曾经对我说，这孩子会忘记我。他是把我的孩子看作他希梅斯坦家的人了——他家里的那些是大老鼠，实验室里的小白鼠"。对此，赫

---

① ［美］索尔·贝娄：《索尔·贝娄全集》（第4卷），宋兆霖等译，河北教育出版社 2002年版，第193—194页。

② 同上。

③ 同上书，第88页。

索格的朋友反唇相讥，难道"赫索格家的人是用更好的泥土造的"①？

对于思想上无比"高贵"的"上帝选民"来说，犹太民族现实的苦难为自诩高人一等的民族进行了巨大的反讽。

## 二　美国犹太人的现实境遇

在贝娄的第一部小说《晃来晃去的人》中，弥漫着对第二次世界大战德国排犹、屠犹的痛苦回忆。② 由于主人公约瑟夫具有犹太人身份，这使其无法融合于以基督宗教价值体系为主的社会之中。③ 小说有一段情节说的是约瑟夫和一个德国男孩很要好，经常去他家看他，并认识了那位德国男孩的一家人，唯独没有见过他的父亲。有一次，正好那个德国男孩的父亲在家，约瑟夫的朋友就带着约瑟夫去见他的父亲。看到约瑟夫后，约瑟夫朋友的父亲友好地夸赞道："原来这就是约瑟夫，啊，他很漂亮。"约瑟夫的母亲用德语脱口而出，很自然地答道。在约瑟夫朋友的父亲意识到了这是一个非常不恰当的比喻时，约瑟夫朋友的母亲却丝毫没有察觉她的话有什么不妥，"继续打量着我"（58—59）。这件事给约瑟夫造成了巨大伤害。贝娄借此也把主题引向对这一事件的文化辨析。经过思考约瑟夫意识到这不是他的错，这是德意志民族与犹太民族之间的歧视抑或仇恨，而事实上，这是人类的悲哀。约瑟夫晚上睡不着，"一连好几个小时想着哈沙太太的话……在别人看不出毛病的地方，她却发现了邪恶。有好长时间，我相信我身上有一种恶魔的成分。后来，我放弃了这种想法。如果真有魔鬼的话，那也是'可怜的魔鬼'。而且这并不特别指我，而是普遍的、可怜的'人鬼'"（59）。而

① ［美］索尔·贝娄：《索尔·贝娄全集》（第4卷），宋兆霖等译，河北教育出版社2002年版，第354页。

② James Atlas, *Bellow*: *A Biography*, New York: Random House, 2000, p. 194.

③ James Gindin, *Harvest of a Quiet Eye*: *The Novel of Compassion*, London: Indiana University Press, 1971, p. 306.

最令人沮丧的莫过于这种歧视和民族间的矛盾仿佛是根深蒂固和与生俱来的，因为"有了哈沙太太这一类人就证实了我的怀疑：我是与众不同的"（59）。而这种荒谬的结论和看法竟然是民族矛盾长期积淀所自然形成的"'罗曼蒂克'的东西"（59）。约瑟夫反复思考，意识到自己与他人的不同，而这种意识也使得长大成人后的约瑟夫处处与社会对立，时刻感受到一种排斥。

与《晃来晃去的人》一样，詹姆斯认为《受害者》表示了战后美国犹太人群体仍处于第二次世界大战德国人对犹太人的大屠杀所造成的巨大负面影响之中。① 阿克塞拉也认为贝娄的美国二代犹太移民身份使贝娄和贝娄笔下的人物在英语世界中感到一种受排斥，甚至无处容身的感觉②。

据此，贝娄在他的早期小说中也集中表现了当代美国社会对犹太少数族群所持有的集体排斥的现象。在一次由利文撒尔的朋友威利斯顿举办的聚会上，参加人有阿尔比、阿尔比的妻子、利文撒尔、利文撒尔的犹太朋友哈卡维以及与哈卡维一起前来献唱的一个姑娘。为了助兴，哈卡维和那个姑娘一起给大家唱歌。他们在演唱一支民谣的时候，被阿尔比粗暴地打断了。阿尔比质问哈卡维："'你干吗唱这样的歌？''你唱不了。''我倒想知道为什么？'姑娘问。'哦，你也一样，'阿尔比说，嘴角上浮现出一丝笑意，'你们唱这种歌不合适。你必须生在这种歌的环境里才行。如果你没有生在这种歌的环境里，努力也白搭。'"其他人对阿尔比的无礼行为进行谴责，并鼓励哈卡维继续唱下去。当哈卡维继续唱的时候，阿尔比又打断了演唱，并说："不行，不行，不行……你必须生在这种歌的环境中才行。……唱一支圣歌。我并不反对你唱。随

---

① James Atlas, *Bellow: a Biography*, New York: Random House, 2000, p. 194.
② Joan Acocella, *Twenty-eight Artists and Two Saints*, New York: Random House, 2007, p. 385.

便哪一支圣歌都行。"哈卡维说："圣歌我一个都不会唱。"阿尔比说："那就随便唱一支犹太歌曲吧……""说完，他就摆出一副醉意十足的期待的神态，身子往前屈到膝盖上，装出一副洗耳恭听的架势。……他冲着哈卡维和那姑娘笑了笑，也扫了利文撒尔一眼。"①

在阿尔比看来，犹太人在美国永远也无法成为美国人，因此也无法演唱具有美国味道的歌曲。对此，克莱默认为，阿尔比对犹太人唱歌所发表的言辞就是对美国 1935 年颁布的《纽伦伯格法》排犹法案②的生动注解。③

此外，阿尔比还用《圣经》举例，说明世界是不公平的，进而表示其对犹太民族的见解。"如果一个人穷困潦倒……那就是他的错。如果他受苦，那就是对他的惩罚。生活本身没有邪恶。你知道什么？那是犹太人的观念。在《圣经》中你随处都可见到。（然而）我们真是无缘无故地受罚，无缘无故地遭罪，不容否认的是，邪恶就像阳光一般是实实在在的。"④ 继而，阿尔比又提到了犹太人，借以比喻人性的自私和人情的冷漠，"你们这些人遇到什么事都是自顾自。你们的心思深藏不露。你们就是这样教养大的"（292）。在阿尔比以及许多人看来，犹太人是狡猾、奸诈的代名词。

利文撒尔还回忆起"两三年前在一家电影院里，玛丽叫一个女人把帽子摘下来，不料那女人掉过头来，骂了一句'犹太讨厌鬼'"。对犹太人的讨厌似乎成了一种习惯，甚至阿尔比在犹太人的家里也毫不掩饰

---

① ［美］索尔·贝娄：《索尔·贝娄全集》（第 9 卷），宋兆霖等译，河北教育出版社 2002 年版，第 193—194 页。

② 《纽伦伯格法》主张禁止具有 1/4 以上犹太人血统的人弹奏巴赫、贝多芬、莫扎特等"雅利安"民族的名家名曲。理由是这些犹太人不具备理解和欣赏这些名作的能力。

③ Lillian Kremer, "The Holocaust in The Victim", *Saul Bellow Journal*, *The Critical Response to Saul Bellow*, Ed. Gerhard Bach, London: Greenwood Press, 1995, pp. 15 – 23.

④ ［美］索尔·贝娄：《索尔·贝娄全集》（第 9 卷），宋兆霖等译，河北教育出版社 2002 年版，第 291—292 页。

对犹太人的厌烦。"我在纽约住了很长时间。这里到处是犹太人,要是一个人对这里的犹太人了解不多,那他的眼力就太差了。你自己也知道在自助餐馆里有多少种犹太菜,舞台上有多少犹太戏——有多少犹太喜剧演员和犹太笑话,还有犹太人的百货商店,如此等等,还有公众事务中的犹太人,诸如此类。"① 阿尔比还把利文撒尔一样的犹太移民比作卡利班②:

> 真该死……你看上去像卡利班。……就你个人而言,你仅仅是众人中的一个。……你知道吗?我的一个祖先就是温思罗普总督。温思罗普总督!③……论起传统来我是好样的……我努力想象纽约是如何影响我的。……这实在像是卡利班的子孙在管理一切。我走进地铁,卡利班给你两个五分,换你的一毛。你回家时,他在你出生的那条街上开着一家糖果店。老派人物都绝迹了,街道用的还是他们的名字。然而,他们自己算什么呢?不过是遗老而已……可能你的感受没有我的深……我偶尔进图书馆去浏览一番。上周我在那儿看到了一本关于梭罗和爱默生的书,作者叫利普希茨……那样的一个名字……在我看来,那种出身的人压根儿就无法理解……④

克莱默(Lillian Kremer)认为阿尔比以正宗英国移民⑤自诩,而用卡利班来比喻美国犹太移民与第二次世界大战时德国纳粹把犹太人看作

---

① [美]索尔·贝娄:《索尔·贝娄全集》(第9卷),宋兆霖等译,河北教育出版社2002年版,第222页。

② 卡利班系莎士比亚剧《暴风雨》中的半兽人,是一个丑陋、野蛮的奴隶。

③ 温思罗普总督(1588—1649)系美国马萨诸塞殖民地的第一任总督。

④ [美]索尔·贝娄:《索尔·贝娄全集》(第9卷),宋兆霖等译,河北教育出版社2002年版,第290—291页。

⑤ 长期以来,美国主流社会的移民身份,即"正宗"美国人为 WASP,即 White(白种人),Anglo - Saxon descendant(来自英国的盎格鲁—撒克逊的后裔),Protestant(基督新教教徒)。

低档贱人如出一辙。[①] 纵观犹太民族的历史，犹太人不断地被屠杀、被排斥，受到反犹主义的不公正对待，似乎犹太人生来就与其他民族相对立、相排斥。然而，贝娄在其作品中，最终依然向我们传达的是和解、包容的和谐思想。

在第二次世界大战中，德国纳粹对犹太人的驱逐和屠杀并不是犹太人受驱逐的特例。事实上，欧洲自古以来便有根深蒂固的驱逐犹太人的传统。据徐新教授统计，16 世纪之前，欧洲国家和地区大规模驱逐犹太人有案可查的便有 35 次之多，犹太人被逐的地区有意大利、西哥特帝国、德国、法国、瑞士、匈牙利、奥地利、苏黎世、西班牙、立陶宛、葡萄牙、巴伐利亚、阿尔萨斯等几乎遍及欧洲各地[②]。犹太人的历史表明犹太人作为人类社会中的一员，自打出生那一日起，便与"被驱逐"三个字画上了等号。翻开犹太民族的历史，随处可见的是被杀戮、被驱赶的画面。

正如马拉默德的小说《我无罪》中，修补匠所指出的一样，对于那些仇视犹太人的人来说，所有的犹太人都一个样。因为犹太人的祖先出卖了耶稣，因此每一个犹太人都是有罪的。[③] 在《奥吉·马奇历险记》中，贝娄开篇便用屠杀和驱逐犹太人意象表现奥吉与生活环境的对立。"有时候，我们会被骂作杀害耶稣的凶手，受到追逐、吃石头、被咬、挨打，我们所有人，甚至包括乔治，不管我们喜欢不喜欢，都要受到这种莫名其妙的惠顾。"[④]

在《赫索格》中，贝娄仍然用犹太人意象表示赫索格在"被驱逐"

① Lillian Kremer, "The Holocaust in The Victim", *Saul Bellow Journal*, *The Critical Response to Saul Bellow*, Ed. Gerhard Bach, London: Greenwood Press, 1995, pp. 15 – 23.

② 参见徐新《反犹主义解析》，上海三联书店 1996 年版，第 61 页。

③ B. Malamud, *The Fixer*, London: Eyre & Spottiswoode, 1966, p. 288.

④ ［美］索尔·贝娄：《索尔·贝娄全集》（第 1 卷），宋兆霖等译，河北教育出版社 2002 年版，第 23—24 页。

的环境下进行的抗争与冲突。赫索格认为，作为一个古老的民族，"长时期来，犹太人见外于全世界，而现在反过来，全世界也被见外于犹太人"①。赫索格的朋友桑多也认为，赫索格性格上保留大量传统犹太人的文化特质，是他陷入生活困境的重要原因。他继承了古老的犹太文化精髓，尊重知识，崇尚智慧，他虽接受美国式教育，但却无法融入美国这个推崇物质享受的现代社会，因此赫索格被社会边缘，被生活驱逐。

赫索格认为犹太人为美国社会做出了巨大贡献，理应成为被美国社会承认和尊重的一分子。而现实却是犹太人在美国社会中受到压迫、逐赶和排斥。面对理想与现实的巨大反差，赫索格通过自己奇怪的行为、与周围人的不和和暴力的发泄来宣泄内心的不满。赫索格思考犹太民族的勤劳和成就是对要求犹太民族权利的一种抗争。就好比作为一个犹太人能够在路德村这样的乡村拥有房产，是"他（赫索格）这个犹太人在盎格鲁撒克逊新教徒这班高等白人控制的美国，争得一席立足之地的象征"②。赫索格处境尴尬、痛苦，他思索着父亲勤劳却失败的一生，认识到归根结底是父亲犹太人的身份，使得父亲带领全家在世界各地被驱来赶去。此外，当赫索格得知抢劫父亲的是犹太人，尤其是当他得知这次抢劫是这些犹太人和与父亲合伙做生意的好朋友沃伦斯基共同策划的，赫索格内心长久以来一直坚守的犹太"高贵"选民价值观受到巨大颠覆。对犹太文化的坚守，同时又受到美国社会现实的冲击，使得贝娄小说中人物身处窘境，内心痛苦。他们虽然居住在美国，感受到的却是被社会边缘化，他们所追求的是精神的回归，内心与世界的和谐统一。

---

① ［美］索尔·贝娄：《索尔·贝娄全集》（第4卷），宋兆霖等译，河北教育出版社2002年版，第225页。

② 同上书，第398页。

### 三 犹太性的超越

从世界民族发展的观点来看，贝娄早期小说的优秀之处体现在它既包含了丰富的犹太文化元素，又超越了狭义的犹太性。[1] 最终达到个人与世界的和解，即人类"各种"价值观的较高层次。《雨王汉德森》便是这样一本描写主人公由意志消沉、与世界对立的生活态度，向积极、与世界融合的生活态度转变的小说。[2] 在这一过程中，贝娄运用宗教暗示人与世界的和解。在《雨王汉德森》中，贝娄两次运用《圣经》（旧约）但以理的预言表现了汉德森的困惑、思考和成长。[3] 贝娄用但以理的预言表示汉德森将如同没有信仰的尼布甲尼撒王一样，要经历人生的种种波折和苦难。同时，也暗示汉德森也会如同但以理中的尼布甲尼撒王一样，能够寻找到在普遍信仰原则指导下，符合自身条件的，即与世人和睦共处、和谐共存的积极生活价值观。

在贝娄的早期小说中，犹太人物思想的变化也代表了消除对立、走向和谐的变化这一民族融合主题。《受害者》故事开始时，利文撒尔一遇到别人开犹太文化的玩笑时就极为敏感，常勃然大怒。利文撒尔的这种状态在故事末尾得到了巨大改变。就算是开弥赛亚的玩笑，利文撒尔也能露出整部小说中极难找到的宝贵笑容。[4] 为了表示与外面世界融合的状态，利文撒尔，这个阿尔比开玩笑时所谓的不喝酒的犹太人在哈卡

---

① Michael P. Kramer, "The Vanishing Jew: On Teaching Bellow's Seize the Day as Ethnic Fiction", Ed. Michael P. Kramer, *New Essays on Seize the Day*, Cambridge: Cambridge University Press, 1998, p. 17.

② Philip Toynbee, "Henderson the Rain King, John Jacob Clayton", *Saul Bellow in Defense of Man*, 2nd edition, London: Indiana University Press, 1979, p. 70.

③ 参见［美］索尔·贝娄《索尔·贝娄全集》（第3卷），宋兆霖等译，河北教育出版社2002年版，第104、252页。

④ 参见［美］索尔·贝娄《索尔·贝娄全集》（第9卷），宋兆霖等译，河北教育出版社2002年版，第392页。

维孙女七岁生日聚会中自斟自饮起来。① 这表现利文撒尔向改变自己、主动融入生活的方向发出了积极的信号。

对于利文撒尔由之前的处心积虑、处处设防②，转变为后来的心胸开阔、侠骨柔肠。布拉德巴利认为，贝娄在小说中刻画的人物在表面上羞辱过犹太人的阿尔比是受害者，而实际上，受害者却是犹太人利文撒尔③。从世界民族发展的观点来看，每一个民族都是世界民族之林不可缺少的组成部分。只有本着"美美与共"的信念，从克己、修身开始，才能使各民族和睦相处，以一种宽容的心态，共同建立理想的人类关系，让人类彻底摆脱"受害者"的命运。

从以上分析不难看出，虽然麦克卡伦认为，贝娄等一批战后美国犹太文学作家把作品中人物身上表现出来的犹太性视作与社会隔绝的原因。④ 然而，贝娄作品中所表现的思想和人文使之适应社会，让所有人都在"美美与共"的心态和环境下与他人和谐共荣。

---

① 参见［美］索尔·贝娄《索尔·贝娄全集》（第4卷），宋兆霖等译，河北教育出版社2002年版，第394页。

② Ellen Pifer, *Saul Bellow Against the Grain*, Philadelphia: University of Pennsylvania Press, 1990, p. 41.

③ Malcolm Bradbury, "Saul Bellow's The Victim", *The Critical Response to Saul Bellow*, Ed. Gerhard Bach, London: Greenwood Press, 1995, pp. 119 – 128.

④ Stanley E. Port, and Brook W. R. Pearson, "Introduction: Christian – Jewish Relations into the Next Century", *Christian – Jewish Relations through the Centuries*, Eds. Stanley E. Port, and Brook W. R. Pearson, Sheffield: Sheffield Academic Press, 2000, p. 17.

# 附录二 遗产是什么：菲利普·罗斯的犹太观

菲利普·罗斯（PhilipRoth，1933— ）是 20 世纪美国最杰出的小说家之一，在 1959 年因为第一部小说《再见，哥伦布》（*Goodbye，Columbus And Five Short Stories*，1959）而一举成名，此后一直不断有佳作问世，他不断地创新与超越，反思美国中产阶级犹太人的困惑与未来。这一部部出色的著作使得罗斯已连续多年成为诺贝尔文学奖最具竞争力的候选者之一，并使他同索尔·贝娄、艾萨克·辛格、诺曼·梅勒和伯纳德·马拉默德一起被称为犹太小说家五杰①。

《遗产：一个真实的故事》（*Patrimony：A True Story*，1991）与菲利普·罗斯前几部著作不同之处在于，以往的作品总是尖锐刻薄地针对犹太文化中的黑暗面，讽刺着没有随着现代社会进步而改变的不和谐之处。而这部作品充满温馨的亲情，描写了作者人到中年，面对父母日渐老去、相继过世的无奈而痛苦的历程。赫曼·罗斯与菲利普·罗斯父子之间心灵相依，没有两代的隔膜、宗教的束缚，甚至没有讽刺，取而代之的是很多感人的话语，有亲人的付出，生命的可贵，心灵的真诚。虽然文中说的更多的是死亡，但字里行间流露的是爱与珍惜。笔者从文化

①　参见［美］菲利普·罗斯《再见，哥伦布》，俞理明等译，中国社会科学出版社1987 年版，第 1 页。

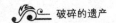 

的视角出发，试图了解菲利普·罗斯作为犹太裔美国人，是如何关注犹太文化在美国主流文化下生存发展的。

## 一 犹太社区里的父辈

《遗产：一个真实的故事》是一个充满亲情的回忆相册，让读者从一张张呈现着父亲的喜怒哀乐的影像中感受到儿子对父亲的温暖与爱。从小说开篇的第一句开始"我父亲到八十六岁的时候，右眼几乎看不见什么东西了"①，就已经明确了小说的主要人物赫曼·罗斯以及全文的感情基调。赫曼·罗斯是一个做事严于律己的第二代犹太裔美国人，他在犹太社区生活了一辈子，从保险经纪人的工作岗位上退休，他"考虑事情直来直去，说话铿锵有力，跟人争论容易激动，做决断时意气用事"(6)，"在贫困线上长大，为了让家人有一个虽然简朴却安定的家卖命工作了四十年，对炫耀性消费、摆阔、奢侈从没一点点兴趣的人"(12)。父亲的节俭从祖父那里继承下来，对于第一代犹太裔美国人，罗斯的祖父，山德尔·罗斯，小罗斯对他的记忆是"遥远而神秘的。他整天抽烟，只操意第绪语，并不太喜欢逗我们这些在美国出生的孙子玩"，只记得"那句每个人都说过的话：他家从不浪费一分钱，每星期单独留出一毛钱让他到理发店为安息日剃胡子"(15)。他与儿子菲利普·罗斯不同，作为一个犹太人，他跟犹太人的生活方式密不可分，连讲笑话都是犹太人的笑话。

赫曼跟犹太社区里的每个家庭都很熟络，"从我祖母这一支的家族谱系来看，我们家属于一个大家族，这个家族在1939年欧洲爆发二战后形成了协会式家族组织。我小时候，这个家族由纽瓦克内外大约80户家庭和波士顿周边的70户人家组成。每年都有一次家族大会，一次

---

① 本文中有关该小说的引文均出自彭伦译《遗产：一个真实的故事》(上海译文出版社2011年版)。为节约篇幅，本节凡引用此作品，皆以括号加页码的形式标注。

旅游避暑，还有一个季度出一期的家族报纸，一首家族族歌，有家族徽章和统一用的信纸。每年，每个家族成员都会收到一份写有全部家族成员姓名、地址的花名册，还有一个'快乐日基金'为病人提供医疗康复资助，哪家孩子上大学，还能从教育基金里得到学费赞助"（62—63）。从赫曼生病以后，他每次回忆都围绕着犹太人的生活圈子，他是第五任家族族长，他对家族的事了如指掌，这是他难以忘怀的昔日过往。提起什么他都想起犹太人，有人得奖、看医生、观看棒球比赛，犹太人赢了，他会特别开心，因为有犹太人。身为犹太人，这种种都意味着同为犹太人的荣誉，他总能感同身受。这些人这么优秀，让他这么有好感，仅是因为这些人是犹太人，因为他与他们血脉相连。

犹太社区就像一个大家庭，犹太教就像家里的规矩，到赫曼这代，礼拜堂、祷告还依然重要。宗教生活是在宗教理想阳光照耀下的一种人类生活，它是对宗教社区及其问题和任务的一种愉快参与，并分享宗教社区的信条行为准则及崇拜仪式。[①] 赫曼在美国生活，努力地工作的同时，无法做正式的礼拜仪式，只能在赎罪日的时候，在附近的礼拜堂做忏悔。他对犹太教的信仰集中地体现在了犹太会堂、礼拜仪式和拉比身上。他老了以后，定期去犹太会堂寻求慰藉。经文护符匣对犹太人来说非常重要，是代表一个正统犹太人的信物，就像佛教的佛珠，基督教的十字架一样，是教徒不可丢弃的信仰的替代物。在他处理自己的东西的时候，把经文护符匣放到了犹太青年会的更衣箱里，"在那个更衣室里，它们彼此熟悉身子上每一个伤疤和隐私处，他们七嘴八舌乱出主意，讲着黄色笑话——那里，才是他们的礼拜堂，才是他们之所以为犹太人的地方"（73）。

把经文护符匣留在他认为最犹太的地方，"他知道，他的经文护符匣

---

① 参见［美］撒母耳·S. 科亨《犹太教：一种生活之道》，徐新等译，四川人民出版社 2009 年版，第 16 页。

不会受到损害，它们不会遭受亵渎玷污的地方，它们甚至可能重新被供奉起来"（73）。当母亲去世后，罗斯为父亲寻找晚年公寓的时候，西奥兰治的"犹太人联合会大楼"成为首选，因为生活圈子带有浓厚的犹太公共色彩，可以随意参加隔壁希伯来青年会（the young men's hebrew association）的团体活动，而且离礼拜堂不远。在犹太人看来，我们称为"犹太教"的东西只不过是一种生活之道，一种专门适合犹太人的特殊生活方式而已。① 犹太人的徽章上刻的话是"你不能遗忘一切"。用赫曼的话说"一个人活着要是没有回忆，就白活了"（99），"父辈，他整整一代犹太人所做的真正的工作，那个无形的艰巨工作，就是让自己成为美国人，成为最好的公民。但欧洲在他心里就是他的救赎。他们是永远不会放弃的人，他们抱着感恩之心，很理想主义"（99）。

父辈觉得每个人必须按照同样的方式办事情。赫曼"连高中都没有上过，靠自己在移民街上长大，从不服输，从不犯法，从不丧失勇气，是一个忠诚的丈夫，一个爱国的美国人，一个自豪的犹太人"（108）。虽然这样很固执，但这使得他们在美国生存下去，靠着这样的信念，教育子女，做他们的榜样，给予他们更好的生活。

## 二 美国化的第三代犹太裔

1981 年，菲利普·罗斯 48 岁，母亲突然病逝，1987 年，他 86 岁的父亲赫曼·罗斯一觉醒来，发现自己半边脸垮了下来，再也难以恢复到从前的模样，因为他脑里长了一个瘤。当他一只瞎眼睛、一只聋耳朵和瘫痪的半边脸面对着菲利普，对他说"那么，你怎么想"的时候，罗斯大为吃惊，察觉到他的急剧衰老。《遗产：一个真实的故事》反映了第三代犹太裔美国人在新的历史时期对本民族文化在美国这个现代社会

---

① ［美］撒母耳·S. 科亨：《犹太教：一种生活之道》，徐新等译，四川人民出版社 2009 年版，第 2 页。

中的思想变动。可以说，它是菲利普·罗斯作品中深刻表现作家情感各种复杂矛盾的非常重要的作品。

菲利普·罗斯作为第三代犹太裔美国人，托赫曼这样兢兢业业努力工作的上一代的福，他们更多人不再从事辛苦的体力劳动。父母给他们创造了中产阶级的生活基础，他们不用从小就为生计犯愁。与赫曼这代人相比，他们更亲近美国，虽然菲利普大学之前还是在犹太社区的学校里上学，但这时的美国远比赫曼那时的美国开放了许多，对犹太人友善了许多，更多地相互融合与渗透。上大学以后，菲利普的视野更广阔了，思想更开放了，当了作家以后，他对犹太身份是淡化的，就像他在一次访谈中说："我生活中最关注的是写小说，而不是做个犹太人。"菲利普·罗斯把自己设定在不生活在犹太人中间，不信仰犹太教，不拥护犹太复国主义，不主动提及自己的犹太身份，生活中没有犹太礼拜堂，就可以像个普通的美国人一样生活。但是，在菲利普照顾父亲的过程中，发觉"（之前）决不让社会流俗左右我的行为，但自行其是之后，发觉我的基本感觉比我坚定的道德承担更墨守成规"（81）。在与父亲的亲密相处的过程中，发现自己的犹太基因比自己想象的更根深蒂固，对事情的判断比自己意识到的更犹太化。在《遗产：一个真实的故事》中，爷爷的剃须杯像是罗斯家族中传承的象征，是下一代的孩子最想要的物件，菲利普也一样。在剃须杯上，大家仿佛都能看到少时的美好回忆，家族之间人与人的维系。在与父亲的交谈中，父亲每次说到犹太人的特有物品的时候，菲利普都应对自如，比如皮什卡，意第绪语中指一种犹太人募捐用的盒子（87）。父亲回忆起以前的哪个犹太叔叔的时候，菲利普都清晰地记得他的事迹，这一切的一切都静静地存放在大脑的深处，等待被再次唤醒。

詹姆士·伍德（James Wood）在《卫报》中说菲利普·罗斯的小说："妙趣横生……以超长极具韧性和活力的句子，聚集事件的各个时刻，展现小说的内容，魅力无穷。"① 虽然，菲利普·罗斯在各种访谈中回避他的犹太立场，但是他的每一部作品都有着强烈的犹太色彩。从1959 年，菲利普·罗斯 26 岁出版了他的第一部中短篇小说集《再见，哥伦布》开始，他的作品就与他的人生、他生活的时代紧密相连。以性意识与犹太特性相结合的著作《波特诺伊的诉怨》（1969），引起了批评界普遍争论，书中描写了当代犹太年轻人对犹太传统不再是坚持与固守，而是随着成长的心理和周围的生活有了变化，开始发现传统中与日新月异的现实不和谐的地方，由导火索事件开始与上一代人产生了分歧与冲突，引发了代沟与抱怨。《反生活》中新颖的行文风格具有实验性质，虚虚实实、真真假假相交织，其中由于有关于犹太复国主义的主题而引起争议；《鬼作家》中对畅销小说《安妮日记》的突破性的改写，非常有想象空间。代表犹太民族的悲惨过往的安妮竟然没有死，并与她的理想导师发生恋情。对于那么怀念她的父亲她竟然没有勇气去找他相认，而是继续用另一个身份在美国隐姓埋名地生活。《美国牧歌》以 20世纪 60 年代约翰逊总统当政时期的越南战争和尼克松的水门事件为历史背景，描绘了一个犹太人视角下的"美国梦"破灭的过程。正如批评家欧文·豪所说："那些许多作家需要终其一生刻意追求的东西——独特的声音、稳妥的节奏、鲜明的主题——菲利普·罗斯似乎立刻就全部把握了。"② 综观这些作品，都从社会、政治以及个人的心理层面上对美国进行了全面解剖，解读了犹太人在美国经历了怎样的生活。他总是强调自己的美国立场，但是他的作品从没有放弃他从小生活的纽瓦克的犹太社区，他的主人公总是犹太人，他的主题永远都是在思考像他这样的犹太人究竟怎么样才能在美国更好地生活下去。

---

① ［美］菲利普·罗斯：《美国牧歌》封底，罗小云译，译林出版社 2004 年版。

② 吴冰、郭栖庆主编《美国全国图书奖获奖小说评论集》，外语教学与研究出版社 2001 年版，第 482 页。

　　就像摩迪凯·开普兰在他的著作《犹太教：一种文明》中说到的那样，菲利普·罗斯心中这时的犹太教已不被看作一种特权，而是一种负担而已。赫曼没有把经文护符匣给菲利普的原因之一，就是因为他认为菲利普"不会用它们做祷告，他满以为把经文匣给我会招来我的讥笑"（73）。在父亲的眼中，儿子的犹太性不那么让他满意，至少在宗教性方面，没有那么虔诚与遵循旧理。他宁愿放在青年会的储物箱里，被一个也许是陌生的人拿走，但是他至少是个对犹太教有热诚的信仰守护者。而菲利普也承认说，如果在父亲生病之前，父亲这么想是对的。尽管菲利普在与父亲相伴的最后日子里，温情脉脉，与父亲这样正统的犹太移民如此的血脉相通，感情从没有如此亲近，思想从没有如此契合，但是当父亲回忆起祖父为了阻止赫曼的哥哥艾德娶一个不信教的女人，"只能打他。只能打他。……不能不打，这救了他，从那女人手里救了他时，因为不信教就让他放弃打消对一个女人的爱，不是一种值得称道的原则"（64—65）。"难以满足的规诫严格的传统期待与我们当下生活方式之间的不对等性"① 使得菲利普·罗斯已不认同父亲的观念与方式。对于下一代的犹太孩子，菲利普的观点依然是理性而忧虑的，"侄儿都是在世俗的社会风气里长大的，对犹太教一无所知，他们只是表面上的犹太人"（75）。由于菲利普·罗斯这代已与赫曼·罗斯大不相同，对美国文化的接受程度更高，对美国文化的接收程度更深入，以至于他们对下一代的家庭教育不再那么强调犹太式教育，婚姻的结合方式也不再遵守犹太人不与外族通婚的规矩，而且犹太孩子的学校教育也与美国文化更加兼容，电视、电影等大众文化的美国式宣扬，使得第四代犹太裔美国人在成长的过程中犹太族裔的样态更淡化，变成了表面上的犹太人。

---

　　① Harold Bloom. ed. , *Philip Roth*, NY：Chelsea House Publishers, 1986. p. 2.

### 三 什么是"遗产"

最后，谈谈小说的名字为什么叫"遗产"。我认为，第一个含义是指犹太教之"遗产"。在《遗产：一个真实的故事》这部作品中，菲利普·罗斯认为犹太教在自己的生活里已经可有可无，甚至可以忽视，作为一个没有任何前缀的平凡无异的美国人生活。只有看到犹太老人的某些举动的时候，才"想起小时候在犹太礼拜堂看到的那些耐着性子坚持到祷告仪式结束的人们——那些读完摩西五经，整个仪式还没个完，每个人都不知道在读些什么，但他们出于对宗教的敬意而安静地坐着"(41)。只有回忆到过去的时候，才意识到自己永远是个犹太人，不可避免。犹太教有着神秘的家族性的血缘性质，言传身教的影响力之大不可小觑，在小小的家庭氛围的烘托下，深深地烙印在每个犹太小孩的脑海里。犹太教更多的是父母给孩子的传承，一代一代，生生不息。罗斯在行文当中，常常用意第绪语或希伯来文来表达，也许他觉得意第绪语或希伯来文用在这个地方更贴切，比如他说"敲打"他的时候，用的是意第绪语"hock"，意思是"用言语在他的脑袋里凿出一个洞"(58)。菲利普在斟酌字词的时候，为了与父亲代表的正统犹太思想更亲近，用意第绪语或希伯来文或许是一个不错的选择。

第二个含义是父辈之"遗产"。当罗斯握着赫曼给他的祖父的剃须杯的时候，他一定感触自己的犹太人的身份。一下午，罗斯都紧紧握着剃须杯，明白自己与它的关系是多么深厚。赫曼说："每个人有不同的方式离开这个世界，每个人也有不同的方式活在这个世上。"(49)当菲利普看到剃须杯的时候，他会想到祖父的节俭起家，在美国的不适应和无奈。赫曼生病之后，菲利普开始与其沟通相处，在陪伴父亲的过程中，温暖体贴的形象高大起来，不再是那个讽刺游离的"犹太浪子"，父亲在回忆纽瓦克的时候，他也表现出对这个从小长大的犹太社区的眷恋。父亲教罗斯本族语，而菲利普说父亲"就像本族语，没有诗意，富有表现力，直截了当，既具有本族语一切显著的局限，也具有一切的持久力"（149）。在跟父亲散步的时候，父亲拉出新装的假牙，厌烦不已，罗斯接过，握在手里感到很满足，这令他吃惊，两人之间早年就形成的身体上的隔阂就这么轻松地跨越了。赫曼大便失禁，罗斯清理洗手间时的心理："你清洗父亲的屎，因为你必须清洗，可清洗完之后，所有过去没有体会的感觉，现在都体会到了。这并不是我第一次明白这点：当你抛开恶心，忘记作呕的感觉，把那些视若禁忌的恐惧感甩在脑后时，就会感到，生命中还有很多东西值得珍惜。"（144）赫曼给予菲利普的遗产是什么呢？罗斯给予了一种答案："我得到的遗产：不是金钱，不是经文护符匣，不是剃须杯，而是屎。"（145）金钱在父亲的遗嘱中，更多地给了哥哥以及哥哥的孩子，菲利普一开始并不想要父亲的钱，以为自己不需要。可后来真到实行遗嘱的时候，他才明白，钱不是个数目，而是想得到父亲的东西而已。经文护符匣的事菲利普也非常在意，如果父亲给他，也许他不会用于祷告，但是他会非常珍惜。最后得到的遗产没想到是父亲由于大便失禁后，清理的屎。

在赫曼生病的同时，菲利普一直在写这部作品，他从赫曼身上感受到的不仅仅是爱，还有父亲面对生活困境时的处世态度，回忆不仅仅是回顾当年走过的路，做过的事，而是总结在美国的这些年，赫曼作为一个正统的犹太人怎样去选择生活的方向。开普兰认为犹太教的生存已不再是按照一种统一的行为模式去生活，这样才能满足各地不同的犹太民族的需要。美国的犹太人首先要成为美国人，当犹太人是第二位的。①莫里·斯沃尔格伦特在评价菲利普·罗斯的另一部作品《反生活》时说："罗斯面对一个永恒主题，即作为一个犹太人意味着什么。"我们知道，罗斯对于这个主题无法回避。也许他们已经成为美国人的一分子，

---

① 参见［美］摩迪凯·开普兰《犹太教：一种文明》，黄福武、张立改译，山东大学出版社 2002 年版，第 248—249 页。

但是这个标记在他们的心中意味着历史与身份。当他们心中的宗教精神身份的犹太特性与现实中的世俗身份在一件事情上发生分歧时，摩擦就产生了内心的挣扎。在作品的最后，他做梦梦到赫曼来责备他，应该给他穿西装而不是寿衣，他责怪他："不该让他的来世穿这件衣服。"（198）

面对当今的犹太人在美国的生存问题，出路到底是什么？有学者提出，犹太人要深刻反思民族文化，尤其是要提炼犹太信仰，清除自中世纪以来弥漫于犹太教中的谬误、虚妄及不合时宜的礼仪，消除文化孤立主义，弥合犹太教与基督教、犹太文化与西方文化的差距，最终塑造出在思想文化方面足以适应美国社会的"新型犹太人"①，即开普兰提出的作为一种文明的犹太教的观念。② 犹太教的美国化或世俗化才是美国犹太人的出路。自我调适，将一种古老的文明转化为一种现代的文明，随着生活环境变化的进化过程，是动态的发展过程。无论是做一个新型犹太人，还是将犹太教看成一个动态的发展过程，改变是不可避免的，犹太人的孤独、游离、被排斥的感觉永远都在，只要你在美国生存，就面临着这样的问题，在作品的最后，菲利普像《老人与海》的桑地亚哥一样，用梦做了一个场景的转换，梦到自己在码头上，看一艘装甲厚实的中型战舰。他梦醒后，明白父亲就是这艘船，船这个意象，象征着父亲的形象，代表着犹太民族，装甲厚实暗示着血缘维系的紧密持久。父亲在他的心里就是他的榜样，是"那个无论我做什么，都会坐在那里下判决的父亲"（198）。

《遗产：一个真实的故事》这部作品，让从不表明犹太身份的菲利普·罗斯第一次出现在他的小说中，而不再是他的分身内森·祖克曼或

---

① 张倩红、艾仁贵：《犹太文化》，人民出版社 2013 年版，第 3 页。
② 参见［美］摩迪凯·开普兰《犹太教：一种文明》，黄福武、张立改译，山东大学出版社 2002 年版。

是大卫·凯普什，在缅怀父亲的同时，使得菲利普·罗斯的真实面目更具象。犹太人饱受磨难的历史，两次大流散的驱逐，使他们散居在世界各地，1948年以色列建国后，虽然一部分犹太人回到以色列建设他们心中的祖国，但是美国仍是除以色列外犹太人最多的国家。犹太裔美国人在这里繁衍生息，家的概念在犹太人心中尤为重要，使他们安定，感到温暖。菲利普·罗斯在这部作品中不再那么尖刻，那么焦虑，那么孤独，作品的结尾"什么事你都不准忘"（198），包含了作为父亲的赫曼，作为现在生活的家园的美国，作为永远的印记的犹太血统，还有罗斯家族一直努力与美国社会建立满意的联系，最大限度地满足自己的欲望的历程。遗产对于犹太人的重要性因为他们没有家园而彰显，必须"寻找主题和技法来揭示作家笔下具有代表性的美国人对现实与想象的理解方式，并表明这种认知对他/她的生活所带来的巨大影响"①。菲利普·罗斯从遗产这个视角出发，以小见大，阐明犹太人在美国主流文化的侵蚀下，努力保持自身民族特性的方法就是作品结尾的那句"什么事你都不准忘"（198）。对父亲的缅怀成为菲利普·罗斯手中的透视镜，窥视到犹太人在血缘家族文化与美国现代文化之间的挣扎。

---

① Bernard F. Jr. Rodgers, *Philip Roth*, Boston：Twayne, 1978. Preface.

# 参考文献

## 一 英文著作

Acocella, Joan, *Twenty – eight Artists and Two Saints*, New York: Random House, 2007.

Adorno, Theodor W. , *Prisms, Culture Criticism and Society*, trans. by Samuel and Shierry Weber, Cambridge: The MIT Press, 1981.

Anderson, David Daniel, *Sherwood Anderson and the Meaning of the American Experience*, Diss. Michigan State University, 1960.

Anderson, Sherwood, *A Story Teller's Story*, Ann Arbor: University of Michigan Press, 2005.

Anderson, Sherwood, *Marching Men*, Fairfield: 1st World Publishing, 2004.

Anderson, Sherwood, *Perhaps Women*, Mamaroneck, N. Y. : Paul P. Appel, 1970.

Anderson, Sherwood, *Sherwood Anderson's Memoirs: A Critical Edition*, Ed. Ray Lewis White. Chapel Hill: University of North Carolina Press, 1969.

Atlas, James, *Bellow: a Biography*, New York: Random House, 2000.

B. Malamud, *The Fixer*, London: Eyre & Spottiswoode, 1966.

Baker, Carlos, *Hemingway: The Writer as Artist*, New Jersey: Princeton U P, 1972.

Bellow, Saul, *It All Adds Up: From the Dim Past to the Uncertain Future*, London: Sacker and Warburg, 1994.

Berger, Alan, *Crisis and Covenant: The Holocaust in America Jewish Fiction*, New York: State University of New York Press, 1985.

Berland, Alwyn, *Light in August: A Study in Black and White*, New York: Twayne Publishers, 1992.

Bloom, Harold. ed. , *Philip Roth*, NY: Chelsea House Publishers, 1986.

Blotner, Joseph, *Faulkner: A Biography*, New York: Random House, 1984.

Bradbury, Malcolm, "Saul Bellow's The Victim", *The Critical Response to Saul Bellow*, Ed. Gerhard Bach, London: Greenwood Press, 1995.

Breisach, Ernst, *Historioggraphy: Anicent, Medieval & Modern*, Chicago: The U of Chicago P, 1983.

Carr, Virginia Spencer, *Understanding Carson McCullers*, Columbia, South Carolina: University of South Carolina Press, 1990.

Coles, Robert, *Flannery O' Connor's South*, Baton Rouge and London: Louisian a State University Press, 1981.

Crowley, John W. , *New Essays on Winesburg, Ohio*, Beijing: Peking U P, 2007.

Cunliffe, Marcus, *American Literature Since* 1900, New York: Peter Bedrick Books, 1987.

Derrida, Jacque, *The Gift of Death*, Trans. David Wills. Chicago: University of Chicago Press, 1995.

Doctorow, E. L. , *City of God*, New York: Random House, 2000.

Drengson, A. , *The Practice of Technology*, Albany: State University of New York Press, 1995.

Eliot, T. S. , "Tradition and Individual Talent", *The Norton Anthology –*

*English Literature*, Ed. M. H. Abrams. New York: W. W. Norton & Company, 2001.

Eliot, T. S. , *Knowledge and Experience in the Philosophy of F. H. Bradley*, London: Faber & Faber, 1964.

Elliott, Emory. gen. ed. , *The Columbia History of the American Novel*, New York: Columbia U P, 1991.

Emerson, Ralph Waldo, *The Works of Ralph Waldo Emerson*: 10 Vols, Boston and New York: Fireside Edition, 1909.

Faukner, William, *The Sound and the Fury*, Pegnuin Books, 1964.

Fleming, Robert E. & Esther Fleming, *Sinclair Lewis: A Reference Guide*, Boston: G K. Hall, 1980.

French, Warren, *John Steinbeck*, Boston: Twayne Publishers, 1975.

Gindin, James, *Harvest of a Quiet Eye: The Novel of Compassion*, London: Indiana University Press, 1971.

James, Judith Giblin, *Wunderkind: The Reputation of Carson McCullers*, 1940 – 1990, Columbia: Camden House, 1995.

Keams, McNelly, *T. S. Eliot and Indic Tradition: A study in Poetry and Religion*, Cambridge: Cambridge U P, 1987.

Kramer, Michael P. , "The Vanishing Jew: On Teaching Bellow's Seize the Day as Ethnic Fiction", Ed. Michael P. Kramer, *New Essays on Seize the Day*, Cambridge: Cambridge University Press, 1998.

Kremer, Lillian, "The Holocaust in The Victim", *Saul Bellow Journal*, *The Critical Response to Saul Bellow*, Ed. Gerhard Bach, London: Greenwood Press, 1995.

Kremer, Lillian, "Saul Bellow's Remembrance of Jewish Times Past: Herzog and ' The Old System' ", *Saul Bellow and the Struggle at the Center*, E-

d. Eugene Hollahan. New York: AMS Press, 1996.

Lennon, J. Michael, *Norman Mailer: A Double Life*, London, N. Y. : A CBS Company, 2013.

Lennon, J. Michael, *Conversations With Norman Mailer*, Jackson: University Press of Mississippi, 1988.

Lingeman, Richard, *Sinclair Lewis: Rebel of MainStreet*, New York: Random House, 2002.

Lovett, Robert Morss, "An Interpreter of American Life", *Sinclair Lewis: A Collection of Critical Essays*. Ed. Mark Schorer & Englewood Cliffs, N. J. : Prentice – Hall, Inc. , 1962.

McCarron, Kevin, "' Inhabiting What Remains of Judaism' : Jewishness and Alterty in the Fiction of Philip Roth", *Christian – Jewish Relations through the Centuries*, Eds. Saul Bellow et al. , Sheffiedld: Sheffield Academic Press, 2000.

McCullers, Carson, *Illumination and Night Glare,* Ed. Carlos L. Dews. Madison: University of Wisconsin Press, 1999 .

McCullers, Carson, *The Mortgaged Heart*, London: Penguin, 1975.

McLaughlin, Robert L. , " MarkSchorer, Dialogic Discourse, and It Can't Happen Here ", *Sinclair Lewis: New Essays in Criticism*. Ed. James M. Hutchisson. New York: The Whitston Publishing Company, 1997.

Michaels, WaiterBenn, *Our America: Nativism, Modernism, and Pluralism,* Durhamand London: Duke U P, 1995.

Middlekauff, Rovert, "Perry Miller", *Pastmasters: Some Essays on American Historians*. Eds. Marcus Cunliffe & Robin W. Winks. Conn: Greenwood Press, 1969.

Moody, David, "Four Quartets: Music, Word, Meaning and Value", *The*

*Cambridge Companion to T. S. Eliot.* Ed. David Moody. Shanghai: Shanghai Foreign Language Education Press, 2001.

Morris, Christopher D. ed. , *Conversations with E. L. Doctorow*, Jackson: University Press of Mississppi, 1999.

Morrison, Toni, *Sula*, New York: Plume Books, 1982.

O' Connor, Flannery, *Mystery and Manner: Occasional Prose*, Ed. Sally Fitzgerald and Robert Fitzgerald. New York: Farrar, 1969.

O' Connor, Flannery, *Collected Works*, New York: Library of America, 1998.

Pifer, Ellen, *Saul Bellow Against the Grain*, Philadelphia: University of Pennsylvania Press, 1990.

Port, Stanley E. and Brook W. R. Pearson, "Introduction: Christian – Jewish Relations into the Next Century", *Christian – Jewish Relations through the Centuries*, Eds. Stanley E. Port, and Brook W. R. Pearson, Sheffiedld: Sheffield Academic Press, 2000.

Roberts, Spencer Eugene. comp, *Essays in Russian Literature: The Conservative View: Leontiev, Rozanov*, Shestov. Athens: Ohio University Press, 1968.

Rodgers, Bernard F. Jr. , *Philip Roth*, Boston: Twayne, 1978.

Rosenthal, Michael, *Virginia Woolf*, London: Routledge & Kegan Paul, 1979.

Rubenstein, Richard L. , *After Auschwitz: Radical Theology and Contemporary Judaism*, Indianapolis: Bobbs – Merrill, 1966.

Shapiro, Charles, *Theodore Dreiser: Our Bitter Patriot*, Carbondale: Southern Illinois University Press, 1962.

Toynbee, Philip, *Henderson the Rain King, John Jacob Clayton, Saul Bellow in Defense of Man*, 2$^{nd}$ edition, London: Indiana University Press, 1979.

Trenner, Richard. ed. , *E. L. Doctorow: Essays and Conversations*, Princ-e-ton: Ontario Review Press, 1983.

Volpe, Edmond L. , *A Reader's Guide to William Faulker*, New York: Far-rar, Straus and Company, 1964.

Wells, Ira, *Fighting Words: Polemics and Social Change in Literary Natu-ralism*, Tuscaloosa: University of Alabama Press, 2013.

Wheeler, William Bruce. Susan Becker, Lorri Glover, eds. , *Discovering the American Past: A Look at the Evidence*, Volume I: To 1877, Boston, MA: Cengage Learning, 2011.

Wilson, Woodrow, "Fourteen Points", *Congressional Record*, Vol. LVI, part l( 1918) , Washington, D. C. : U. S. Government Printing Office.

Wood, Ralph C. , *Flannery O' Connor and the Christ - Haunted South*, Grand Rapids, MI: Wm. B. Erdmans Publishing, 2004.

Young, Philip, *Ernest Hemingway*, New York: Rinehart and Co. , 1952.

Zuckert, Catherine, "The Novel as a Form of American Political Thought", *Reading Political Stories: Representations of Politics in Novels and Pictures*, Eds. Maureen Whitebrook et al. Savage, Maryland: Rowan & Little-field, 1992.

## 二　中文著作

［德］西奥多·阿多诺:《否定的辩证法》，张峰译，重庆出版社 1993 年版。

［美］阿伦特:《论革命》，陈周旺译，译林出版社 2007 年版。

［美］埃默里·埃利奥特:《哥伦比亚美国文学史》，朱通伯等译，四川辞书出版社 1994 年版。

［英］T. S. 艾略特:《艾略特诗选》，赵萝蕤等译，山东大学出版社 1999 年版。

［英］T. S. 艾略特：《基督教与文化》，杨民生、陈常锦译，四川人民出版社 1989 年版。

［美］爱默生：《爱默生演讲录》，孙宜学译，中国人民大学出版社 2004 年版。

［美］舍伍德·安德森：《暗笑》，Aurora·G 译，燕山出版社 2009 年版。

［美］舍伍德·安德森：《小城畸人》，吴岩译，上海译文出版社 2008 年版。

［古罗马］奥古斯丁：《忏悔录》，周士良译，商务印书馆 1996 年版。

［古罗马］奥古斯丁：《上帝之城》，王晓朝译，人民出版社 2006 年版。

［美］弗兰纳里·奥康纳：《好人难寻》，於梅译，新星出版社 2010 年版。

［美］弗兰纳里·奥康纳：《上升的一切必将汇合》，仲召明译，新星出版社 2012 年版。

［美］弗兰纳里·奥康纳：《生存的习惯》，马永波译，新星出版社 2012 年版。

［苏］巴赫金：《巴赫金全集》第三卷，白春仁、晓河译，河北教育出版社 1998 年版。

［美］苏珊·巴莱：《弗兰纳里·奥康纳 南方文学的先知》，秋海译，世界知识出版社 1998 年版。

［美］巴雷特：《非理性的人：存在主义哲学研究》，段德智译，上海译文出版社 2007 年版。

包亚明主编：《后现代性与地理学的政治》，上海教育出版社 2001 年版。

［英］齐格蒙特·鲍曼：《现代性与大屠杀》，杨渝东、史建华译，

译林出版社 2002 年版。

［美］丹尼尔·贝尔：《资本主义文化矛盾》，赵一凡等译，生活·读书·新知三联书店 1989 年版。

［美］索尔·贝娄：《索尔·贝娄全集》（第 14 卷），宋兆霖等译，河北教育出版社 2002 年版。

［美］萨克文·伯科维奇：《剑桥美国文学史》（第 8 卷），孙宏主译，中央编译出版社 2012 年版。

［美］德莱塞：《金融家》，潘庆舲译，上海译文出版社 2005 年版。

［美］德莱塞：《堡垒》，许汝祉译，译林出版社 1998 年版。

［美］德莱塞：《嘉莉妹妹》，裘柱常、石灵译，上海译文出版社 1980 年版。

［美］德莱塞：《美国的悲剧》，许汝祉译，人民文学出版社 1986 年版。

［美］德莱塞：《珍妮姑娘》，潘庆舲译，外国文学出版社 1987 年版。

［美］莫里斯·迪克斯坦：《途中的镜子：文学与现实世界》，刘玉宇译，上海三联书店 2008 年版。

何光沪选编：《蒂里希选集》，上海三联书店 1999 年版。

董衡巽编选：《海明威研究》，中国社会科学出版社 1980 年版。

［美］威尔·杜兰特：《论生命的意义》，褚东伟译，江西人民出版社 2009 年版。

［美］E. L. 多克托罗：《创造灵魂的人：多克托罗随笔集》，郭英剑译，译林出版社 2010 年版。

［美］E. L. 多克托罗：《上帝之城》，李战子、韩秉建译，译林出版社 2005 年版。

［美］厄普代克：《兔子，跑吧》，刘国枝译，上海译文出版社 2009 年版。

［美］菲茨杰拉德：《了不起的盖茨比》，巫宁坤等译，上海译文出版社 2002 年版。

［英］迈克·费瑟斯通：《消费文化和后现代主义》，刘精明译，译林出版社 2000 年版。

［美］约瑟夫·弗兰克：《现代小说中的空间形式》，秦林芬编译，北京大学出版社 1991 年版。

［美］沃伦·弗伦奇：《约翰·斯坦贝克》，王义国译，春风文艺出版社 1995 年版。

［美］福克纳：《喧哗与骚动》，李文俊译，上海译文出版社 2010 年版。

［英］E. M. 福斯特：《小说面面观》，冯涛译，人民文学出版社 2009 年版。

［美］谢尔登·诺曼·格雷布斯坦：《辛克莱·刘易斯》，张禹九译，春风文艺出版社 1994 年版。

［德］海德格尔：《存在与时间》，陈嘉映、王庆节译，生活·读书·新知三联书店 1987 年版。

［美］海明威：《老人与海》，吴劳译，上海译文出版社 1999 年版。

［美］海明威：《丧钟为谁而鸣》，程中瑞译，上海译文出版社 2004 年版。

何光沪：《有心无题》，生活·读书·新知三联书店 1997 年版。

［美］霍顿·爱德华兹：《美国文学思想背景》，房炜、孟昭庆译，人民文学出版社 1991 年版。

［美］弗雷里克·J. 霍夫曼：《威廉·福克纳》，姚乃强译，春风文艺出版社 1994 年版。

［美］霍桑：《红字》，胡允桓译，人民文学出版社 1991 年版。

［法］路易·加迪：《文化与时间》，郑乐平、胡建平译，浙江人民

出版社 1988 年版。

蒋道超：《德莱塞研究》，上海外语教育出版社 2003 年版。

金衡山：《厄普代克与当代美国社会：厄普代克十部小说研究》，北京大学出版社 2008 年版。

［美］弗吉尼亚·斯潘塞·卡尔：《孤独的猎手：卡森·麦卡勒斯传》，冯晓明译，上海三联书店 2006 年版。

［美］摩迪凯·开普兰：《犹太教：一种文明》，黄福武、张立改译，山东大学出版社 2002 年版。

［美］薇拉·凯瑟：《大主教之死》，周玉军译，上海文艺出版社 2011 年版。

［美］凯特·米利特：《性政治》，钟良明译，社会科学文献出版社 2005 年版。

［美］坎贝尔、莫耶斯：《神话的力量》，朱侃如译，万卷出版公司 2011 年版。

［美］撒母耳·S. 科亨：《犹太教：一种生活之道》，徐新等译，四川人民出版社 2009 年版。

赖干坚编：《西方文学批评方法评介》，厦门大学出版社 1986 年版。

李文俊编：《福克纳的神话》，上海译文出版社 2008 年版。

梁工主编：《圣经文学研究》（第 3 辑），人民文学出版社 2009 年版。

刘建军：《20 世纪西方文学》，高等教育出版社 2007 年版。

刘建军：《基督教文化与西方文学传统》，北京大学出版社 2005 年版。

刘文明：《上帝与女性》，武汉大学出版社 2003 年版。

刘小枫：《走向十字架的真》，华东师范大学出版社 2011 年版。

刘绪贻等：《美国通史》（第 6 卷），人民出版社 2008 年版。

［美］辛克莱·刘易斯：《巴比特》，潘庆舲、姚祖培译，外国文学出版社 2002 年版。

［美］辛克莱·刘易斯：《大街》，潘庆舲译，华夏出版社 2008 年版。

［美］辛克莱·刘易斯：《灵与欲》，陈乐译，湖南人民出版社 1988 年版。

龙文佩、庄海骅主编：《德莱塞评论集》，上海译文出版社 1989 年版。

［美］菲利普·罗斯：《美国牧歌》，罗小云译，译林出版社 2004 年版。

［美］菲利普·罗斯：《遗产：一个真实的故事》，彭伦译，上海译文出版社 2011 年版。

［美］菲利普·罗斯：《再见，哥伦布》，俞理明等译，中国社会科学出版社 1987 年版。

［美］托马斯·R. 马丁：《古希腊简史——从史前到希腊化时代》，杨敬清译，上海三联书店 2011 年版。

［美］马尔库塞：《单向度的人——发达工业社会意识形态研究》，刘继译，上海译文出版社 1989 年版。

［美］麦尔维尔：《白鲸》，成时译，人民文学出版社 2001 年版。

［美］卡森·麦卡勒斯：《抵押出去的心》，文泽尔译，人民文学出版社 2012 年版。

［美］卡森·麦卡勒斯：《心是孤独的猎手》，陈笑黎译，上海三联书店 2012 年版。

［美］卡森·麦卡勒斯：《没有指针的钟》，金绍禹译，上海三联书店 2009 年版。

［美］麦克艾文：《夏娃的种子》，王祖哲译，上海人民出版社 2005 年版。

［英］约翰·麦克曼勒斯：《牛津基督教史》，张景龙等译，贵州人民出版社1995年版。

［美］R. 尼布尔：《道德的人与不道德的社会》，蒋庆等译，贵州人民出版社2009年版。

聂珍钊：《英语诗歌形式导论》，中国社会科学出版社2007年版。

［美］乔伊斯·欧茨：《直言不讳 观点与评论》，徐颖果译，长江文艺出版社2006年版。

［墨］奥克塔维奥·帕斯：《批评的激情：奥·帕斯谈创作》，赵振江译，云南人民出版社1995年版。

［英］培根：《新工具》，许宝骙译，商务印书馆1984年版。

［美］拉泽尔·齐夫：《一八九〇年代的美国》，夏平、嘉彤译，上海外语教育出版社1988年版。

钱满素：《爱默生与中国——对个人主义的反思》，生活·读书·新知三联书店1996年版。

［美］乔治·桑塔亚那：《美国的民族性格与信念》，史津海、徐琳译，中国社会科学出版社2008年版。

《圣经》（新标准修订版、新标点和合本），香港圣经公会1989年版。

［美］詹姆斯·施密特：《启蒙运动与现代性：18世纪与20世纪的对话》，徐向东、卢华萍译，上海人民出版社2005年版。

［英］赫伯特·斯宾塞：《社会静力学》，张雄武译，商务印书馆1996年版。

［美］罗伯特·斯皮勒：《美国文学的周期》，王长荣译，上海外语教育出版社1990年版。

［美］斯坦贝克：《愤怒的葡萄》，胡仲持译，上海译文出版社2007年版。

［英］约翰·斯特罗克：《结构主义以来》，渠东等译，辽宁出版社1998年版。

［美］爱德华·W.苏贾：《后现代地理学——重申批判社会理论中的空间》，王文斌译，商务印书馆2007年版。

［美］威勒德·索普：《二十世纪美国文学》，濮阳翔、李成秀译，北京师范大学出版社1984年版。

［法］爱弥尔·图尔干：《宗教生活的基本形式》，渠东、汲喆译，上海人民出版社1999年版。

王立新：《古代以色列历史文献、历史框架、历史观念研究》，北京大学出版社2004年版。

王齐：《生命与信仰：克尔凯郭尔假名写作时期基督教哲学思想研究》，江苏凤凰出版社2010年版。

王玉括：《莫里森研究》，人民出版社2005年版。

［美］田纳西·威廉斯：《欲望号街车》，冯涛译，上海译文出版社2010年版。

魏燕：《艾尔弗雷德·卡津》，译林出版社2012年版。

［美］沃伦：《国王的人马》，陶洁译，上海译文出版社2006年版。

［美］沃浓·路易·帕灵顿：《美国思想史：1620—1920》，陈永国等译，吉林人民出版社2002年版。

吴冰、郭栖庆主编：《美国全国图书奖获奖小说评论集》，外语教学与研究出版社2001年版。

［德］西美尔：《现代人与宗教》，曹卫东等译，中国人民大学出版社2003年版。

［美］库尔特·辛格：《海明威传》，周国珍译，浙江文艺出版社1983年版。

徐新：《反犹主义解析》，上海三联书店1996年版。

［古希腊］亚里士多德：《亚里士多德全集》（第Ⅱ卷），徐开来译，中国人民大学出版社 1991 年版。

杨彩霞：《20 世纪美国文学与圣经传统》，中国人民大学出版社 2007 年版。

叶舒宪选编：《神话——原型批评》，陕西师范大学出版社 1987 年版。

袁先来：《德里达诗学与西方文化传统》，东北师范大学出版社 2010 年版。

张倩红、艾仁贵：《犹太文化》，人民出版社 2013 年版。

朱炎：《美国文学评论集》，联经出版事业公司（台北）1976 年版。

## 三 英文期刊

Alexander, Allen, "The Image of God in Toni Morrison's The Bluest Eye", *African American Review*, Summer(1998).

Anderson, David, "The Structure of Sherwood Anderson's Short Story Collections," *Midamerica: The Yearbook of the Society for the Study of Midwestern Literature*, 24(1997).

Auerbach, Jonathan, "Dreiser on prohibition," *Dreiser Studies. Vol.* 30, No. 2, Fall(1999).

Backman, Melvin, "Hemingway: The Matador and the Crucified," *Modern Fiction Studies. Vol.* 1, August(1955).

Brown, Judith, "A Certain Laughter: Sherwood Anderson's Experiment in Form," *Modernist Cultures*, Vol. 2, No. 2, (2006).

Epstein, Joseph, "A Conspiracy of Silence," *Harper's*, Vol. 11, No. 1, Nov (1977).

Gellman, Jerome I., "Kierkegaard's Fear and Trembling," *Man and World*, Vol. 297, No. 23(1990).

Harpman, Geoffrey Galt, "E. L. Doctorow and the Technology of Narrative, "*Modern Language Association*, Vol. 100, No. 1, Jan(1985).

Iannone, Carol, "E. L. Doctorow's ' Jewish' Radicalism, " *Commentary*, Vol. 81, No. 3, Mar. (1986).

Kaiser, Jo Ellen Green, "Disciplining the*Waste Land*, or How to Lead Critics into Temptation, " *Twentieth Century Literature*, Vol. 44, No. 1, Spring (1998).

Kohler, Dayton, "Variations on a Theme, "*College English*, Vol. 13, No. 1, Oct(1951).

Kroupi, Agori, "The Religious Implications of Fishing and Bullfighting in Hemingway's Work, "*The Hemingway Review*, Vol. 28, No. 1 Fall(2008).

MacKay, Marina, "Catholicism, Character, and the Invention of the Liberal Novel Tradition, " *Twentieth Century Literature*, Vol. 48, No. 2, Summer (2002).

Parks, John G. , " The Politics of Polyphony: The Fiction of E. L. Doctorow, "*Twentieth Century Literature*, Vol. 37, No. 4, Winter(1991).

Riggio, Thomas P. , "Dreiser's Song of Innocence and Experience: The Ur – Text of *Jennie Gerhardt*, "*Dreiser Studies*, Vol. 31, No. 2, Fall(2000).

Watson, WilliamBraasch, "Old Man at the Bridge: The Making of a Short Story, "*Hemingway Review*, Vol. 7, No. 2, Spring(1988).

Wilde, Lawrence, "The Search For Reconciliation in E. L. Doctorow's *City Of God*, "*Religion And The Arts*, Vol. 10, No. 3, October(2006).

Wilson, G. R. Jr. , "Incarnation and Redemption in *The Old Man and the Sea*", *Studies in Short Fiction*, Vol. 14, No. 4, Fall(1977).

Winston, Kimberly, "Literary, Lions Dare to Roar about Religion, "*Publishers Weekly*, 21 Aug. 2000.

Yaghjian. Lucretia B., "Flannery O' Connor's use of symbol, Roger Haight's Christology, and the religious writer," *Theological Studies*, No. 63, Jun. (2002).

## 四 中文期刊

冯文坤：《论福克纳〈喧哗与骚动〉之时间主题》，《外国文学研究》2007 年第 5 期。

高巍：《人文主义宗教信仰及其他——对话 E. L. 多克托罗》，《外国文学动态》2012 年第 2 期。

高祥峪：《〈愤怒的葡萄〉与美国 1930 年代的大平原沙尘暴》，《外国文学评论》2011 年第 3 期。

蒋道超：《消费语境下的越界和抑制——评西奥多·德莱塞的〈金融家〉》，《外国文学评论》2001 年第 1 期。

金衡山：《"自由"的缘由、悖论及其他——从贝尔的〈资本主义文化矛盾〉说开去》，《国外文学》2005 年第 2 期。

金健人：《小说的时间观念》，《文学评论》1985 年第 2 期。

刘建华：《福克纳小说中的神话与历史》，《国外文学》1997 年第 3 期。

刘建军：《当代西方文化研究的价值走向》，《南开学报》（哲学社会科学版）2005 年第 5 期。

刘文明：《论〈旧约圣经〉中的希伯来女性及其女性观》，《湘潭师范学院学报》1999 年第 10 期。

马大康：《反抗时间：文学与怀旧》，《文学评论》2009 年第 1 期。

浦立昕：《身份建构与男性气质：舍伍德·安德森小说研究》，博士学位论文，南京大学，2013 年。

瞿世镜：《意识流文学中的时间问题》，《外国文学研究》1982 年第 4 期。

王钢：《福克纳小说的基督教时间观》，《外国文学评论》2012 年第 2 期。

王长荣：《〈声音与疯狂〉里的时间与历史》，《外国语》（上海外国语学院学报）1988 年第 2 期。

叶舒宪：《发现女性上帝——20 世纪女性主义神话学》，《民间文化》2001 年第 1 期。

赵敦华：《〈上帝之城〉里的哲学》，《基督教文化学刊》2010 年第 1 期。

赵一凡：《迷惘的一代文化背景透视》，《美国研究》1987 年第 2 期。

朱振武、王岩：《信仰危机下的孤独——〈心是孤独的猎手〉的主题解读》，《英美文学研究论丛》2009 年第 1 期。

# 后　记

　　拙著的撰写经历了一个较长的时期，其起始于 2008 年获批的教育部人文社科基金青年项目"基督教文化与美国文学思想"，中途又通过对其他课题和论著、论文的撰写，增加了对这个论题的见解。原来该课题自 19 世纪开始，但是由于我另一本已出版的著作《盎格鲁—新教源流与早期美国文学的文化建构》已经自殖民地时期延伸至 19 世纪上半叶，所以本书定位为 20 世纪美国文学思想与基督教文化的关系，作为一个姊妹篇续集。两个课题的论述和阐释都是以历史时期来划分的，各个历史时期的划分并不绝对，只是大体表示不同时代和文化的流变。

　　本课题由我设计研究框架，并承担各章导论、多数章节的撰写。个别章节或邀请师门有所专长的同门来撰写，或指导硕士、博士研究生执笔撰写，具体职责如下：

　　袁先来：导论、第一章第一节、第三节、第四节，第二章第一节、第三节、第四节，第三章第一节、第二节，第四章第一节、第二节。

　　刘欢（东北师范大学硕士生）：第一章第二节、第三章第四节。

　　刘春芳（山东工商学院外国语学院）：第二章第二节。

　　刘悦（东北师范大学硕士生）：第三章第三节。

　　高迪迪（中央民族大学预科教育学院）：附录一。

　　张宏薇（东北师范大学外国语学院）：第四章第三节。

田晓宁（东北师范大学博士生）：附录二。

以上部分篇章分别发表在相关学术刊物上，第四章第二节以"多克托罗《上帝之城》的反'神正论'叙事"为题发表于《南开学报》2014年第2期；第二章第二节以"《四个四重奏》，思维模式的深层转化"为题发表于《外国文学研究》2009年第3期；第三章第五节以"走向和谐之路——索尔·贝娄早期小说犹太人发展主题模式研究"为题发表于《外语学刊》2011年第3期；第四章第三节以"上帝的性别，《秀拉》对上帝造人神话的改写"为题发表于《外语学刊》2012年第5期。以上文章在收入本书时，得到作者授权，依体例有所改动。还有一些以该基金项目名义发表的论文，因为未纳入本书稿的缘故，不再列出。

当然，以个人的学识、精力和知识结构而言，要完成这样一个课题，难免力所不逮。更何况在该项目执行期间曾长期借调北京，又陆续承担了国家社科基金青年项目、国家社科基金重大项目子课题，实在分身乏术。好在师门热忱的友谊再次发挥它的力量，在诸位同心协力的帮助下，终于顺利完成该课题的撰写。我的硕士研究生刘欢同学为本书的统一体例、文字校对付出了许多精力。该课题的撰写和出版，也得到了我校张树武老师的大力支持。书稿也得到郭晓鸿女士的精心编辑校对，她十分耐心的职业素养令人钦佩，在此一并由衷地表示感谢。

20世纪美国文学与基督宗教的关系问题是一个丰富庞杂的课题，不是我们这部著作所能叙述和研究尽的。我们的探索与研究还显得十分稚嫩，甚至有可笑和荒谬之处，因此殷切地希望得到方家的意见和指正。

袁先来

2015年元月于长春